Asian Business Culture and
Innovative Corporate Management

동아시아 비즈니스 문화와 혁신적 기업경영

유재언 | 지음

창 민 사

| 머리말 |

21세기에 들어와서 동아시아 지역의 비즈니스에 대한 기회가 급증하고 있다. 세계사를 살펴보면, 동아시아 지역은 서양의 문명화의 과정에서 중요한 역할을 했으며, 독특한 문화적 특성을 갖고 있다. 동아시아는 이러한 역사적·문화적 특성으로 인해서, 향후 4차 산업혁명시대를 주도할 수 있는 잠재력을 갖고 있다. 4차 산업혁명은 사람, 사물, 장소 및 공간을 동시에 연결하는 초연결, 융합, 다양성과 빠른 변화(speed)를 통해서 지속할 것이다. 혁신(innovation)의 관점에서 볼 때, 4차 산업혁명은 이종산업 간의 연결과 상호작용을 통해서 융·복합의 관점에서 새로운 지식을 창조할 것이다. 이러한 4차 산업혁명시대에서 우리나라는 기술과 생산 측면에서 주요한 역할을 할 것으로 예측되지만 4차 산업혁명을 이끄는 인공지능(AI), 사물인터넷(IoT), 빅데이터, 로봇공학, 증강현실(AR)과 가상현실(VR)과 같은 핵심기술은 미국, 독일, 영국, 캐나다, 일본과 같은 선진국들에 의해서 주도되고 있다. 4차 산업혁명은 '지구촌 사회(영어로는 global society)'를 더욱 과학화 혹은 문명화시키는 과정으로 진행될 것이기 때문에 우리나라도 이러한 세계적인 환경변화에 대응하지 않으면 도태될 수밖에 없는 상황이 되었다. 4차 산업혁명을 선도하고 있는 선진국과의 전략적 제휴와 유대 관계가 필요한 상황에서 지금은 어느 때보다 한국, 중국, 일본을 중심으로 한 동북아시아의 역할이 매우 중요하게 되었다. 왜냐 하면, 동아시아 지역에서는 불교, 유교, 도교와 같은 동양의 사상이 간직된 문화유산이 전승되어 오고 있으며, 이러한 동양의 대표적인 문화유산은 과학기술로 문명화된 지구촌 사회를 변화시키는 중요한 동인이 될 것이다. 만일 지구촌 사회가 과학기술에 의해서 인간의 삶을 지배하게 된다면, 현대인의 삶은 '기계화되고 로봇화된' 삭막한 사회가 될 것이다. 지구촌 사회 내지 글로벌 사회의 특징은 과학기술만으로는 유지될 수 없으며, 다양한 가치관과 문화들이 공존하는 '다양성'의 사회이다. 즉 다양한 민족과 이질적인 종교, 국가 간의 특수한 역사들이 상호 공존하면서 변화하는 사회가 글로벌화된 지구촌 사회이다. 이러한 지구촌 사회에서는 다양한 문화들, 상이한 관점들과 가치관을 포용하는 새로운 철학과 사상이 요구된다. 지금까지 미국과 영국, 독일, 프랑스 등 서구유럽 중심의 과학발전과 서양 중심의 문화에 의해 진행되어 온 문명화의 과정은 향후 동양의 사상에 의해서 변화하게 될 것이다. 특히 동아시아 국가들 중 한국, 중국, 일본을 중심으로 하는 동북아시아 국가들은 동양의 사상과 서양의 과학 및 기독교 중심의 서구문화 혹은 이념을 흡수하여 근대 사회로 발전되었기 때문에 이들 국가의 역할은 매우 중요하고 앞으로도 지구촌 사회의 형성에 지대한 영향을 미칠 것으로 기대된다.

본서는 이러한 시대적인 상황에서 동북아시아를 중심으로 발전된 동양의 사상과 문화를 체계적으로 이해함으로써 동아시아 지역의 비즈니스의 활성화는 물론 지구촌 사회를 변화시키는 데 필요한 아이디어와 자료를 제공하고자 한다. 또한 동아시아의 근대사를 형성하는 데 엄청난 영향을 준 서구의 과학적 사고와 문명을 이해하고자 과학적 사고와 시스템 과학(systems science)의 철학, 시스템 방법론 및 시스템 모델을 소개하여 지구촌 사회를 하나의 개방체계(open systems)로 연구하는 데 도움을 주고자 한다. 오늘날 지구촌은 하나의 개방 체계로서 상호 연관을 맺는 '나눔과 관계'에서 출발한다. 우리 인간 사회와 자연 생태계를 구성하는 모든 생명체는 상호 연결되어 무수히 많은 '나눔과 관계'를 맺으며 생존하고 있다. 이러한 관계를 유지하는 모든 생명체는 끊임없이 변화하며 나타났다가 사라진다. 이러한 생명체를 유지하는 본질적인 특성은 무엇인가? 이러한 생명체가 살기에는 어떤 '장소'가 적합한가? 이러한 문제 제기를 통해서 동양 사상과 서구의 과학적 사고가 상호 연계되어 지구촌의 생명체를 위한 새로운 관점과 패러다임을 탄생시키고 이를 발전시키기 위한 아이디어를 제공하고자 한다.

동아시아 지역은 역사적으로 자체적으로 문명화(civilization)의 과정을 거치면서 성장하였다. 근대화 이후에 일본이 서구에 문호를 개방하면서, 일본, 한국, 중국을 중심으로 한 동북아시아는 동아시아 지역을 이끌어 가는 위치에 있게 되었다. 국제 경제의 개방화 추세와 더불어 세계경제의 블록화(economic block) 현상으로 탄생한 동남아시아 국가연합(ASEAN)은 동남아시아의 인접국가들 사이에 경제적 협력과 연결을 위한 경제적 협력기구가 되었다. ASEAN은 동아시아 지역을 하나의 경제권으로 형성하여 발전시켰다. 그러나 동아시아 지역에서 형성된 경제권을 이해하고 비즈니스를 하려면 동아시아 지역의 역사, 문화, 종교, 정치, 사회, 경제에 대한 이해가 선행되어야 한다. 특히, 동아시아 지역의 역사, 사회 및 문화에 대한 이해는 유럽과 미국에서 출현하여 발전한 과학적 사고, 과학 철학과 이론, 과학적 방법론, 창업가정신, 전략, 비즈니스 커뮤니케이션, 인적자원관리, 창의적 인재경영과 혁신기업에 대해서 논의하기 위한 밑그림을 제공할 것이다.

역사적인 관점에서 볼 때, 기업의 정체성과 지속가능성은 기업이 속한 문화와 사회 및 경제체제와 상호 밀접하게 연계되어 있다. 예를 들어, 국내에서는 우리 사회를 '성과사회', '피로사회' 혹은 '투명사회'

로 일컬어지고 있다. 한국사회는 아직도 정치적으로는 우익과 좌익이라는 이데올로기로부터 완전히 벗어나 있지 않으면서도, 서구 사회처럼 사람들은 기업과 조직, 집단 및 개인의 성과를 강조하는 '성과 중심'의 사회이며, 이러한 성과사회에서 개인과 조직은 성공과 성과를 위해서 끊임없이 일하게 하는 '피로 사회'이다. 또한, 우리사회는 정보기술의 발달로 인해서 정보의 범람과 정보의 공유가 일상화되면서 '투명한' 사회가 되었다. 이러한 성과사회, 피로사회이면서 투명사회에서 개인과 조직은 색다르게 사고하고 행동해야만 생존할 수 있게 되었다. 이러한 문제의식을 갖고 본서에서는 경영학을 단지 경제학적인 관점에서 효율성을 추구하는 학문으로 간주하지 않고, 역사성 및 사회적·문화적 맥락을 동시에 고려하는 통합적인 관점에서 본다. 이러한 통합적인 관점에서 동아시아의 사회를 이해하고 사회변화와 기업의 혁신을 이해하고자 본서를 출간하게 되었다. 특히 본서는 세계 속의 한국사회와 한국 기업의 정체성은 무엇인지, 일본과 중국과 비교하여 어떠한 독특성과 차별성이 있는지를 파악하고자 한다. 또한 글로벌 환경 속에서 우리 사회와 기업이 존속하고 지속가능하기 위한 아이디어를 제공하고자 과학적 탐구체계, 시스템 사고 및 시스템 어프로치에 관한 설명을 제공하였다.

최근 사회변화와 혁신기업과 관련된 책들과 논문들이 발간되면서 사회변화와 혁신기업 혹은 혁신적 기업경영에 대한 체계적인 이론, 모델 및 프로세스에 대한 관심도가 높아졌다. 지금까지 발표된 사회변화, 혁신, 혁신기업 및 혁신적 기업경영에 관한 저술들을 참고하여 글로벌 경제와 비즈니스를 정치, 사회, 문화, 경제, 역사와 환경이 상호 복합적으로 작용하는 '복합 체계(complex systems)'로 이해하였다. 이러한 복합 체계 혹은 복잡계의 관점에서 환경과 조직 경영의 연계성을 설명하는 과학 법칙, 엔트로피 이론, 복잡계 이론(complexity theory), 시스템 방법론(systems methodology), 시스템 모델(systems model)을 제시하였다. 이러한 과학 법칙과 이론 및 시스템 어프로치는 사회 변화와 기업을 혁신하기 위한 새로운 패러다임과 시스템 사고(systems thinking)를 제공한다. 예를 들어, 시스템 사고는 조직의 문제점을 발견하고 이해하는 데에 있어서 인간의 '탐구체계(inquiring system)'로 구성되는 인간체계(human system)의 개념을 제공한다. 인간체계의 개념은 문제 해결을 위한 학습을 위한 방법론, 모델 및 프로세스를 제공한다. 본서에서 다룬 시스템 어프로치(systems approaches)는 엔트로피 이론을 활용한 시스템 모델(system model), 필수 다양성의 법칙(Law of Requisite Variety), 자생체계모형(Viable System Model: VSM), 가치 판단의 체계를 통해서 문제를 발견하고 해결하는 소프트 시스템 방법론(Soft Systems Methodology: SSM)이다. 이러한 시스템 어프로치는 학습자 개인에게 자율성과 창의성을 제공하고, 스스로 판단하고 사고하는 비판적 사고(critical thinking)를 배양하고 실천하는 데 도움을 줄 것이다.

본서가 나오기까지 『동아시아 비즈니스 문화와 혁신적 기업경영』과 관련하여 좋은 자료와 아이디어를 제공한 계명대학교의 아스테리오 미란다(Asterio T. Miranda, Jr.) 교수와 고려대학교 및 계명대학교 학부생들과 대학원생들에게 감사드린다. 또한 졸고를 흔쾌히 출간해 주신 창민사 윤동구 대표님께도 감사드린다.

2018년 여름

계명 동산에서

저자 유재언

| 목차 |

제3장 동아시아의 문화와 경제

제Ⅲ부 기업경영과 비즈니스, 문화의 이해

제5장 기업경영의 이해

제Ⅳ부 비즈니스와 혁신경영의 실천

제9장 창업가정신, 기업경영과 사회적 책임

제I부

동양사상과 과학

제I부에서는 인간, 문화, 자연의 연계성을 설명하는 동양사상 및 과학에 대해서 살펴보고자 한다. 이러한 동양사상과 과학에 대한 논의는 제II부에서 논의할 동아시아 지역의 역사, 문화, 경제, 사회변화 등에 이해를 돕기 위한 밑그림을 제시하는 것이다.

제1장

동양사상에 대한 이해

제1절 | 인간, 문화, 자연의 연계성

인간은 문화를 만든다. 인간사회에는 다양한 사람, 집단, 민족이 존재하듯이 사회에는 다양한 문화가 존재한다. 독일의 사회학자인 엘리아스(Norbert Elias)에 의하면 유럽 사회가 발전되어 온 문명화의 과정(the process of civilization)은 유럽 사회의 문화(culture)의 발전과 변화 과정의 산물이다(노르베르트 엘리아스, 1996). 문화는 자연의 특성을 닮는다고 한다(Connolly, 2002). 인간은 예로부터 자연의 신비로움과 경이로움을 본뜨기 시작하면서 음악, 기술, 운동, 종교가 발달하였다. 즉 자연의 경이로움과 신비로움은 인간의 문화 속에 잘 간직되어 있다. 인간의 삶은 유한하기 때문에 무한한 삶을 동경하게 되었다. 특히 종교는 인간의 유한성(죽음)을 초월하는 영원한 세계('천국')에 대한 인간의 욕망에서 출현되었다. 문화에 따라서 종교의 모습은 달라진다. 예를 들어 인도의 브라만교의 경전인 《리그 베다》는 아리아(Aryan)인이 광대한 대자연에서 얻은 인상을 기록한 것이다. 참고로 아리아인은 유목인들이었는데 그 무리의 일부가 지금의 유럽, 인도와 이란 쪽으로 이동하였고, 유럽 쪽으로 이동한 아리아인은 오늘날 서구(유럽)인의 조상이 되었다. 따라서 아리아인의 문화와 역사는 인도와 중동지역의 고대 문화와 유럽의 고대 문화를 이해하는 데 결정적인 역할을 한다.

1. 고대 인간과 집단생활

아리아인의 경우에 불을 중심으로 대가족 생활을 하였다. 인도의 카스트 제도는 오랜 역사를 통해 브라만교와 《리그 베다》의 경전을 통해서 인도 사회의 문화를 형성하게 되었고 오늘날에도 인도 사회의 특징이 되었다. 오늘날 인도의 카스트 제도는 네 가지의 계층, 곧 브라만·크샤트리아·바이샤·수드라로 이루어진다. 그러나 정확히 말해서, 카스트의 수는 분화한 것까지 계산한다면 대략 2,700개에 이른다. 이러한 카스트 제도를 이해하자면 인도의 고대 문화인 브라만 문화를 이해해야 한다. 인도에 지금의 유럽 지역의 유목인이었던 아리아인이 최초로 침입한 곳은 인더스 강 상류의 펀자브(伍河) 지방으로서, 그 연대는 기원전 1500년경의 일로 보고 있다. 원래 유목생활을 영위하던 그들은 점차 농경을 하는 정착 생활에 들어가고 있었다. 초기 아리아인의 생활은 현재까지 전해지는 신들에 대한 찬가를 모은 《리그 베다》를 통해 그 당시의 생활상을 짐작할 수 있다. 그들은 불을 신성시하였고, 불을 중심으로 하여 가부장의 통치하에 대가족 생활을 했다. 각각의 부족에는 통솔자(라니야, 왕)가 있었다. 종교로서는 천둥, 번개와

태양 또는 바람 등 자연 현상을 신격화하여 그것을 숭배하였다. 그들은 점차 동남쪽 갠지스 강 유역을 향해 발전해 가면서 사회 계급의 분화와 고정화가 진행되었다. 그리고 그에 아울러 《리그 베다》에 이어지는 찬가와 제사의식 및 주술에 관한 기록을 모은 《베다》가 만들어졌다. '베다(Veda, 吠陀)'는 '지식'이란 뜻으로, 인류 지식의 원천으로서 브라만 교의 경전이다. 그 내용은 브라만 교의 성립 이전으로 소급한다. 리그(Rig, 讚歌), 사마(Sama, 歌詠), 야주르(Yajur, 祭詞)를 '3베다'라 칭한다. 《리그 베다》는 아리아 민족이 이동하여 힌두쿠시 산맥을 넘어 인도에 들어왔을 때 광대한 대자연에서 얻은 인상을 기록한 것이다. 이것은 전 10권 1,028편 1만 580송(頌)으로 이루어져 있으며, 한결같이 자연신 및 자연신에서 비롯된 여러 신들을 찬미하고 있다(네이버 지식백과, 2010). 즉 아리아인은 자연의 경이로움에서 신(神)의 모습을 상상하였고, 오늘날 힌두교의 수많은 신들이 되었다.

오늘날 유럽을 중심으로 발전된 서구의 문화는 기독교 사상에 기반하여 발전되었다. 기독교 사상에서 발전된 서구의 문화는 고대 아리아인의 그들의 문화에서 신성시하였던 자연(自然)의 모습을 성경(Bible)에 기록한 '야훼'(유일신)의 모습으로 바꾸어 놓았다. 이러한 맥락에서 볼 때, 유태인들의 고대 종교는 모세가 출현하기 이전에는 아마도 고대 아리아인들처럼 자연 숭배 혹은 다신교(多神敎) 사상이었을 것이라고 추측된다. 유일신을 숭배하는 기독교 사상은 서구의 과학문명을 탄생시켰고 이러한 과학문명에 의한 문명화의 과정은 오늘날까지도 지속되고 있다.

반면에 동양은 인도의 힌두교와 불교, 중국의 유교와 도교, 중동의 이슬람교에 의해서 다양한 문화가 전개되었다. 동양의 다양한 문화는 결국 크게 보면, 인간이 자연 혹은 신(神)의 모습을 닮고자 하는 문화를 만들었다. 예를 들어, 중동이나 인도네시아 국가와 같은 이슬람교 문화권의 국가는 모하멧과 코란의 경전을 통해서 알라신을 숭배하고 신의 특성을 닮고자 하는 그들만의 독특한 문화를 형성하였다. 한국, 중국, 일본을 중심으로 하는 동북아 국가에서는 유교, 불교와 도교의 전통을 바탕으로 '인간'과 '자연'을 조화시키는 독특한 문화를 형성하여 발전시켰다.

2. 문화와 자연

지구상에서 고대 문명이 출현하면서 인간들은 문화생활을 하기 시작하였고, 인간은 자연의 신비함 또는 우주의 거대함에서 무한성을 보았다. 인간은 문화 속에서 '무한성'을 동경하고 찬미한다. 예를 들어, 인간의 삶은 유한하지만 인간의 문화를 만드는 인간의 정신과 영혼은 신의 속성을 닮았기 때문에 무한성을 지니고 있어서 문화는 영속하면서 존재한다. 그러나 인간은 우주에 비하면 보잘 것 없는 유한한 존재이기 때문에 우주의 전체적인 모습을 볼 수가 없다. 우리 인간은 유한하기 때문에 단지 우주의 극히 일부분만 볼 수밖에 없다. 따라서 인간이 이룩한 문명과 사회를 통해서 전수되고 변화되는 문화는 자연의 일부를 모방한 것에 지나지 않는다. 따라서 인간의 지식이 축적되고 사고가 확대되어 감에 따라서 자연 혹은 우주의 모습은 바뀌어 간다. 인간이 사고하고 인식하는 방법이 바뀌면서 우주와 자연의 모습은 변화된다. 인간이 인식하는 자연의 모습이 변화되면 인간의 문화도 변화되어 간다. 또한 동양과 서양은 지리적인 장소도 다르고, 역사적인 발전 과정과 세상을 보는 관점도 다르다. 따라서 동양과 서양은 그들만의 독특한 문화와 문명이 존재하고 상호간의 차이가 존재한다.

3. 동양과 서양의 문화 차이

세계사를 보면 르네상스 이후에 서양은 급격히 발전하였고, 서구 유럽의 문화를 기반으로 하여 근대화와 자본주의가 이루어졌다. 이러한 근대화와 자본주의를 중심으로 하는 문명화의 과정을 어떻게 이해해야 하는가? 근대화, 문명화는 전 세계로 전파되었고, 오늘날 글로벌화된 환경에서 동양인과 서양인을 비교하여 차이점을 서술하면 서구의 문명화의 과정을 이해하는 출발점이 될 것이다. 이어령 교수가 동양인과 서양인의 차이를 〈폭포와 분수〉에 비교하여 다음과 같이 설명하였다.

폭포와 분수

이어령

동양인은 폭포를 사랑한다. 비류직하 삼천척이란 상토어가 있듯이, 위에서 아래로 떨어지는 그 물줄기를 사랑한다. 으레 폭포수 밑 깊은 못 속에는 용이 살며 선녀들이 내려와 목욕을 한다, 폭포수에는 동양인의 마음속에 흐르는 원시적인 환각의 무지개가 서려 있다.

서구인들은 분수를 사랑한다. 지하로부터 하늘을 향해 힘차게 뻗어 오르는 분수, 로마에 가든 파리에 가든 런던에 가든, 어느 도시에나 분수의 물줄기를 볼 수 있다. 분수에는 으레 조각이 있고 그 곁에는 콩코르드와 같은 시원한 광장이 있다. 그 광장에는 비둘기떼가 날고 젊은 애인들의 속삭임이 있다. 분수에는 서양인의 마음속에 흐르는 원초적인 꿈의 무지개가 서려 있다.

폭포수와 분수는 동양과 서양의 각기 다른 두 문화의 원천이 되었다고 해도 지나친 말은 아니다. 대체 그것은 어떻게 다른가를 보자. 무엇보다도 폭포수는 자연이 만든 물줄기이며, 분수는 인공적인 힘으로 만든 물줄기이다. 그래서 폭포수는 심산유곡에 들어가야 볼 수 있고, 거꾸로 분수는 도시의 가장 번화한 곳에 가야 구경할 수가 있다. 하나는 숨어 있고, 하나는 겉으로 드러나 있다. 폭포수는 자연의 물이요, 분수는 도시의 물, 문명의 물인 것이다.

장소만이 그런 것은 아니다. 물줄기가 정반대이다. 폭포수도 분수도 그 물줄기는 시원하다. 힘차고 우렁차다. 소리도 그렇고 물보라도 그렇다. 그러나 가만히 관찰해 보자. 폭포수의 물줄기는 높은 데서 낮은 데로 흐르는 것이다. 하늘에서 빗방울이 대지를 향해 떨어지는 것과 같다. 아주 작은 또랑물이나 도도히 흐르는 강물이나 모든 물의 움직임에는 다를 것이 없다. 폭포수도 마찬가지이다. 아무리 거센 폭포라 해도 높은 데에서 낮은 곳으로 흐르고 떨어지는 중력에의 순응이다. 폭포수는 우리에게 물의 천성을 최대한으로 표현해 준다.

그러나 분수는 그렇지가 않다. 서구의 도시에서 볼 수 있는 분수는 대개가 다 하늘을 향해 솟구치는 분수들이다. 화산이 불을 뿜듯이, 혹은 로켓이 치솟아 오르듯이, 땅에서 하늘로 뻗쳐 올라가는 힘이다. 분수는 대지의 중력을 거슬러 역류하는 물이다. 자연의 질서를 거역하고 부정하며 제 스스로의 힘으로 중력과 투쟁하는 운동이다. 물의 본성에 도전하는 물줄기이다. 높은 데서 낮은 데로 흐르는 천연의 성질, 그 물의 운명을 거역하며 그것은 하늘을 향해서 주먹질하듯이 솟구친다. 가장 물답지 않은 물, 가장 부자연스러운 물의 운동이다. 그들은 왜 분수를 좋아했는가? 어째서 비처럼 낙하하고 강물처럼 흘러내리는 그 물의 표정과 정반대의 분출하는 그 물줄기를 생각해 냈는가? 같은 힘이라도 폭포가 자연 그대로의 힘이라면 분수는 거역하는 힘, 인위적인 힘의 산물이다. 여기에 바로 운명에 대한, 인간에 대한, 자연에 대한 동양인과 서양인의 두 가지 다른 태도가 생겨난다.

위의 글 〈폭포와 분수〉에서는 동양 사회와 서양 사회의 문화의 차이를 잘 나타낸다. 동양은 자연의 이치에 순응하는 문화적 특성과 정서를 갖고 있다. 반면에 서양은 자연의 이치를 거슬러 인간의 힘을 과시하는 인간의 욕망을 잘 표현하였다. 서구사회에서 출현한 과학문명과 경제학을 뒷받침하는 자본주의 사상도 인간의 의지와 욕망을 표현한 결과라고 볼 수 있다.

근대 사회의 발전은 서구인을 중심으로 한 '인간의 의지와 욕망의 표출 과정'을 통해서 이루어졌다. 서구 유럽에서 시작된 문명화의 과정은 개인적으로는 서양인의 매너가 사회적으로 습관화되고, 국가적으로는 자본주의의 경제로 발전되었다. 자본주의는 기술 진보와 더불어 점차 그 모습이 바뀌어 가고 있지만, 서구의 자본주의는 서구사회의 역사성과 사회성 및 문화성을 바탕으로 출현하여 진화하고 있다(노버트 엘리아스, 1999).

제2절 | 공자와 '인간' 중심 사상

유가 사상은 공자(孔子, Confucis, BC 551~BC 479년)의 가르침에서 비롯되었다. 공자는 중국의 춘추전국시대에 탄생한 인물로 그 당시 사회의 혼란을 막고 질서를 회복하고 유지하는 방법을 '배움'을 통해서 가능하다고 주장한 대학자이다. 공자를 위시한 그의 제자들이 완성한 유가 사상은 인간은 배움을 통해서 문명화된 세계를 만들 수 있다고 보았다. 공자가 꿈꾸었던 세계는 뛰어난 '군자'가 다스리는 세상이었다. 공자의 이러한 인간 중심의 사상은 플라톤과 아리스토텔레스의 사상과 다음과 같은 점에서 유사하다. 공자의 사상과 희랍의 철학자인 플라톤과 아리스토텔레스의 사유는 국가를 사유 단위로 하고 있으며, 군자나 철학자 혹은 엘리트와 같은 현명한 인간들에 의해서 사회 혼란을 종식하고 인간의 이성 혹은 합리성으로 질서를 유지하는 '이상향'을 꿈꾸었다. 이러한 인간 중심 사상은 동아시아의 국가 형성과 사회 질서를 유지하는 데 필요한 정치철학을 제공하였다(이정우, 2017). 예를 들어 중국은 한(漢)에 의해서 통일국가의 모습을 갖추었고, 예치와 법치를 통해서 중앙집권제를 형성하고 유지시켜 나갔다. 이러한 중앙집권제는 그 당시 혼란했던 사회상을 종식시키고 법과 예에 의하여 사회를 유지시켜 나가는 체제였다. 즉 오늘날의 법치국가의 형태가 이루어졌다. 이러한 국가에서 살아가는 개인은 배움을 통해서 타인과의 관계를 형성하는 예(禮)가 필요했고, 국가는 사회의 질서를 유지시키는 법(法)이 필요했다. 공자의 논어(論語)에서는 인간은 동물과는 확연히 구별되는 도(道)에 대한 언급이 여러 차례 나온다. 예를 들어 공자는 "아침에 도에 관하여 알게 되면, 저녁에 죽어도 여한이 없을 것이다"라고 말했고, 논어의 '공야장' 편에서 정(鄭)나라의 대부 자산(子産)을 칭찬하며 "그에게는 군자의 도가 네 가지 있다"라고 말했다. 후에 주자는 주(註)에서 말하기를 "사람 밖에 도가 없고, 도 밖에 사람이 없다. 그러나 인심(人心)은 유각(有覺)하고 도체(道體)는 무위(無爲)하다. 그러므로 사람은 도를 크게 할 수 있고, 도는 사람을 크게 할 수 없다"고 하였다(김태길, 1998: 23). 논어에서는 인간은 배움(學)을 통해서 비로소 인간다운 삶을 살아갈 수 있다고 보았다. 따라서 공자의 '인간' 중심의 사상은 학습과 배움에서 비롯된다고 본다.

1. 학습의 의미

子曰 學而時習之 不亦說(悅)乎

배우고 그것을 때때로(항상) 익히면 기쁘지 않겠는가.

여기에서 언급하는 배움(學)은 아는 것(知)과 행하는 것(行)을 모두 합한 개념이다(성백효, 2013). 사람은 마땅히 배움(知와 行)을 통해서 문명화된 사회에서 살아갈 수가 있다. 즉 유가 사상에서 보면, 인간은 배움을 통해서 사회인이 되며, 인간은 배움을 통해서 문명화된 사회에서 살아갈 수 있다고 보았다. 이러한 인간사회는 끊임없이 학습하고 발전될 수 있다고 보았다.

2. 인(仁)의 의미

공자는 바람직한 인간형으로서 군자(君子)를 제시하였다. 공자는 군자가 되기 위해서는 인(仁)이 있어야 한다고 다음과 같이 말씀하셨다(성백효, 2013: 논어집주, 이인(里仁) 편 5).

부(富)와 귀(貴)는 사람들이 탐내는 바이나, 도를 따라서 얻은 것이 아니면 누리지 말아야 한다. 빈(貧)과 천(賤)은 사람들이 싫어하는 바이나, 도를 어기면서까지 그것을 면하려고 해서는 안 된다. 군자가 인(仁)을 떠난다면, 어찌 군자로서 이름을 이룩할 수 있겠는가? 군자는 밥을 먹는 시간에도 인을 어기지 않으며, 다급한 순간에도 반드시 인을 지키고, 넘어지는 순간에도 반드시 인을 지킨다.

공자는 국가의 정치가나 사회의 리더가 되는 사람은 여러 덕목을 갖추어야 한다고 보았다. 그중에서도 가장 중요시 한 것은 인(仁)이었다. 공자는 군자가 되기 위해서는 인(仁)이 있어야 한다고 말씀하셨다(김태길, 1998: 14-26). 사회속의 인간관계에서 인은 제일 중요한 덕목이다. 인은 인간적인 사랑이라는 점에서 기독교의 사랑이나 불교의 자비심과는 다르다. 공자의 인간 중심 사상에서 말하는 인의 바탕으로서의 사랑은 인간과 인간의 관계에서 자연적으로 생기는 인정에 기초하는 까닭에, 개인은 자기의 욕망이나 욕심을 규제하고 예(禮)로 돌아가는 것이 인이다. 이러한 인은 사람다움(人)이니, 어버이를 친근하게 모시는 일이 가장 중요하다고 보았다(김태길, 1998: 26).

3. 효(孝)와 의(義)의 의미

공자가 말씀하셨다. "젊은이들은 집에 들어와서는 효도를 다하고 밖에 나가서는 윗사람에게 공순해야 하며, 근신하고 신의를 지키며 널리 사람들을 사랑하고 인자(仁子)를 가까이 해야 한다. 그런 연휴에 남는 힘이 있거든 곧 글공부를 한다"(논어집주, 학이(學而) 6편).

유가 사상에서는 가정에 효성이 지극한 자녀들로 가득 차고, 형제간에 우애가 돈독하면, 나라 전체가 질서와 평화를 유지하게 될 것이라고 보았다. 또한 세상에는 인간이 지켜야 할 도리가 있다고 믿었으며, 그 도리에 어긋남이 없는 것을 의(義)라고 생각하였다(김태길, 1998: 31-32). 공자의 인간 중심 사상에서는 효와 의가 인간이 마땅히 지켜야 할 도리이므로 가족의 윤리로서는 효(孝)가 기본이고 이러한 효가 사회에서는 의(義)가 된다고 보았다. 의는 사회의 윤리가 되는 기본적 원리가 된다고 믿었다.

제3절 | 노자, 장자와 '자연' 중심 사상

도가 사상은 노자(老子)의 도덕경(道德經)과 장자(莊子)의 사상에서 비롯되었다. 노자의 도덕경의 장제의 1편에서 보면, 세상에서 인정하는 도(道)는 도라고 인정하는 순간에 이미 우리가 생각했던 도가 아니라고 주장한다.

> 道可道 非常道 名可名, 非常名.
> 無名, 天地之始; 有名, 萬物之母
>
> 도를 도라고 부르면, 이미 도가 아니다
> 이름을 부를 수 있으나, 언제나 그 이름은 아니다.
> 이름이 없을 때 천지가 있었고,
> 이름이 생기자 만물이 태어났다.

도교 사상은 유가 사상에서 당연시하게 받아들이는 진리와 사회적 관행도 시간의 흐름에 따라서 다르게 변할 수 있음을 깨우쳐 준다. 세상에서 존재하는 천지만물은 인간이 존재하기 이전부터 존재했고, 인간의 문명의 시작과 함께 우리가 비로소 이해하게 되었다. 하지만 인간의 지식은 항상 유한하고 한계가 있기 때문에 우리가 언어로서 이해하여 부르는 명칭이나 개념은 시대의 변화에 따라서 바뀔 수가 있는 것이다.

> 故常無, 欲以觀其妙; 常有, 欲以觀其徼.
> 此兩者, 同出而異名, 同謂之玄.
> 玄之又玄, 衆妙之門.
>
> 그렇기에 언제나 없음으로 그 근원을 보고,
> 언제나 있음으로 그 드러남을 보라.
> 없음과 있음은 하나에서 나온 두 가지 이름이라, 이를 현묘하다 한다.
> 현묘하고 현묘하니, 모든 오묘함의 문이 된다.

도(道)의 관점에서 보면, 세상에 존재하는 사물 혹은 사물의 실체보다는 사물들 간의 '상호관계'와 상호관계로 파생되는 과정을 중요시한다. 예를 들면, 나무와 물의 관계, 꽃과 나비의 관계, 인간과 자연의 상호관계가 중요시된다. 이러한 상호관계는 우주의 실체가 변형과 변화의 끊임없는 흐름으로 이루어져 있음을 의미한다. 우주의 실체가 변화하듯이 인간 사회와 인간의 문명화는 항상 변하고 있고 변해야 한다. 지금의 상황에서 우리 사회의 문명화로 인한 인간의 삶은 어떻게 변화하였는가? 과거보다 생활하기 편리해졌는가? 아니면 더 복잡해졌는가? 혹시 문명화의 이전보다 더 나을 바가 없는 것은 아닌가 자문해 봐야 할 것이다. 노자의 사상과 더불어 도가 사상의 양대 산맥을 형성하는 장자(莊子)의 사상은 도가 사상의 정점을 이룬다. 장자의 사상은 유가의 사상을 초월하여 인간, 인간 사회 및 자연을 포함한 세계의 존재에 대한 근본적인 물음을 통해서 동아시아 지역을 대표하는 사상의 큰 줄기가 되었다. 장자의 사상은 노자(老子)의 사상처럼 '자연(自然)'을 통해서 인간은 하늘의 도(道)를 추구하는 사상이다. 장자는 인간사회와 세계의 존재들에 대한 근본적인 물음인 인간의 자유, 아름다움, 평등, 행복 등과 같은 개념들을 기존의 종교나 사상에서 유래를 찾아 볼 수 없는 독특한 우화 이야기나 비유를 통해서 설명한다.

1. 존재: 변화 혹은 되기(becoming)와 자유의 의미

장자(莊子)에서 보면, 인간은 변신 혹은 되기(becoming)을 통해서 지인(至人)이 되며, 사물의 시작은 변화하는 존재를 인식하는 데에서 비롯된다.

인간의 변화 혹은 되기(becoming)와 자유(自由, freedom)에 대해서, 장자는 '소요유(逍遙遊)'에서 다음과 같이 설명한다(莊子(장자) 지음; 郭慶藩(곽경번) 해설, 1978; 장자 지음·김학주 옮김, 2010).

> 北冥有魚, 其名爲鯤.鯤之大, 不知其幾千里也.化而爲鳥, 其名爲鵬.鵬之背, 不知其幾千里也; 怒而飛, 其翼若垂天之雲.是鳥也, 海運則將徙於南冥.南冥者, 天池也

> 북극 바다에 고기가 있는데 그 이름을 곤(鯤)이라 하였다. 곤의 길이는 몇 천리나 되는지 알 수가 없다. 그것이 변하여 새가 되면 그 이름을 붕(鵬)이라 하는데, 붕의 등도 길이가 몇 천리나 되는지 알

수가 없다. 붕이 하늘을 날아오르면 그 날개는 하늘에 드리운 구름과도 같았다. 이 새는 태풍이 바다 위에 불면 비로소 남극의 바다로 옮아갈 수 있게 된다. 남극바다는 천지(天池)이다.

자유란 무엇인가? 자유는 남에게 지배당하거나 조종당하지 않고 자신의 의지대로 나 스스로의 선택에 의해서 생각하고 행동하는 것이다(웨인 다이어, 2009). 그러나 현실에서 나 자신의 힘만으로는 정상적인 생활을 할 수가 없다. 우리는 어려서는 부모로부터 보호를 받으며 자라고, 성장해서는 직장의 상사로부터 지시를 받는다. 우리는 남들이 정한 법과 프로그램에 의해서 끌려다니고 조종 받는 것을 당연시 해 왔다. 그러나 남에게 의지하지 않고 혼자서 독립적으로 살아가려고 하는 순간 나는 나 자신의 무력감을 뼈저리게 느끼게 된다. 자유로운 사람은 자신의 지배력을 보여주기 위해서 남을 설득하거나 복종시킬 필요가 없다. 결국 자유는 나 자신이 타인으로부터 벗어나서 홀로 먼 창공을 향해서 날아갈 수 있는 거대한 새처럼 변화해야 획득할 수 있다. 장자의 '소요유'에서는 자유의 개념을 거대한 물고기가 거대한 새로 변신하는 과정을 묘사하여 비유적으로 설명한다. 큰 물고기가 강이나 바다에서는 아무리 자유롭다고 할지라도 물고기는 물에서 벗어나면 자유롭지 못하다. 결국 푸른 창공을 날 수 있는 새가 되어야 물에서 벗어나 자유로울 수가 있는 것이다. 그렇다면, 우리 인간 사회의 경우는 어떠한가? 인류 역사상 현인(賢人)으로 꼽히는 고대 그리스의 철학자인 소크라테스는 국왕에 의해서 사형을 당했고, 이탈리아 로마시대의 영웅이었던 율리우스 카이사르(영어로는 줄리어스 시저)는 로마의 원로원(元老院)에 의해서 암살당했다. 인간의 역사는 이러한 사건으로 가득 차 있다(웨인 다이어, 2009: 4). 동아시아의 국가의 경우도 이와

비슷한 사건들이 많다. 예를 들면, 일본 역사상 최고의 영웅으로 추앙받는 일본 전국 시대를 평정한 인물이었던 오다 노부나가의 경우도 일본의 천하통일을 이루지 못하고 자신의 부하에게 살해당하는 비극적인 최후를 맞게 된다. 나 자신이 자유를 얻고자 한다면 나 스스로 인생의 목표를 정해서 남들의 도움없이 살아가기 위해서 변신해야 한다. 설사 내가 지금 생활에 만족하고 많은 사람으로부터 존경을 받는 위치에 있더라도 나는 자유롭지 못할 수 있다. 나는 자유를 얻기 위해서 지금의 위치에 만족하지 말고 완전히 다른 모습으로 변신하도록 끊임없이 노력하는 과정을 거치면서 자유를 얻을 수가 있다.

2. 아름다움의 의미

그러면 아름다움(美, beauty)이란 무엇인가? 장자의 '제물론(齊物論)' 편에서는 다음과 같이 설명한다.

> 毛嬙麗姬, 人之所美也; 魚見之深入, 鳥見之高飛, 麋鹿見之決驟.四者孰知天下之正色哉? 自我觀之, 仁義之端, 是非之塗, 樊然殽亂, 吾惡能知其辯

중국 역사에 등장하는 절세미인인 모장(毛嬙)과 여희(麗姬)는 사람들이 미녀라고 여기지만, 물고기가 본다면 물속으로 깊이 숨을 것이며, 새가 본다면 공중으로 날아가 버릴 것이며, 사슴이 본다면 멀리 달아나 버릴 것이다. 절세미인, 물고기, 새, 사슴 중 누가 진정한 아름다움을 아는 것일까? 사람인 내가 보건대 어짊(仁)과 의로움(義)의 기준도 인간이 만든 것이고 옳고 그름의 평가나 판단도 사람에 따라서 다르기 때문에 나도 절대적인 기준으로 판단하기 어렵다.

우리는 인간의 인식과 판단으로 결정되는 아름다움(美)의 개념에서 벗어나야 한다. 장자에 의하면 추함과 아름다움이란 인간이 만들어낸 개념이다. '자연' 세계에서는 아름다움도 추함도 없다. 따라서 외모에 대한 그릇된 판단은 우리를 속박하고 희생시키고 우리로부터 자유를 빼앗아 간다(웨인 다이어, 2009: 253). 내가 자유로우려면 남들이 만든 기준으로 남을 판단하지 말아야 한다. 자유로운 나는 남들처럼 생각하거나 행동하지 말고, 내 스스로 판단하고, '자연'의 이치에 따라서 살아가야 한다. '자유'라는 것은 나 혹은 우리가 스스로 생각하고, 판단하고, 행동하는 것이다.

3. 평등의 의미

그러면 평등(平等, equality)이란 무엇인가? 장자의 '제물론' 편에서는 다음과 같이 설명한다.

> 昔者莊周夢爲胡蝶, 栩栩然胡蝶也, 自喩適志與! 不知周也.俄然覺, 則蘧蘧然周也.不知周之夢爲胡蝶與, 胡蝶之夢爲周與? 周與胡蝶, 則必有分矣.此之謂物化.

> 옛날에 장주(莊周)가 꿈에 나비가 되었다. 그는 나비가 되어 펄펄 날아 다녔다. 자기 자신은 나비가 되어 유쾌하게 느꼈지만, 자기가 장주임을 알지 못하였다. 갑자기 꿈에서 깨어나니 자신은 엄연히 장주였다. 그러니 장주가 꿈에 나비가 되었던 것인지 나비가 꿈에 장주

가 되어 있는 것인지 알 수가 없었다. 그러나 현실에서는 장주와 나비는 엄연히 다르고 반드시 분별이 있을 것이다. 이러한 것을 '만물의 조화'라고 부른다.

우리는 법 앞에 평등하기 때문에 모두가 평등하며, 세상은 평등하다고 믿고 있다. 하지만 현실 세계에서 인정하는 평등이란 무엇을 의미하는가? 장자는 장주(莊周: 장자의 원래 이름)의 나비에 관한 꿈에 비유하여 설명한다. 나는 세상에서 인간으로 태어나서 인간으로 살아가면서 세상은 인간의 관점에서 보면 평등하다고 느끼지만, 사실상 나는 정말 인간성을 가진 인간인지 하찮은 나비인지 분별하기 어렵다고 한다. 따라서 세상에서 나는 '인간'으로서 살아가기보다는 하찮은 '나비'처럼 살아가는 것은 아닌지 반문해야 한다. 인간 사회에서 살아가는 개인으로서 나는 아무 힘도 희망도 없이 그냥 나비와 같은 존재일 수 있기 때문에 인간의 관점에 본 평등이라는 개념은 '자연'의 관점에서 보면 평등하다고 볼 수 없다.

4. 행복의 의미

그러면 행복(幸福, happiness)이란 무엇인가? 장자의 외편 중에서 '지락(至樂)' 편에서 공자와 제자인 자공의 대화를 다음과 같이 소개한다.

> 顔淵東之齊, 孔子有憂色.子貢下席而問曰:「小子敢問, 回東之齊, 夫子有憂色, 何邪?」
>
> 孔子曰:「善哉汝問! 昔者管子有言, 丘甚善之, 曰:『褚小者不可以懷大, 綆短者不可以汲深.』夫若是者, 以爲命有所成而形有所適也, 夫不可

損益.吳恐回與齊侯言堯舜黃帝之道, 而重以燧人神農之言.彼將內求於己而不得, 不得則惑, 人惑則死.

공자의 제자인 안연(顔淵)이 동쪽에 있는 제(齊)나라에 가려고 하자 공자의 얼굴에는 걱정하는 기색이 역력하였다. 공자의 제자 중 자공(子貢)이 자리에서 내려와 낮은 곳으로 옮겨 앉으면서 공자에게 질문하였다. "학생인 저가 감히 여쭙겠습니다. 안회(顔回)가 제나라에 가려고 하자 선생님께서는 얼굴에 걱정하는 기색을 띠신 것은 도대체 어떤 까닭이 있으신 것입니까?" 공자가 답변하기를, "너의 질문이 훌륭하구나! 예전에 관자(管子)가 한 말씀 중에서 내가 매우 좋아하는 말이 있다. 그것은 '주머니가 작으면 큰 것을 담을 수 없고, 두레박줄이 짧으면 깊은 물을 퍼 올릴 수 없다'는 말이다. 세상을 살아가는 것이 대체로 이와 같으니, 운명이란 사람에 따라서 제각각 정해지는 이치가 있고, 형체란 제각각 적합한 곳이 있으므로 대체로 임의로 덜어낼 수도 없고 더 보탤 수도 없다는 뜻이다. 나는 안회가 제나라 임금에게 가서 요순임금 시절의 태평시대의 정치와 황제의 도리, 그리고 수인씨(燧人氏)와 신농씨(神農氏)의 말씀에 대해서 거듭 강조하여 말씀을 드릴까봐 걱정이 된다. 제나라의 임금은 안회의 말을 자기 마음속에 두고 이러한 말대로 정치를 하다가 그가 원하는 바를 얻지 못하게 되면, 안회에 대해서 불신하게 되고 결국은 그를 죽이게 될까봐 두렵다."

공자와 공자의 제자인 자공이 안회가 제나라의 임금에게 가는 것에 대해서 대화하는 내용을 보면 그 당시 제나라의 임금을 만나 출세를 하는 것이 과연 행복한가에 대한 설명이다. 안회는 공자의 제자 중에서도 출중하고 학식이 뛰어나 제 나라에 가면 재상자리에도 오를 수 있는 인재이지만, 공자는 스승으로서 그 당시 어수선한 세상에서의 재상자리는 남들이 보면 출세한 것이 되겠지만, 좋은 자리에서 호의호식하고 권력을 갖는다고 과연 행복을 얻을 수 있는 것인가 하고 반문한 것이다. 또한 인간의 관점에서 보는 행복이란 과연 행복한 삶인가? 장자의 '지락(至樂)' 편에서는 다음과 같은 우화를 소개한다.

且女獨不聞邪? 昔者海鳥止於魯郊, 魯侯御而觴之于廟, 奏九韶以爲樂, 具太牢以爲膳.鳥乃眩視憂悲, 不敢食一臠, 不敢飮一杯, 三日而死.此以己養養鳥也, 非以鳥養養鳥也.夫以鳥養養鳥者, 宜栖之深林, 遊之壇陸, 浮之江湖, 食之鰌鰷, 隨行列而止, 委蛇而處.彼唯人言之惡聞, 奚以夫譊譊爲乎? 咸池九韶之樂, 張之洞庭之野, 鳥聞之而飛, 獸聞之而走, 魚聞之而下入, 人卒聞之, 相與還而觀之.魚處水而生, 人處水而死, 彼必相與異, 其好惡故異也.故先聖不一其能, 不同其事.名止於實, 義設於適, 是之謂條達而福持.」

너는 또 이런 이야기를 듣지 못하였느냐? 옛날에 바다새가 노(魯)나라 교외에 와서 내려앉았다. 노나라 임금은 그 새를 맞이하여 왕국의 종묘로 불러 들여 성대한 잔치를 베풀고 '구소(九韶)'[1]의 음악을 연주하여 즐겁게 해 주고, 귀한 술과 쇠고기와 양고기, 돼지고기로 안주를 대접하였다. 그러자 새는 도리어 눈이 부셔 어질어질 해지고 두려워하고 슬퍼하여 감히 고기 한 점도 먹지 못하고 술 한 잔도 마시지 못하더니 사흘 만에 죽어 버렸다. 이는 사람이 (부모가 자

1) 중국의 순임금이 지었다는 고대 악곡의 이름이다.

식을 양육하듯이) 사람의 방식대로 양육하던 방식으로 새를 양육한 것이지 새를 새의 방식대로 양육한 것이 아니었기 때문이었다.

대체로 새를 양육하던 방식으로 새를 양육하는 것이란 마땅히 새의 보금자리인 깊은 숲속에서 새를 깃들게 하고, 물속의 모래섬에서 노닐게 하고, 강이나 호수를 떠다니게 하고, 스스로 미꾸라지나 피라미를 잡아먹게 하고, 같은 새들 무리를 따라서 줄지어 날다가 내려 앉아 쉬게 하고, 한가롭고 자유롭게 살도록 내버려 두는 것이다. 새들은 사람의 말소리조차 듣기 싫어하는데 어떻게 음악을 연주하면서 시끌벅적하게 하는가!

그러면 최고의 권력자로서 왕은 행복하다고 할 수 있는가? 왕은 그의 왕국에서는 자신이 원하는 대로 할 수 있는 사람이지만, 위의 우화에서 잘 나타나 있듯이 그가 아주 귀하고 예쁘다고 여긴 새 한 마리도 만족시킬 수가 없었다. 왜냐 하면, 왕은 사람의 방식대로 자연에서 사는 새를 대접했기 때문이다. 자연에서 사는 새나 짐승은 자기가 살아온 방식대로 '자연스럽게' 사는 것이 행복한 것으로 묘사하고 있다. 따라서 행복의 개념도 인간의 관점에서 해석하게 되면 인간이 사는 자연 세계의 이치를 무시하고 결국은 불행해질 수 있다. 따라서 행복도 인간 중심의 사고와 관점에서 벗어나서 '자연'의 이치에 합당하게 살아갈 때 비로소 이루어질 수가 있다.

5. 지식: 앎의 의미

그러면, 우리가 아는 것과 경험한 것은 어떻게 이해하여야 하는가? 장자는 인간의 앎과 인식이란 무엇인가에 대해 반문하고, 장자의 외편(外篇) 중 '가을 물(秋水)' 편과 내편(內篇) '제물론(齊物論)' 편의 글에서, 장자는 우리의 앎의 절대적 기준은 없다고 지적한다. 우리는 대부분 내가 자라온 사회적·문화적 환경에서 길들여져 있고, 이러한 환경적 요소에 의해서 우리의 사고와 행동이 지배받고 있다. 또한, 우리는 언어로서 세상을 이해하고 표현한다. 그러나 우리는 언어의 틀 속에 갇혀서 세상을 편협되게 보는 것은 아닌가? 왜냐 하면, 우리의 생각과 경험은 우리의 환경 속에서 배운 언어로서 이해되기 때문에 언어 차원을 넘어서는 '저편' 세상에는 무엇이 존재하는지 알지 못한다. 마치 우물 안의 개구리가 자기가 사는 우물 안이 세상의 전부이고 우물 밖의 세상인 드넓은 망망대해(茫茫大海)에서 사는 거북이의 생활을 이해하지 못하는 것과 같다. 장자의 외편(外篇), '가을 물(秋水)' 편에서는 다음과 같은 우화로서 이러한 현상을 설명하고 있다.

公孫龍問於魏牟曰:「龍少學先王之道, 長而明仁義之行; 合同異, 離堅白; 然不然, 可不可; 困百家之知, 窮衆口之辯; 吳自以爲至達已.今吳聞莊子之言, 汒焉異之.不知論之不及與, 知之弗若與? 今吳無所開吳喙, 敢問其方.」

공손룡(公孫龍)이 위모(魏牟)에게 질문하였다. 나는 어릴 적부터 고대 왕국의 훌륭한 군왕들의 도(道), 예를 들면, 임금의 예(禮)와 지혜(智慧)를 배웠고, 성장해서는 만인에게 공평함(仁)[2]과 사람의 도

2) 인(仁)은 휴머니즘의 관점에서 보면, 사람을 널리 사랑하는 것이다. 불교적 관점에서 보면 자애와 자비의 개념과 유사하다.

리와 의(義)[3]를 위해서 행동하였습니다. 인간 세상에 존재하는 동일하거나 서로 다른 것에 대해서 나는 질서정연한 하나의 논리로 설명하였고, 같은 사물에 존재하는 서로 상이한 현상을 상호 분리하여 분석하였습니다. 나는 훌륭한 학자들이 보기에는 그렇지 않다는 것을 그렇다고 반박하였고, 학자들이 불가능하다고 주장한 것을 가능한 것으로 증명하였습니다. 그래서 나는 스스로 이론과 학문의 최고 경지에 올라 있다고 생각하였습니다. 그러나 장자의 말을 듣고 나서, 나 자신도 이해할 수가 없어서 멍하게 되고 말았습니다. 나의 이론이나 지혜가 장자에 미치지 못하는 것인지 아니면 장자의 도(道)의 개념은 내가 알지 못하는 경지에 있는 것인지를 알고 싶습니다. 도대체 장자의 도(道)란 무엇인지 감히 묻고 싶습니다.

공손룡(BC 320~BC 250년)은 조(趙)나라 한단(邯鄲) 사람이며 전국(戰國)시대의 명가의 궤변론자로 언변에 뛰어났다. 일찍이 평원군(平原君)의 식객이었다. 위모는 위나라의 공자 이름이다. 공손룡은 중산(中山; 지금 중국의 하북성(河北省)의 정현(定縣))에서 태어나서 자랐으며, 장자 철학의 애호가였다. 공손룡은 세상을 살아가는 데 있어서 인(仁)과 의(義)에 의해서 살아가고 있었기 때문에 그 당시 관습으로 보면 훌륭한 학자이면서 군자(君子)로서의 생활을 하였다. 하지만 장자 철학의 애호가였던 위나라의 공자인 위모를 만나서 자기의 생활은 그 당시 생활로 보면 군자(君子)의 생활이었지만, 장자의 관점에서 보면 무언가 부족함이 있다고 고백한다. 그래서 공손룡은 장자의

3) 의(義)란 실제 일을 행함에 있어서 사리에 합당한 것을 의미한다. 현대의 관점에서 보면, 정의(正義, justice)의 개념과 유사하다.

사상은 무엇인지 위모에게 질문한다.

> 公子牟隱机大息, 仰天而笑曰:「子獨不聞夫埳井之?乎? 謂東海之鱉曰:『吳樂與! 出跳梁 乎井幹之上, 入休乎缺甃之崖; 赴水則接腋持頤, 蹶泥則沒足滅跗; 還虷蟹與科斗, 莫吳能若也.且夫擅一壑之水, 而跨跱埳井之樂, 此亦至矣, 夫子奚不時來入觀乎! 』東海之鱉左足未入, 而右膝已縶矣.於是逡巡而卻, 告之海曰:『夫千里之遠, 不足以擧其大; 千仞之高, 不足以極其深.禹之時十年九潦, 而水弗爲加益; 湯之時八年七旱, 而崖不爲加損.夫不爲頃久推移, 不以多少進退者, 此亦東海之大樂也.』於是埳井之?聞之, 適適然驚, 規規然自失也.

젊은 학자인 위모(魏牟)가 책상에 기대서 크게 한숨을 짓고 하늘을 우러러 크게 한바탕 웃으면서 다음과 같이 답변하였다. "당신은 우물 안에서 사는 개구리의 우화를 듣지 못하였습니까? 어느 날 개구리가 우물 밖에 나왔다가, 동해바다에서 올라온 자라를 만나서 자랑스럽게 말하였습니다. '나는 얼마나 즐겁고 행복한 줄 네가 알겠느냐? 나는 우물가의 수면 위로 떠올라서 내 맘대로 놀기도 하고, 우물 안의 깨진 벽 틈 사이로 들어가서 쉬기도 한단다. 연못에 사는 장구벌레, 게, 올챙이도 나처럼 자유롭고 행복하지 못하지. 우물 전체를 독점하다시피 사는 나의 즐거움이란 최고의 경지에 이른 것이지. 자라야, 너도 가끔 우물로 들어와서 이곳에서 나와 함께 놀면서 함께 즐겨보는 것이 어때?' 그 말을 듣고, 동해바다에서 온 자라가 우물 안으로 들어오려고 하다가 왼발이 채 들어가기 전에 오른발의 무릎이 우물가에 걸려 버렸다. 그래서 자라는 어물쩍어물쩍 뒤로 물러나와 자라가 사는 바다에 대해서 다음과 같이 애기하였다. '개구리야, 내가 사는 동해바다는 천리나 되는 먼 거리로도 그 크기를 형용할 수 없어, 또한 바다의 깊이는 천 길의 높이로도 그 깊이를 다 표현할 수 없어. 중국의 우(禹) 임금 시절에는 십 년 동안 큰 비가 자주 내려서 장마가 아홉 번이나 졌지만 바다의 물은 더 이상 불어나지도 않았어. 중국의 탕(湯) 임금 시절에는 팔 년 동안에 일곱 번이나 가뭄이 들어서 (육지에서는 많은 사람들과 짐승들 및 초목들이 말라 죽었지만), 해안의 수위가 결코 내려가지 않았어. 바다는 대체로 세월이 흘러도 변화하지 않고 (바다 속에는 온갖 진귀한 생물들과 물고기들이 육지의 변화에는 아무렇지도 않게 천년이 지나고 만년이 지나도 그대로 살고 있다) 강우량의 변화(바깥 세상의 변화에 전혀 동요함이 없이)에 아무 걱정이 없이 살 수 있는 것이 동해바다의 큰 즐거움이란다.' 우물 속의 개구리는 자라의 얘기를 다 듣고 나서 너무 소스라치게 놀라서 멍하게 넋을 잃고 말았다.

위의 '우물 안의 개구리와 자라'의 우화를 위나라 공자인 위모는 전국시대 명가(名家)의 궤변론자로 유명했던 공손룡에게 말한 후에, 공손룡의 지식은 옳고 그름을 판단하는 기준도 분명하지 않으면서 장자의 사상에서 논하는 의미를 이해할 수 있는가 하며 반문하자 공손룡은 아무 말도 못하고 멀리 달아났다고 한다.

6. 언어의 의미

그러면 현대사회를 살아가는 우리는 어떠한가? 우리 인간은 문화적 환경 속에서 배우고 익힌 언어를 통해서 세상 전부를 이해하는 것처럼 착각하고 살아가고 있다. 인간의 언어(言語, language)에 대해서 장자의 '제물론(齊物論)' 편에서 다음과 같이 설명한다(莊子(장자) 지음; 郭慶藩(곽경번) 해설, 1978; 장자 지음·김학주 옮김, 2010).

夫言非吹也, 言者有言, 其所言者特未定也.果有言邪? 其未嘗有言邪? 其以爲異於鷇音, 亦有辯乎, 其無辯乎? 道惡乎隱而有眞僞? 言惡乎隱而有是非? 道惡乎往而不存? 言惡乎存而不可? 道隱於小成, 言隱於榮華.故有儒墨之是非, 以是其所非而非其所是.欲是其所非而非其所是, 則莫若以明

장자에 의하면, 우리의 삶은 유한하고 언어를 통해서 우리가 인식할 수 있는 것은 유한하지만 세상의 깊이와 넓이는 무한하다. 인간의 언어를 통해 세상을 아는 것은 유한할 수 밖에 없기 때문에 유한으로 무한을 추구하는 것은 어리석다.

우리는 언어를 통해서 무한한 자연세계를 이해한다. 인간이 사용하는 언어는 자연세계의 무한함을 담을 수 없기 때문에, 결국은 언어를 통한 인간의 이해는 부족할 수 밖에 없다.

7. 인식의 의미

우리 인식은 우리가 사용하는 언어와 우리가 경험하고 배운 앎과 그리고 나 자신의 지각현상에 의한 관점에 치우쳐 있기 때문에, 우리가 내린 결론이 모든 것에 대해 동등하게 옳다고 단정할 수는 없다. 장자는 초(楚)나라의 여행길에서 우연히 발견한 들판에서 나뒹구는 죽어서 텅 빈 인간의 해골을 보고 슬퍼하지만, 정작 해골은 "죽음이 나쁘다는 것을 어찌 알 수 있는가?"라고 반박한다(장자의 지락(至樂)편).

莊子之楚, 見空髑髏, 髐然有形, 撽以馬捶, 因而問之, 曰:「夫子貪生失理, 而爲此乎? 將子有亡國之事, 斧鉞之誅, 而爲此乎? 將子有不善之行, 愧遺父母妻子之醜, 而爲此乎? 將子有凍餒之患, 而爲此乎? 將子之春秋故及此乎?」

於是語卒, 援髑髏, 枕而臥.夜半, 髑髏見夢曰:「子 (一) 之談者似辯士.視子所言, 皆生人之累也, 死則無此矣.子欲聞死之說乎? 」

髑髏曰:「死, 無君於上, 無臣於下; 亦無四時之事, 從 (一) 然以天地爲春秋, 雖南面王樂, 不能過也.」

莊子不信, 曰:「吳使司命復生子形, 爲子骨肉肌膚, 反子父母妻子閭里知識, 子欲之乎?」

髑髏深矉蹙頞曰:「吳安能棄南面王樂而復爲人間 (一) 之勞乎!」

장자가 초(楚)나라로 여행을 가다가 (들판 위에 나뒹구는) 속이 텅 빈 해골을 보고 말채찍으로 해골을 치면서 말했다. "그대는 어쩌다 이런 꼴이 되었소, 좋은 삶을 탐내다가 이치에 거슬렸기 때문에 이런 꼴이 된 것이 아니요? 아니면 나라가 멸망되면서 도끼로 주살되면서 이런 꼴이 된 것이요? 아니면 그대는 선하지 못한 행동을 저질러 부모와 처자에게 치욕을 준 것을 부끄럽게 여겨 스스로 이런 꼴이 된 것이요? 아니면 그대는 춥고 배고픈 환난을 당하여 이런 꼴이 된 것이요? 아니면 그대는 수명을 다하고 죽어서 이런 꼴이 되었소?" 이렇게 혼자서 말을 하다가 해골을 베게 삼아 누워 들판에서 잠이 들었다. 한밤중이 되어 해골이 꿈에 나타나서 이렇게 말했다.

"조금 전에 그대가 나한테 말한 것은 마치 달변가와 같았소. 그대가 나한테 한 말을 보면 모두 살아 있는 사람들의 걱정거리로, 죽고 나면 없는 것이라오. 그대는 죽고 난 뒤의 이야기를 들어 보고 싶소?" 장자가 말했다. "그렇소." 해골이 말했다. "사람이 죽고 나면 위로 임금도 없고 아래로 신하도 없고 사계절의 변화에 따른 수고스러운 일도 없으며, 아무 거리낌이 없이 천지의 영원함으로 계절의 변화를 삼으니, 비록 남쪽을 향해 앉아서 편안하게 임금 노릇을 하는 왕의 즐거움도 이보다 더 할 수는 없소."

장자가 해골의 말을 믿을 수 없어서 다음과 같이 질문하였다. "내가 생명을 관장하는 신령으로 하여금 (특별히 부탁하여) 그대의 육신을 다시 부활시켜서 그대에게 뼈와 살을 주어서 그대를 부모, 아내, 마을 사람들과 친구들에게 돌려보내 다시 만나게 한다면 그대는 그렇게 되기를 원하십니까?" 해골은 눈살을 몹시 찌푸리며 근심이 가득한 모습으로 다음과 같이 말했다. "내가 어찌 남쪽을 향해서 왕 노릇을 하는 (지금 생활의) 즐거움을 버리고 다시 인간 세상의 수고로움을 다시 할 수 있겠소!"

우리는 우리 생전에 경험하고 배운 대로 세상을 이해한다. 즉 인간의 인식은 아직도 우리가 경험하지 못한 '저편'의 세상을 이해하지 못하고 살아간다. 우리는 저편의 세상을 인식하는 것조차 불가능하며, 우리의 인식체계는 우리가 지금 살아가는 현재에만 국한되어 있다.

8. 장자의 사상: 다원성과 상대성의 의미

장자의 사상은 다문화주의 및 다원적인 가치체계에 대한 상대주의의 선구로 볼 수 있다. 장자의 다원주의 사상은 인간 생활의 기반이 되는 삶이 좋고, 죽음이 나쁘다는 일반적으로 받아들이는 실용적 명제에 대해서도 근본적인 물음을 던진다. 반면에 공자의 사상은 개인주의 및 혈연주의로 대변되는 가치관을 갖고 있다. 우리나라의 경우에 유교적인 가치관을 바탕으로 한국의 근대 국가와 기업이 성립되었다(한의영, 1989). 그러나 글로벌 환경에서 한국 기업은 유교적 가치관을 바탕으로 한 한국 기업의 문화적 특징에서 탈피해야 한다. 글로벌 환경에서는 이질적인 다문화가 충돌하고 섞이면서 새로운 문화가 창조되고 있다. 이러한 시대적 맥락에서 장자의 사상은 글로벌 환경변화를 이해하고 적응하여 새로운 문화를 창조하는 밑거름이 될 것이다.

제4절 | 동양사상과 과학

동북아시아를 중심으로 발전된 동양사상은 자연의 법칙을 이해하여 인간 세상의 원리에 대한 다양한 이론과 설명으로 발전되었다. 동양은 범위를 어떻게 정하는가에 따라서 매우 광범위하다. 본 절의 '동양사상과 과학'에서 다루는 동양사상의 범위는 동아시아 지역 중 역사적으로 가장 영향력이 있는 동북아시아의 사상으로 국한시켰다. 앞서 언급했던 노자와 장자의 '자연' 중심 사상은 중국에서 도교사상으로 발전된다. 도교사상은 유교, 불교와 함께 삼교정립(三教鼎立)의 위치를 확보하게 된다. 중국의 역사를 보면, 공자·맹자·순자의 사상을 이은 유가철학은 한 제국에 이르러 도교보다 앞서서 종교적 성격을 띠게 되며, 통일된 정치체제로서 한 제국을 떠받치는 국가 종교의 위치를 점하게 된다. 이러한 유교는 일반적 의미의 종교라기보다는 국가와 사회의 통치를 위한 정치적이고 문화적인 '가르침'이라는 원래 의미의 교(敎)를 뜻한다(이정우, 2017: 617). 유교는 한 제국 이래에 동북아 사회에 뿌리 깊게 자리잡았으나, 사상적으로는 송대(宋代)에 이르기까지 큰 학문적 발전을 이루지 못하였다. 이러한 시대에서 정치적 엘리트로 등장했던 유교 지식인들의 권력은 막강하였고, 중국 역사상 문화의 황금시대로 문학, 미술, 음악을 비롯한 다양한 문화를 이루는 기반을 제공하였다. 한 제국에서 유가사상은 '제국유교(Imperial Confucianism)'라 부를 수 있을 형태로 구체화되었다. 한 제국 이후에 유교는 중국에 윤리학 및 정치철학으로서 성격이 강한 사상으로 중국 사회를 지배하는 사상이 되었다. 그러나 중국이 분열되기 시작하면서 불교와 도교도 점차로 영향력을 발휘하기 시작하였다. 인도에서 상층부의 귀족들을 중심으로 전파되었던 불교는 아쇼카 왕 이래로 강력한 정치적 후원자를 만나지 못했다. 인도에서 불교는 상층과 하층을 연결해서 보편성을 구축했던 힌두교의 힘에 밀려서 결국은 인도에서는 점차로 쇠퇴하기 시작하였다. 불교는 인도 바깥에서 철학적 힘을 발휘할 수 있는 곳을 찾아서 결국은 동아시아로 전파되었다. 동아시아 중에서 중국을 위시한 동북아에서 유교가 힘을 잃어갈 무렵 불교는 매우 참신한 철학적 경험과 과학적 사고를 제공하는 종교로서 자리를 잡았다. 불교의 철학은 동아시아에서 신(神) 중심이 아닌 과학적 사고 체계를 접할 수 있는 깊이 있는 힘을 제공하였다. 반면에 도교도 불교와 유사한 과정을 거쳐서 우리나라에서 삼국지로 잘 알려진 위·촉·오의 중국의 삼국시대에서 '혁명'을 통해서 정치적인 힘을 발휘하게 된다. 예를 들어 도교는 황건적의 난의 사상적 배경인 태평도와 사천지방을 중심으로 생겨난 오두미도(伍斗米道)에서 시작된다(이정우, 2017: 627). 촉나라의 재상이었던 제갈량은 묵가사상의 영향을 받아서 근검절약하는 생활과 과학기술에 대한 탐구와 발명을 하고, 자연의 날씨를 변화시키는 도술을 부리는 '마법사'로서의 면모는 도교의 영향을 받은 것이다. 왜냐 하면, '과학기술'은 그 당시의 대중에게는 '마법'의 이미지로서 나타난다. 제갈량에게는 도가적 면모가 있었으며, "담박하지 않으면 뜻이 밝지 못하고, 조용하지 않으면 멀리 생각할 수 없다"는 말이 이 점을 잘 드러낸다. 제갈량의 도가적 면모는 주술화된 도교와는 거리가 멀고, 그가 '종합적으로 넓게 사유하는 면'(서구의 '과학적 사고' 내지는 '시스템 사고'와 유사함)에서, 제갈량은 동향의 선배학자이자 후한말의 대학자인 정현의 영향을 받았다(이정우, 2017: 457). 이러한 도교의 종합적이고 넓게 사유하는 과학적 사고는 노자의 도가 사상에서도 잘 드러난다. 노자에 의하면 인간의 마음(心)은 자연 상태의 무(無)를 지향해야 한다. 무는 형태가 없고 '이름이 없는 것'(무명(無名))을 의미한다. 무명이란 개별화되어 존재하는 사물('이름이 있는 것')이 아니라 자연 상태의 모든 개별성들을 포용하는 터이다. 따라서 무는 자연 상태에 있는 도(道)이다(이정우, 2017: 467-468). 따라서 인간은 전체인 그것(도(道))을 인지할 수 없다. 도란 전체로부터 개별화된 것들이 나오는 무한한 잠재성을 의미한다. 따라서 창조(創造)하는 것은 기존의 개별화된 혹은 특수화된 것을 넘어서 도의 잠재성의 또 다른 차원을 '발견하는' 것이라고 볼 수 있는 것이다(이정우, 2017: 468). 이러한 의미에서 창조의 의미는 노자지략(老子指略)에서 언급하는 바로 '무'이며, 이때 무는 '도'이며 무의 또 다른 이름이다(이정우, 2017: 467).

> 이런 까닭에 하늘은 다섯 사물(오행)을 내지만 사물-없음을 쓰임으로 삼고, 성인은 다섯 가르침을 내지만 말-없음을 실천으로 삼는다. 그래서 도를 "도"라 하면, 그것은 이미 도가 아니고, 명을 "명"이라

고 하면 그것은 이미 명(이름)은 아니다.

도가 사상은 동북아시아의 과학적 사유를 탄생시키는 데 큰 역할을 하였다. 동북아시아에서 자연은 인간이 인지할 수 없는 '전체'이기에 인간의 지식과 인식이 발전되어 감에 따라서 자연에 대한 인식은 계속 바뀌어 왔다. 따라서 도가 사상의 관점에서 보면 동양의 과학적 사유는 '무한한 잠재성'인 무형·무명의 도를 탐구하는 과정에서 발전되어 왔다고 볼 수 있다.

제Ⅱ부

동아시아의 역사, 문화, 경제와 과학

제Ⅱ부에서는 동아시아(특히 동북아 지역)의 역사, 문화와 경제를 살펴보고, 현대 사상의 기반이 된 과학적 탐구와 시스템 사고, 과학법칙과 시스템 모델, 소프트 방법론 및 시스템 어프로치에 대해서 구체적으로 살펴보고자 한다. 이러한 동양사상과 과학에 대한 논의는 제Ⅲ부에서 논의할 동아시아 지역의 기업경영과 비즈니스 문화, 비즈니스 커뮤니케이션과 전략과 성과관리에 대한 이해를 돕기 위한 것이다.

제2장

동아시아[4]의 역사

제1절 | 동아시아의 환경과 경제권의 형성

1. 동아시아의 환경

동아시아는 중국과 인도를 포함하는 매우 광범위한 지역이다. 한마디로 동아시아의 환경은 문화적·경제적·정치적·지리적 환경의 복합적인 측면에서 이해해야 한다. 문화적인 측면에서 볼 때, 동아시아 지역은 불교, 유교, 도교의 탄생지로서 서구 사회에서 찾아 볼 수 없는 독특한 역사와 문화적 배경을 갖고 있다. 또한 동아시아는 근대화 이후에 서양의 기독교 사상이 서구의 자본주의 경제체제와 함께 전파되었다. 따라서 동아시아 지역에서 기독교는 전통적인 종교인 불교, 유

4) 본 장에서 언급하는 동아시아는 때로는 한국, 중국, 일본을 중심으로 하는 동북아시아를 의미한다.

교, 도교와 함께 공존하는 곳이다. 동아시아 지역은 지리적으로 볼 때 중국과 인도, 일본과 한국을 위시하여 러시아, 몽골, 베트남, 대만, 말레이시아, 인도네시아 등의 국가들이 국경을 접하고 있다. 국경을 접하고 있는 이러한 국가들은 국가와 민족 간의 갈등을 겪고 있다(그림 2.1). 경제적인 측면에서 보면, 동북아와 동남아 경제는 미국과 유럽의 경제권과 경쟁하면서 상호 보완하는 역할도 하고 있다. 19세기 이후에 동아시아 지역은 미국, 영국, 독일, 러시아, 네덜란드 등 서양의 강대국들이 진출하면서 근대화되었고, 현재 동아시아 지역의 경제권은 중국, 일본, 한국이 중심축을 이루고 있다. 특히 제4차 산업혁명의 시대를 맞이하여 한국, 중국, 일본을 중심으로 하는 동아시아 지역의 역할은 더욱 커질 것으로 예상되고 있다. 또한 향후에는 러시아와 인

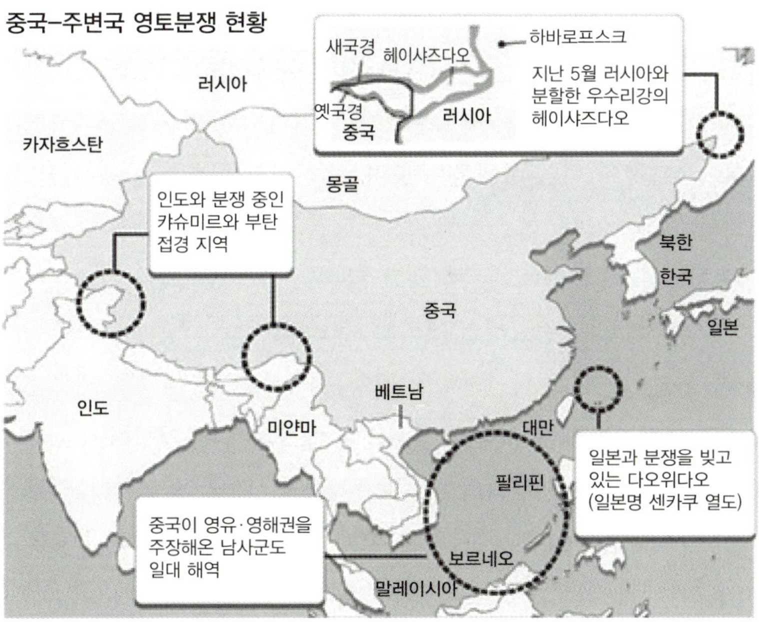

그림 2.1 중국과 동아시아 주변국의 영토분쟁(출처, 윤성환, 2015)

도와 같은 국가들이 동아시아 지역의 경제권에 포함되어 새로운 역할을 할 것으로 기대되고 있기 때문이다.

2017년 5월에 국민들의 '촛불집회'로 인해서 출범한 문재인 정부는 제4차 산업혁명 시대에 대비하여 고용 친화형 포용적 '혁신 성장'을 위한 전략 주도의 경제 활성화 방안을 추진하고 있다(박기영, 2017). '혁신 성장'의 정책은 국내의 경기 활성화와 글로벌 경제위기를 동시에 타개하기 위한 수단이자 우리 정부가 추진하는 새로운 경제 정책이다. 그동안 고도성장을 해 온 국내 기업들은 미국과 중국 및 유럽 시장에 의존해 왔다. 이제는 동남아시아를 비롯한 인도 및 러시아 시장에 대한 새로운 기회를 잘 활용해야 한다. 특히 국내 기업은 제4차 산업혁명을 기반으로 한 인공지능(AI)의 활용, 스마트 공장시스템의 도입 등 글로벌 환경변화의 물결에서 제조업 중심 혹은 서비스업 중심의 '혁신과 변화'를 위한 몸부림을 치고 있다. 우리 사회와 기업은 새로운 자본주의의 정신과 패러다임에 의한 혁신에 기초한 사회와 경제체제를 구축해야 한다. 새로운 경영 패러다임에 의한 혁신과 기업가 정신은 4차 산업혁명 시대를 주도하는 '신자본주의' 사상을 이끌어갈 미래의 원동력이다. 현재 한국, 중국 및 일본을 중심축으로 하는 동아시아 지역은 세계 경제의 중심축의 일부로 자리매김하고 있고 향후에도 그 역할이 더욱 중요해질 것이다. 이러한 시대적 상황에서 『동아시아 비즈니스 문화와 혁신적 기업경영』은 동아시아 지역을 새롭게 이해하고 변화시켜야 할 담론의 실마리를 제공하게 될 것이다.

동아시아 지역은 지리적으로 보면, 한국, 중국, 일본, 몽골, 대만, 홍콩, 마카오로 구성되는 동북아시아와 싱가폴, 인도네시아, 말레이시아, 필리핀, 베트남, 라오스, 미얀마, 캄보디아, 태국, 브루나이로 구성되는 동남아시아로 구분된다. 물론 포괄적인 의미에서 보면 중국과 인도 지역을 연결하는 광범위한 지역으로 이해할 수 있다. 일반적으로 동북아시아를 동아시아로 지칭하는 경우도 있지만, 넓은 의미에서 동아시아는 동북아시아 지역과 동남아시아 지역을 포함한다. 하지만 좁은 의미에서 볼 때, 동아시아는 동북아시아 지역, 특히 한국, 중국, 일본으로 구성된다. 본서에서는 동아시아의 역사와 문화를 대변하는 한국, 중국, 일본의 환경을 살펴보고자 한다. 물론, 동아시아 지역의 정체성은 조상 숭배와 같은 원시종교, 불교, 유교, 회교, 기독교 등이 각각의 독자성을 확보하고 있어서 공통적인 정체성을 갖고 있지 못하고, 유럽과 같이 정치적, 종교적, 경제적인 정체성이 확립되어 있지도 않다. 동북아 국가들 간에도 명확한 정체성이 확립되어 있지 못하고, 한국, 중국, 일본의 정체성은 이들 국가 간에 역사적으로 상호간에 영향을 받아서 형성되었다. 동아시아의 북쪽에는 러시아의 시베리아 지역이 펼쳐져 있고, 중국의 이웃 국가로는 중앙아시아(카자흐스탄, 우즈베키스탄, 키르기스스탄, 투르크메니스탄, 타지키스탄)가 자리 잡고 있다. 이들 중앙아시아의 국가들은 역사적으로 보면, 몽골제국의 일부였고, 근대에는 지금의 러시아(구소련)의 영토였기 때문에 러시아어를 지금도 사용하는 사람들이 많으며, 문화적으로 동양과 서양의 문화를 접한 지역이기도 하다. 동북아 국가 중 우리나라는 1990년 러시아와 공식적으로 수교하였고, 1992년 중국과 수교함으로 우리 주변의 4대 강국들(미국, 일본, 러시아, 중국)과 밀접한 관계를 맺고 있다. 최근에 '북핵 문제'가 불거지면서 한반도를 둘러싼 4대 강국과의 관계로 미묘하게 바뀌어 가고 있다. 1990년대 김대중 정부 시절에 러시아와 철도, 전기, 가스와 같은 천연 에너지를 개발하고 수입하는 국가 프로젝트를 정치적으로는 북한과의 관계개선을 목적으로, 경제적으로는 안정적인 에너지의 확보를 위해서 논의한 적이 있다. 그러나 한반도의 핵문제를 둘러싸고 긴장감이 팽팽한 상황에서는 러시아 지역의 에너지 개발과 활용과 같은 프로젝트는 쉽게 성사되기 어려운 실정이다. 이러한 상황임에도 불구하고 동북아를 중심으로 4대 강국의 관심사가 지금처럼 집중된 시기는 없었다. 그만큼 동아시아 지역의 위상이 높아졌고, 향후에는 세계 경제와 문화, 사회, 정치적으로 막대한 영향력을 끼칠 것으로 예상된다.

2. 동아시아 경제권의 형성

중·일 전쟁과 러·일 전쟁에서 승리한 일본이 아시아의 새 거인으로 등장하면서 근세 이후 동아시아의 질서를 주도하였다. 그 후 일본은 독일과 이태리와 삼국동맹관계를 맺으며 제2차 세계대전에 참여하였고 결과적으로 패망한 일본이 전후에 재건하면서 고도성장의 토대를 마련하였다. 그 후 일본은 세계 경제의 위기에서도 한 단계 도약하였고, 세계 제1의 경제 대국인 미국과 경쟁하기 시작하였다. 그러나 1980년 후반 이후에 일본 경제의 거품이 붕괴되면서 일본은 장기간의 침체기에 접어들었다. 1980년 이후 등장한 동아시아의 신흥 공업 경제 국가인 한국과 타이완은 급속도로 성장하기 시작하였다. 특히 한국은 제조업 중심의 수출 주도 정책이 성공하면서 후진국에서 탈피하여 선진국의 대열에 진입하였다. 또한 동아시아의 신흥 공업 경제 국가인 홍콩과 싱가폴도 정부와 민간 합작의 경제 정책의 성공으로 선진국 수준의 국가들로 성장하였다.

특히 1978년 이후 등소평의 개방정책으로 세계 경제 질서에 편입한 중국은 경제체제 개혁을 시작하여 건국 이후 수십년간 지속되어 온 계획경제체제를 '사회주의 시장경제체계'라는 중국 특유의 경제체제를 건설하였다. 이후 중국은 동아시아의 경제 질서를 재편하기에 이르렀다. 2001년 12월 10일 중국은 143번째로 세계무역기구(WTO)에 가입하면서 2010년 세계 제2의 경제 대국인 일본을 추월하였고, 2030년 전후로 중국의 GDP 규모가 미국을 앞지를 것으로 예상하고 있다(윤성환, 2016: 33).

동아시아 경제권의 중심축이 되는 한국, 중국, 일본 간의 삼국 경제 공동체의 형성에 대해 논의되고 있다. 중국이 WTO에 가입함으로써 대외 개방의 속도가 훨씬 더 빨라지고 동북아에서 차지하는 경제적 비중이 증가하고 있기 때문에, 삼국의 동아시아 지역의 경제 통합체 추진에 대한 필요성을 공감하고 있고, 삼국의 협력 정도를 현재보다 획기적으로 개선하기 위해서도 삼국 간의 경제 공동체 형성이 더욱 필요하다. 하지만 한국, 중국, 일본 사이의 미묘한 입장 차이와 일본의 동아시아 패권을 차지하려는 역사적인 사실로 미루어 보아 삼국의 경제 공동체의 형성은 쉽게 이루어지지 않을 것 같다(경제 교육 연구회, 2009).

제2절 | 동아시아의 근대사

1. 동아시아 근대사의 형성과정

동아시아 지역이 세계적으로 알려진 것은 19세기 이후에 청나라, 조선, 일본 삼국으로 이루어진 시기부터이다. 동아시아 지역에 러시아를 포함시키거나, 몽골이나 베트남 등 동북아시아의 주변 국가들을 포함시킬 수도 있지만, 일본 학자들에 의해서 쓰여진 "동아시아" 지역의 역사에는 근대 시기의 중국의 청나라, 조선, 일본을 중심으로 한 동아시아의 역사가 최초의 동아시아 전체를 망라한 최초의 동아시아의 역사가 된다(히로시, 요리히사 & 다쓰히코, 2011). 물론 일원적인 관점에서 역사를 보면 역사에 포함된 진실을 외면할 수 있기 때문에 다원적인 관점에서 역사를 이해해야 역사의 사실을 제대로 이해할 수 있다(Wells, 1989). 하지만 현재까지 역사는 역사를 쓴 저자의 '세계관(worldview)'에 의해서 집필되었기 때문에 모든 사람들에게 수용되는 객관적으로 타당한 '진실된' 역사를 이해하기는 불가능하다. 왜냐 하면, 같은 사건이라도 누가 어떤 입장에서 어떠한 맥락에서 이해하느냐에 따라서 해석이 달라지기 때문이다. 조오지 마스덴(George, M. Marsden)이 주장하는 '게스탈트 심리학(gestalt psychology)'에 의하면 보는 이에 따라서 똑같은 여인의 그림도 추악한 '노파'가 될 수도 있고, 매혹적인 '젊은 여성'이 될 수도 있다. 따라서 이러한 사실은 동일한 역사도 어떠한 세계관이나 관점에 의해서 보느냐에 따라서 다양한 의미로 해석이 가능하며, 모든 역사적 사실은 여러 가지의 해석이 가능한 것이다. 이러한 다원적인 의미를 갖고 있는 역사는 모호성 내지 한계점을 갖고 있다는 점을 분명히 인식하고, 우리가 그동안 이해했던 동아시아의 역사도 새롭게 이해해야 할 것이다.

역사적으로 보면 동아시아는 서구의 열강들과 정치적·경제적·사회적으로 긴밀한 관계를 가지기 전에 서구 문명을 앞서는 과학 문명을 발전시켰다. 하지만 1789년 프랑스 혁명과 19세기 영국의 산업혁명으로 인해서 서구 유럽의 국가들과 미국, 캐나다, 호주 등의 서양의 국가들이 동양의 과학문명을 앞서는 문명화의 과정을 발전시켜서 앞서 가고 있다. 반면에 방글라데시, 인도, 베트남, 캄보디아, 라오스, 인도네시아, 필리핀 등의 아시아 국가들은 새로운 자본주의의 사상을 바탕으로 싹트는 기업가정신을 앞세워서 새로운 일자리를 창출하고 핵심 미래 산업을 발굴하기 위해 인재개발과 인재확보에 전력하고 있다. 이러한 상황에서 이미 선진국의 대열에 합류한 한국과 세계 제2의 경제 대국인 중국을 중심으로 한 동아시아 지역의 역할은 과거 어느 때보다 중요하다. 또한 미래 사회를 위한 혁신과 변화는 사회가 발전하고 기업이 생존하기 위해 필수적이다. 제4차 산업, 신재생에너지, 친환경에너지 산업을 포함한 비즈니스 산업과 도시개발, 도시재생과 같은 젠트리피케이션(gentrification) 및 교육, 의료, 사회 서비스 등 공익사업은 혁신적인 사고와 행동을 요구한다. 혁신을 통해 창출되는 새로운 산업과 비즈니스 및 공익산업에 대한 관심과 수요는 급증할 것이다. 혁신과 변화를 통한 사회적 변화에 대응하는 기업의 비즈니스의 창출은 우리 국가와 기업에 새로운 성장 동력이 될 것이다. 향후에 한국과 중국은 동아시아의 중심 국가로서 동남아시아, 중앙아시아, 서남아시아, 인도 및 러시아 지역과 더욱 긴밀한 관계를 갖고 '문명화의 과정(civilizing process)'을 가속화할 것이다. 이러한 문명화의 과정을 체계적으로 이해하려면 한국과 중국의 역사, 문화, 종교, 정치, 사회, 경제에 대한 이해가 선행되어야 한다. 또한 동아시아 지역의 중심축 경제권의 형성 과정에 지대한 영향을 준 중국과 일본의 근대사에 대한 이해도 필요하다. 따라서 다음에서는 한국, 중국 및 일본의 근대사를 설명하고자 한다.

2. 한국, 중국 및 일본의 근대사

역사적으로 볼 때 한국, 중국, 일본은 상호 밀접한 관계를 갖고 있다. 한국, 중국, 일본의 근대사를 살펴봄으로 오늘날 동아시아의 문화,

경제 및 사회변화의 과정을 이해하는 데 도움이 될 것이다.

일본은 동아시아에서 맨 처음으로 근대화된 국가를 탄생시켰다. 근대화된 일본에서 서구 문명화의 과정으로 출현한 서구의 기업(enterprise)을 모방한 일본식 기업을 탄생시켰다. 근대화된 일본에서 오늘날의 기업 형태인 미쓰이, 마쓰시다, 미쓰비시, 스미토모와 같은 기업들이 등장하였다.

일본 근대사에서 획기적인 사건은 1853년 7월 8일 임국 동인도함대사령관 매튜 페리 제독이 이끈 군함 4척이 지금의 도쿄 남쪽 가나가와현 미우라(三浦) 반도의 어촌 우라가(浦賀)에 나타난 것이다. 미국의 페리 제독은 그 당시 미국 대통령인 필모아의 친서를 에도 막부에 전달하고 즉각 회답을 요구했다. 친서의 내용은 통상을 위한 일본 항구의 개항과 일본에 온 미국 선박에 대한 석탄과 식량의 공급, 그리고 일본 근해에서 조난당한 미국 선원의 보호 등 일본에 대해 개국을 요구한 것이다. 친서를 전달받은 막부에서는 "우라가는 회담할 장소가 아니다"고 주장하고 미국의 페리 제독은 미국으로 다시 돌아가라고 전하였다. 페리 제독은 이듬해 봄까지 회답해 줄 것을 요구한 후 함대를 미국으로 돌렸다. 이 무렵 러시아와 영국의 함선도 일본 해안에 수시로 나타나 무역을 요구했으나 일본의 막부는 통상을 내세워 이들 국가의 요구를 거절하였다. 일본의 막부는 무역을 내세워 결국은 이들 국가가 일본을 자기들의 영토로 편입시키려는 것이 그들의 속셈이라고 판단했기 때문이다.

이듬해인 1854년 다시 일본을 찾은 미국 페리의 구로후네(黑船)함대는 에도 막부의 코앞인 에도만의 하네다(羽田)까지 올라가 막부 책임자와의 회담을 요청하며 위협했다. 일본의 막부는 협상을 벌인 후 통상은 거절하되 페리가 제시한 일본의 항구를 개항하는 것은 승인했다. 이 회담의 결과로 일본은 도쿄 남쪽 이즈반도의 시모다(하전)와 북해도의 하코다테(상관)의 두 항구를 개항하고 미일화친조약을 체결했다. 일본이 외국과 최초로 맺은 이 조약에 따라 미국은 1856년 8월 시모다에 미국 영사관을 개설하고 해리스를 초대 영사로 파견했다. 1857년 미국의 영사인 해리스는 에도 막부의 실력자인 홋타 마사요시와 일미통상조약의 체결협상을 하여 이 조약이 막부 통치력의 강화에 필요한 재정 확보와 부국강병의 기본대책이 될 것이라는 해리스의 설명에 동의하고 조약 체결에 합의했다. 그런데 이 미일수호통상조약은 영사재판권과 협정세율 및 최혜국 조항이 모두 일본 측에 일방적으로 불리한 불평등 조약이었다. 이 당시 일본의 고메이 천황은 서명을 거부하였고, 막부의 최고행정직인 다이로(大老)에 취임한 히코네번의 이이나오스케가 천황의 칙허를 받지 않은 채 조약 체결에 서명하였다. 이이나오스케는 미일수호통상조약 조인 직후 개방을 반대한 도쿠가와가(家)의 고산케 대표들을 대대적으로 탄압하였다. 이이나오스케는 과감한 결정과 신속한 집행으로 일본 근대화의 초석을 놓았다. 하지만, 조정과 존왕양이(尊王攘夷)를 주장하는 반대파에 의해서 1860년 3월 3일 눈 내리는 날 아침 에도성으로 들어가는 사쿠라다문에 이르렀을 때 칼로 무장한 16명의 미토번의 낭인들에 의해서 결국 살해당했다. 이사쿠라다문 사건을 기점으로 하여 에도 막부의 권위는 급속도로 추락하기 시작했다.

1857년 미국과 일본 사이에서 이루어진 미일수호통상조약의 합의로 말미암아 일본은 동아시아에서는 처음으로 서구식 근대화를 이루어낸 성과를 가져왔다. 훗날 세계 속에서 일본의 위상을 자리매김하는 결정적인 계기가 되었다. 그러나 일본 역사에서 약 700년 동안 지속되었던 무사계급 중심으로 구성된 막부시대를 마감하는 계기가 발생하였다.

1858년 미일수호통상조약이 정식으로 체결된 후 발생한 안세이대옥과 사쿠라라다문 사건으로 일본에서는 막부 타도와 존왕양이의 운동이 본격적으로 시작되었다. 이 운동은 조슈와 사쓰마 및 도사번의 하급무사들이 근왕당을 조직하고 강력하게 존왕양이를 주장하면서 본격화되었다. 1867년 11월 9일 도쿠가와 가(家)의 막부 15대 쇼군 요시노부는 도사번의 영부 야마우치 요도가 건의한 막부권력을 조정에 반환하는 대정봉환(大政奉還)을 수용하였다. 한편 1866년 12월 고메이 천황이 사망하고 고메이 천황의 15세의 둘째 아들이 1867년 1월 메이지(明治) 천황으로 즉위하였다. 요시노부가 요도가 건의한 대정봉환을 수용함으로써 통치 권력이 122대 메이지(明治) 천황에게 넘어갔다. 이로써 사쓰마번의 막부무력 타도의 계획은 중지되었고 700년간 지속된 막부 중심의 무사정치의 시대는 막을 내렸다.

메이지 천황은 302개의 독립국가가 난립했던 막부시대를 종결하고 천황 중심의 강력한 국민 국가의 건설을 목표로 메이지 정부를 구성하고 메이지 유신 정책을 선포하여 정부정책에 맞서는 어떠한 세력도 용납하지 않았다. 따라서 메이지 정부는 자유와 민권신장을 앞세운 일부 세력의 저항을 강력한 힘으로 제압했다. 왕정복고를 성공시킨 메이지 유신의 주도세력들은 천황의 권위를 앞세워 부국강병과 문명화된 국가건설을 위해 강력한 중앙집권 체제의 건설에 총력을 기울였다. 그 결과 일본은 근대화 이후에 동아시아 지역의 강력한 국가로 성장할 수 있었다. 19세기 중반에 일본이 동아시아에서 처음으로 미국과의 미일수호통상조약으로 정식으로 교류가 시작된 후에 중국과 한국도 점차로 서양에 문호를 개방하는 방향으로 기울기 시작하였다.

제3장

동아시아의 문화와 경제

제1절 | 한국 문화와 경제의 이해

본 절에서는 한국 문화의 형성과정과 문화적 특질을 살펴봄으로 자본주의 체제하에서 가지는 국내 경제와 기업이 가지는 의미를 살펴보고자 한다.

1. 한국 문화의 형성과정

동아시아 국가들 중에서 한국은 중국의 전통적 사상과 문화를 계승하여 독특한 문화와 경제체제를 만든 국가이다. 역사적으로 보면, 한국은 삼국시대와 통일신라시대를 거쳐서 고려와 조선시대에 이르기까지 중국의 문화에 커다란 영향을 받아서 눈부신 독자적인 문화를 발전시켰다. 고려시대에는 12세기에 중국 남송의 주희(주자)에 의해서 집대성된 주자학(朱子學)을 수용하여 국내의 유교식 학문체계를 만들었다. 특히 조선시대에는 한민족인 주원장(朱元璋: 재위기간 1368~1398년)이 몽고족이 세운 원나라를 무너뜨리고 세운 명(明, Ming: 1368~1644년)나라의 문명과 과학을 수용하여 눈부신 과학문명과 유교적 학문체계와 문화적 업적을 이룩하였다. 조선은 성리학을 중심으로 유교식 정치체계와 문화체계를 완성하여 국가 통치와 경제를 확립하는 데 커다란 기여를 하였다(김우현, 2011). 한반도의 조선은 동아시아(특히 동북아) 지역에서는 어떤 지역에서보다도 유교와 성리학을 체현한 곳으로 스스로도 동방예의지국(東方禮儀之國)으로 불렀고 '작은 중국(小中華)'을 자처하였다. 조선왕조는 중국의 명나라와는 달리 건국 초부터 사대부 지식인들이 권력의 주체로 선 신권(臣權) 중심의 국가가 되었다(이정우, 2017: 748). 15세기에 성리학은 조선에 정착되어 16세기에 이르러 최고의 전성기를 이루었다. 그 대표적인 인물이 퇴계(退溪) 이황(李滉, 1502~1571년)과 율곡(栗谷) 이이(李珥, 1536~1584년)이다. 이황의 리기론(理氣論)은 주희(주자)의 리기론을 독자적인 방식으로 변형함으로써 구성되었고, 이황의 사단칠정론(四端七精論)은 인간의 감정 문제를 철학적으로 연구하여 집대성하였다. 예를 들어 사람의 마음은 리에서 유래하는 도덕적 성과 기에서 유래하는 감성적 정을 함께 갖추고 있다. 모든 인간은 순수한 감정인 칠정(희·로·애·락·애·오·욕)만이 아니라 성의 실마리가 되는 감정들, 즉 사단과의 관계를 통해서 인간은 이성적인 동시에 감정적으로 판단하고 행동하게 된다. 이러한 이황의 사단칠정론은 조선 철학의 양대 산맥을 형성하였던 율곡 이이의 리기설에도 영향을 준다. 이이는 이황의 사단칠정론을 비판적으로 논의하여 그의 독자적인 학문 체계인 리기설을 주장한다. 예를 들어, 이이의 리기설은 리(理)와 기(氣)를 물과 그릇에 비유하여 리는 물을 담는 그릇처럼 어디에도 국한되지 않는 보편적 원리로서 이해하고, 그 원리가 구체적으로 구현되는 곳은 기라고 보았다(이정우, 2017: 764). 즉 이이는 이황과는 달리 기의 차원을 벗어나 리의 차원으로 곧장 올라가는 입장을 취하지 않고, 기 자체에 본연의 차원이 있음을 주장한다. 이러한 이이의 리기론에는 유교가 도교와 불교를 충분히 포함할 수 있다고 보았다. 이러한 이황의 사단칠정론과 이이의 리기론은 조선시대를 거쳐서 오늘날까지도 한국의 문화적 사상과 인간의 마음과 정신을 연구하는 중요한 이론적 기반을 제공하였다.

동아시아의 역사의 관점에서 보면 한국은 동아시아의 중심인 중국과 일본을 연결하는 중간적인 존재이다. 한국은 중국의 문화와 문명의 영향을 받아서 한국의 고유문화를 형성하고, 근세 이후에도 우리나라의 문화는 중국으로부터 전파된 불교, 유교가 문명화된 우리의 삶을 형성하는 데 지대한 영향을 끼쳤다. 오늘날까지도 전승되어 내려오고 있는 불교문화와 유교의 문화적 유산은 한국에서 더욱 발전되어 그 진가가 빛났고, 도교 사상의 경우에는 일부 학자에 의해서 계승되었다. 또한 한국은 서양의 천주교와 기독교의 전통을 이어 받아서 한국 고유의 문화와 접목하여 우리 문화와 접목된 기독교 신앙과 문화로 발전하였다. 한국의 천주교와 기독교 전통은 국내의 근대사회의 기틀을 마련하는 데 큰 몫을 하였다

2. 한국 경제의 형성과정

조선은 19세기까지 중국과의 관계가 조공관계 또는 책봉관계로 이루어져 있었고, 일본과는 정식적인 국교를 수립하고 쓰시마를 매개로

무역이 이루어졌다. 그 후 일본이 서양 문물을 먼저 받아 들여 일본의 근대화가 조선보다 먼저 이루어졌고, 제2차 세계대전 이전에 일본의 침략으로 조선은 일본의 식민지 국가가 되었다. 제2차 세계대전에서 일본은 연합국에 패하게 되고, 조선은 독립하여 1945년 해방되었다. 해방 후 조선은 근대 국가의 형태로 바뀌고, 일시적으로 통일된 독립국가를 유지하였으나 1950년 6월 25일 남·북간의 전쟁으로 분단국가로서 지금까지 오고 있다. 북한은 중국과 러시아의 영향으로 공산당을 중심으로 하는 사회주의 국가체제가 되었으나 남한은 미국의 영향으로 자유민주주의 공화국의 체제를 택해서 유지하여 오고 있다. 남한은 대한제국 임시정부의 초대 지도자이자 독립운동가였던 이승만이 대한민국의 제1·2·3대 대통령이 되었다. 이승만 대통령은 1948년 헌법기초위원회에서 마련한 내각제 헌법 초안을 대통령 중심제로 전환하는데 중심적인 역할을 하였다. 1952년 1차 개헌으로 직선제를 도입하였고, 1954년 2차 개헌으로 국무총리제를 폐지함으로써 한국을 동아시아에서 유일하게 "미국식 대통령제"를 도입한 국가로 만들었다. 이 과정을 통해서 대한민국은 강력한 대통령제가 정착되는 계기가 되었다. 이승만 대통령은 조선에서 근대 국가로 전환하는 과정에서 중국으로부터 정치적 영향을 받지 않고 미국식 대통령제 중심의 민주주의 발전에 상당한 기여를 했다. 예를 들면, 국민들이 참여하는 정기적인 선거와 선거를 통한 정권 창출의 가능성의 기반을 닦았다. 또한 대한민국 최초로 지방자치제를 도입하였다. 종교적인 측면에서 보면 이승만 대통령은 동아시아 국가 중 중국과 일본과는 달리 한국을 개신교 국가로 만들고자 했다. 이승만은 대한민국의 헌법에 명시된 정(政)·교(敎) 분리의 원칙을 어기면서 국가의 수장으로서 국회나 국가 의전과 국무회의에서 기독교 방식으로 개신교의 하나님을 언급하고 기도를 하는 행동을 했다. 또한, 정부의 주요 부서에 기독교인을 대규모로 등용하고 1950년 6월 25일에 발발한 한국전쟁 중에 외국의 구호물자를 한국기독교교회협의회를 통해 분배함으로써 국민들이 하나님의 은혜를 몸소 체험할 수 있도록 했다. 이승만 대통령의 재임 시에 장관 및 차관 242명 중 38%, 국회의원 200명 중 25%가 기독교인이었다. 그의 재임시절에 정부의 적극적인 비호 아래 1950년 60만이었던 개신교 교인 수는 60년 114만으로 급증하게 됐다. 대한민국의 근대 역사에서 이승만 대통령의 등장으로 동아시아 지역의 '미국'을 건설하려는 이승만의 의도처럼 기독교를 중심으로 하는 혁신적인 토대를 마련하여 대한민국에서는 불교나 도교의 영향보다는 기독교의 영향을 받아 근대 시민사회가 성립되었다.

그 후 대한민국은 사회의 혼란기를 맞이하였으나 박정희 장군을 중심으로 하는 군부세력이 1961년 5월 16일 새벽에 쿠테타(이 사건을 5·16 쿠테타 또는 5·16 군사정변이라 부름)를 일으켰다. 5·16 군사정변에 성공하고 정권을 잡은 박정희 장군은 대한민국의 제5, 6, 7, 8, 9대(재임기간 1963년 12월 17일~ 1979년 10월 26일) 대통령으로 취임하게 된다. 이 기간 동안 대한민국은 경제 부흥의 초석을 다질 수 있었다. 박정희 대통령은 재임기간 동안에 계획경제를 시행하였다. 제1차 경제개발계획(1962~1966년), 제2차 경제개발계획(1967~1971년)의 기본 목표는 모든 사회적·경제적 악순환을 과감하게 시정하여, 자립경제의 달성을 위한 기반을 구축한다는 것이었다(한의영, 1989: 15). 이 시기에 한국은 농업본위국에서 탈피하여 초기의 공업국으로 진입하게 되었다. 이 시기에 한국 경제는 강력한 정부주도형으로 발전되었고, 이 기간 동안에 정부의 경제정책에 부응하는 일부 기업들은 '특혜'를 받아서 대기업으로 성장하게 되어 한국형 재벌기업이 탄생하는 계기가 되었다. 1970년대 들어와서 제3차 경제개발계획(1972~1976년)과 제4차 경제개발 계획(1977~1981년)이 실시되었다. 이 기간에 한국은 저임금을 경쟁력으로 내세운 경공업 제품에서 강철, 기계, 전자, 자동차, 정유, 조선과 같은 중화학 공업의 분야에 집중 투자하여 세계적인 경쟁력의 기반을 닦게 된다. 이러한 노력의 결과로 한국의 수출액은 1971년 10억 달러에 불과했는데, 1979년에 150억 달러에 도달하였다. 그러나 국제적 수준 이하의 저임금을 경쟁력으로 한 한국의 수출 확대 정책은 보다 저임금을 갖고 있는 후발국이 등장함으로 경제적 혼란이 시작되었다. 게다가 1973년 석유 파동이 시작되면서 한국은 수출에 제동이 걸리게 된다. 이러한 경제적 혼란기에 박정희 대통령은 그의 측근인 김재규의 저격으로 사망(1979년 10월 26일 발생하여 10·26 사건으로 불림)하였고 사회는 혼란의 시기로 들어가는 듯 보였다. 그 당시 보안사령관으로 재직 중이던 전두환은 10·26 사건으로 박정희 대통령이 암살당한 상황에서 보안사령관 겸 합동수사본부장 자격으로 비상사태를 수습하였다. 사태 수습 후에 전두환은 대한민국의 제11, 12대(재임 기간 1980~1988년) 대통령으로 취임하였다. 그러나 전두환 대통령의 재임기간 중에 대통령 직선제를 요구하는 시민들이 주축이 된 5·18 광주민주화운동(伍一八光州民主化運動)이라고도 불리는 광주민중항쟁(光州民衆抗爭)이 발생하였다. 광주민주화운동은 1980년 5월 18일부터 5월 27일까지 광주시민과 전라남도민이 중심이 되어, 조속한 민주 정부 수립, 전두환 보안사령관을 비롯한 신군부 세력의 퇴진 및 계엄령 철폐 등을 요구하며 전개한 근대화 이후의 최초의 민주화 운동이었다. 당시 광주시민은 신군부 세력이 집권 시나리오에 따라 실행한 5·17 비상계엄의 전국적인 확대 조치로 인해 발생한 헌정 파괴·민주화 역행에 항거했다. 전두환 대통령의 재임 당시의 신군부는 사전에 시위 진압 훈련을 받은 공수부대를 투입해 이를 폭력적으로 진압하여 수많은 시민이 희생되었다. 이후 무장한 시민군과 계엄군 사이에 지속적인 교전이 벌어져 다수의 사상자가 발생하였다. 대한민국 내 언론 통제로 그 당시 국내에서는 정확한 사실이 보도되지 않았으나, 독일 제1공영방송 독일연방공화국 공영방송 연구사업체(ARD)의 위르겐 힌츠페터 기자가 5·18 광주민주화운동과 그 참상을 세계에 처음으로 알렸다.

1987년 6월 10일에서 6월 29일까지 대한민국의 전국에서 대학생들 및 시민들이 참여한 반독재에 대항한 '6월 항쟁'에서 국민은 민주화를 거세게 요구했다. 이때 당시 여당인 민정당의 대표이며 대통령 후보였던 노태우는 대통령 직선제를 비롯한 평화적인 정부이양, 자유롭고 공정한 선거, 김대중의 사면복권, 국민대통합, 국민 개개인의 인권신장, 언론의 자율성 보장, 지방자치확대 등을 담은 6·29 선언을 발표하였다. 이어 전두환 대통령도 특별담화를 통해 6·29 선언을 수용하겠다는 입장을 발표하면서 이 선언은 정부의 공식 선언이 되었다. 6·29 선언이 발표되자 6월 항쟁은 이한열의 장례식으로 끝을 맺었다. 6월 항쟁이 끝나고 6·29 선언에 따른 헌법 개정 작업이 착수되었고, 1987년 10월 27일 국민투표를 통해 새 헌법이 확정되어 대통령 직선제가 대한민국에서 부활하게 되었고, 13대 대선 당선자 노태우 대통령부터는 민주주의 공화정에 입각한, 국민들의 선거로 뽑힌 대통령이 선출되었다. 1987년 6.29 선언 이후로 대한민국은 국민 투표에 의해서 대통령을 선출하는 민주주의 국가로 탈바꿈되었다. 1993년 2월에 실시된 대통령 선거에서 김영삼은 제14대 대통령(재임기간 1993년 2월~1998년 2월)으로 취임하여 군부세력을 종식시키고 민간 대통령의 길을 열게 된다. 김영삼 대통령은 미국식 자유민주주의 체제를 신봉하는 보수당의 대표적인 인물로 인식되었다. 김영삼 대통령이 이끄는 문민정부의 말년에 IMF 외환위기 사태가 발생하였다. 1998년 2월에 실시한 대통령 선거에서 야당의 대표였던 김대중이 승리하면서 '국민의 정부'가 시작되었다. 제15대 대한민국의 대통령(재임기간 1998년 2월 ~2003년 2월)이 된 김대중은 경제적 위기를 극복하고, IT 산업과 벤처기업의 육성을 통해서 대한민국의 경제적 부흥을 추구하였다. 또한 김대중 대통령은 문민정부의 시절과는 다르게 북한을 포용하는 '햇볕정책'을 펴는 등 북한, 중국 및 러시아와의 적극적인 외교 관계 개선을 통해서 대한민국의 위상을 바꾸려고 시도하였다. 김대중 대통령이 이끄는 국민의 정부는 햇볕정책을 통해 남북 정상회담의 성과를 이루고 개성공단 설립과 같은 가시적 성과는 있었지만 현대가 북한에 7대 대북 사업권 구입을 위해 북한에 4억 5천만 달러를 송금한 대북 불법 송금사건 도중 정상회담 대가도 포함되어 있는 것으로 밝혀져 후일 햇볕정책의 진정성과 투명성의 문제가 생기는 계기가 되었다. 그 후 대한민국의 정국은 국민의 지지도에 따라서 자유민주주의 체제를 추구하는 여당과 대북포용정책을 포용하는 야당의 정권 교체가 이루어지면서 대한민국의 문명화의 과정은 복잡하면서도 개방적인 방향으로 나아가고 있다. 이러한 개방적인 문명화의 과정을 통해서 대한민국의 사회는 유래가 없는 다문화 및 다종교 사회의 시대로 진입하게 된다.

오늘날의 한국 경제는 근대화의 과정을 거쳐서 눈부신 경제발전과 사회변화를 통해서 성립되었다. 한국의 근대화는 사회구성원들이 스스로에 대한 인식과 학습을 기반으로 한 문명화(civilization)의 과정을 통해서 이루어졌다. 즉 사회구성원들은 경제주체로서 스스로를 변화시키고 생산 주체가 되어 한국 사회의 전통적인 문화적 가치를 계승하여 발전하였다. 삼성, 현대, LG, SK 등과 같은 재벌기업의 출현도 이러한 사회구성원들이 기업구성원들로 역할을 다하여 이루어낸 결과라고 볼 수 있다. 우리 사회가 근대 사회로서 형성되어 유지되어 오는 과정에서 한국인의 삶과 부합되는 의식과 행동양식을 발전시켜 왔다. 한국인의 역량과 주체성은 사회의 문화와 한국의 문명화와 매우 밀접한 연관성을 가지고 있다. 우리 사회가 시대의 흐름에 맞게 변화되어 오늘날의 모습을 갖춘 것은 물질적인 요소보다는 정신적이고 문화적인 가치가 커다란 기여를 했다고 본다(강철규, 2011; 이정훈, 2018). 이러한 문화적 가치 혹은 정신적 가치로는 인간존중의 사상과 자강정신, 공동체 구성원들과 함께하는 공동체중심의 가치가 있다.

근대화 이후에 한국 경제는 문명화 과정과 함께 눈부신 경제 발전으로 사회를 변화시키고 현대식 기업을 출현시켰으며, 한국인의 의식구조는 인식의 변화가 발생하였다. 특히 인공지능(AI)의 시대를 맞이하여 무형의 자산인 암묵지와 문화적 가치가 중요시되는 시대적 상황에서 보면 한국 경제의 미래는 한국의 전통적인 문화적 가치를 계승하고 발전하여 새로운 시대에 적합한 문화적 가치를 창출하고 우리의 독자적인 문명화 과정을 이루어 가는 것이다.

3. 유교 철학과 경영관(經營觀)

앞 절에서 설명하였듯이 근대의 민주국가로서 출발한 대한민국은 역사적으로 보면 500년 동안 유지해 온 유교국가인 조선을 계승하였기 때문에 유교적 가치가 서민들의 삶에 뿌리박혀 있었다. 조선 시대의 이전에는 신라 왕조와 고려 왕조가 존재했던 1000년 동안은 불교가 한국인의 삶을 지배했었고 그 영향이 지금도 남아 있다. 그러나 조선 왕조가 시작되면서 소위 '배불숭유(排佛崇儒)'의 정책에 의해서 불교가 배격되고 중국의 주자학을 이어받는 유교 사상이 정치와 경제의 근본이 되면서 유교문화는 조선 시대부터 지금까지 일관되게 한국인의 삶에 바탕이 되었다. 따라서 우리 사회와 한국 기업의 특징은 일원적인 유교적 가치관에서 발전하였고 유지되어 왔다. 따라서 유교적 가치관과 유교 사상에 대한 이해가 없이는 한국 기업의 철학과 경영관을 이해하기 어렵다. 공자(孔子)를 중심으로 한 윤리와 삶의 철학을 바탕으로 성립한 유교 사상은 종교라기보다는 한국 사회에서 집단생활을 하는 윤리이며 관행이라고 볼 수 있다. 따라서 종교로 분류해서 보면 불교인이나 기독교인이면서도 한국인 실제의 일상생활은 유교상의 윤리나 가르침을 충실하게 따르면서 생활하는 경우가 대부분이다. 이렇게 볼 때, 한국 사회에서 유교 사상은 조선 시대 이래의 오랜 전통적 문화로서 정착되어 그것이 정치 체계와 경제 사회의 근본과 결부되었다. 이는 근대 국가 이후에 탄생한 한국 기업에서는 유교 철학을 바탕으로 한 경영관이 형성되었고 이러한 한국적 경영관은 중국이나 일본의 경영관과도 차이가 난다. 예를 들면, 중국은 청(靑) 왕조가 무너지고 근대 국가가 형성되는 과정에서 유교적 전통보다는 막시즘이라는 새로운 이데올로기를 통해서 국가가 성립되었기 때문에, 정치 및 경제 체제는 우리와는 달리 사회주의 체제를 통해서 유교적 전통을 단절하고 새롭게 변화되었다. 반면에 일본은 일본 고유의 신앙인 신도(神道)와 조선을 통해서 전래되어 온 불교와 유교가 함께 뒤섞이면서, 우리나라에서 볼 수 없었던 다원적인 종교사상이 공존되어 왔다. 우리나라는 신라와 고려를 이어 온 불교시대와 조선의 유교시대를 잇는 일원적인 종교사상이 한국 사회를 지배하여 왔다. 또한 일본에서는 유교의 역사는 우리나라처럼 길지도 않고, 에도 시대(江戸 時代)에 '유학'이라는 학문적 영역으로서 존재했었다. 즉 일본에서는 한국의 경우처럼 유교가 일원적인 통치 이념(이데올로기)으로 존재한 적이 없었다. 그렇지만, 한국처럼 유교의 가치관인 '효행(孝行)'이나 '장유유서(長幼有序)'는 일상생활에 남아있기 때문에, 유사한 점이 있다(한의영, 1989: 41).

반면에 같은 유교권이면서 일본과 한국의 차이점이 크다. 예를 들면, 한국 사회에서는 가족 중심의 집단주의에 의한 질서를 유지하는 유교적 가치관을 갖고 있다. 이러한 유교 사상은 국내 대기업이건 중소기업이건 가족기업(family business)의 경우에 장자 우대(長子 優待)에 의한 기업의 승계가 이루어지고 있다. 유교 국가에서는 질서 있는 정치사회적 구조를 이루기 위해서 중앙집권체제를 구성하여 상하의 윤리만을 중시하는 질서의 원리가 존재한다. 한국 사회의 경우는 이러한 중앙 집권식 질서의 원리가 철저히 지켜지는 반면에, 일본의 경우는 집안 또는 가문(家門)을 '개체'로서의 인간보다 중시한다. 이는 한국에서는 '개체'로서의 인간이 강조되고 개인주의와 혈연주의가 중요한 유교적 가치관으로 자리 잡고 있는 데 반해서, 일본은 '집안'의 관념이 혈연보다 우선하고, '집안'을 계승시켜 가기 때문에 혈연은 무시된다. 따라서 한국 기업의 특징은 '개체'로서 아버지와 아들의 혈연관계로 인해 개인주의가 중요시되며, 일본 기업의 경우는 '집안'으로서 집단관계를 개인보다 우선시하는 특징이 있다. 한국의 가족기업의 경우에 대부분은 이러한 혈연관계를 중요시하는 유교적 가치관으로 인해서 '소유와 경영의 일치'가 한국 기업의 특징이 되었다. 반면에, 일본 기업의 경우는 혈연관계보다는 '집안'과 계보가 중요시되어 일본 기업의 경우는 '소유와 경영의 분리'가 당연시된다. 이러한 사실에 근거해서 볼 때 한국기업의 철학과 경영관은 전통적인 유교 사상에 입각한 혈연주의와 개인주의에 의한 경영으로 볼 수 있다.

제2절 | 중국 문화와 경제의 이해

본 절에서는 중국 문화의 형성과정과 문화적 특질을 살펴봄으로써 사회주의 경제체제하에서 중국 경제가 가지는 의미를 살펴보고자 한다.

1. 중국 문화와 경제의 형성과정과 문화적 특질

동아시아의 역사의 관점에서 보면 중국은 동아시아의 중심이다. 중국은 한국과 일본의 문화를 형성하는 데 중심축으로서 역할을 했다. 오늘날까지도 전승되어 내려오고 있는 한국과 일본의 불교문화와 유교 및 도교의 문화적 유산은 중국을 통해서 전파되었고, 한국과 일본의 사회적 특성에 맞게 변형되거나 발전되었다. 근세 이후 중국에서는 왕조시대를 마감하고 제2차 세계대전 이후 마르크스 사상의 전파로 인해서 모택동(毛澤東, 마오쩌둥)이 이끄는 공산당이 1949년에 정권을 잡게 되었다. 중국의 공산당은 중국 고유의 종교와 사상을 공식적으로 탄압하게 되었고, 대신에 '모택동 사상(毛澤東 主義, 영어는 Maoism)'을 중국 대륙에 전파하였다. '모택동 사상' 혹은 마오쩌둥주의란 칼 마르크스(Karl Marx)와 블라디미르 레닌(Vladimir Lenin)이 확립한 공산주의를 경제, 철학, 정치, 사회의 통치 이념으로 하면서, 그것을 중국의 실정에 적용시킨 농민 중심의 혁명 사상과 방식을 말한다. 마오쩌둥주의(모택동 사상)는 모택동을 중심으로 하는 중화인민공화국의 공산주의자들에 의해서 만들어진 중국 공산당의 통치 이념으로 중국의 문명화 과정에서 중요한 역할을 하게 된다. 공산화 이후의 중국은 미국과 유럽과는 냉전 상태를 지속하다가, 1970년대부터

1990년대까지 실질적으로 중국에서 지배력을 행사했던 등소평(鄧小平)이 1980년 초반에 중화인민공화국의 제5대 중국공산당 중앙 군사위원회 주석(임기는 1981~1989년)으로 선임되면서 그의 새로운 중국식 사회주의 이론과 경제 개방정책으로 인해서 서양의 선진 과학문명과 경제체제를 도입하게 되었다. 등소평은 자본주의 국가에도 계획 경제가 존재하듯이, 사회주의 국가에도 시장 경제가 존재할 수 있다고 주장했다. 이러한 중국식 사회주의 경제정책은 '흑묘백묘론(黑苗白苗論)'을 통한 실용주의 노선을 추진하고, 정치는 기존의 사회주의 체제를 유지하는 정경분리의 정책을 통해 등소평은 세계에서 유례가 없는 중국식 사회주의인 등소평 이론(鄧小平 主義, 영어로는 Deng Xiaoping Theory)을 창시했다. 등소평 이론은 오늘날까지 중국 공산당의 주요 이념으로 인정되고 있다.

2. 중국 철학과 이념

중국은 유교와 도교의 탄생지이다. 유교 사상은 공자의 논어(論語)의 사상에서 비롯되었다. 논어는 공자와 그 제자들의 대화와 언행(言行)을 기록한 사서(논어, 맹자, 대학, 중용)의 하나로서 유가(儒家)의 대표적인 경전이다. 논어의 제일편인 학이(學而)에 보면, 유교 사상의 시작은 학습에서 비롯된다(자세한 설명은 본서의 제1장 제2절을 참조). 도교 사상은 앞서 설명하였듯이 노자와 장자의 '자연' 중심의 도(道) 이론에 기초하여 발전된 사상이다(자세한 설명은 본서의 제1장 제3절을 참조).

제3절 | 일본 문화와 경제의 이해

본 절에서는 일본 문화의 출현과 발전과정을 살펴봄으로써 현재 일본 기업과 일본 경제가 자본주의 체제하에서 가지는 의미를 살펴보고자 한다.

1. 일본 문화와 경제의 형성과정과 문화적 특질

(1) 일본의 막부시대

일본은 한국과 중국과 비교하여 볼 때, 매우 독특하고도 독자적인 역사적 배경을 가진 국가이다. 19세기 이전에 중국 중심의 세계 질서 속에서 보면, 일본은 동아시아의 지역에서 주변국의 위치에 있으면서, 조선과는 달리 중국과 조공이나 책봉의 관계 속에 있지 않았다. 조선과의 국교는 맺었지만, 쓰시마를 통해서만 무역거래를 하고 있었고, 도쿠가와 쇼군(德川 將軍)이 바뀔 때마다 조선에서 온 사절단(通信使)을 맞이했을 뿐이었다. 1811년을 마지막으로 조선과의 왕래는 단절되어 있었다.

일본의 중세 이전 시대는 율령제를 기반으로 한 천황 중심의 정치체제였다. 이러한 천황 중심의 정치체제는 지방 호족들의 등장으로 인하여 붕괴되기 시작하였고 지방의 영주는 다이묘(大名)라고 불리었고 일본에는 약 260여 개의 다이묘가 존재했었다(미타니 히로시 외, 2011). 일본의 각 지방에는 지방 호족이 지배하는 장원이 생겨나 발달하였고, 각 지방의 실력자는 소유영지의 지배를 위해 군대를 소유하였다. 이는 일본 전국의 군웅할거 시대를 알리는 중세의 시작을 의미하였다. 일본의 중세는 무사문화가 기초가 되어 이루어졌다. 일본 무사

문화의 3대 영웅은 오다 노부나가(織田 信長), 도요토미 히데요시(豊臣 秀吉), 도구가와 이에야스(德川 家康)이다. 이들은 중세 일본의 중세 시대를 연 무사문화를 만들어낸 역사적인 인물이다. 일분 중세시대의 첫번째 영웅인 오다 노부나가는 1534년 6월부터 1582년 6월 사이에 일본의 전국 시대를 평정한 인물이며, 아즈치 모모야마 시대를 연 무장이자 일본 지방의 영주였던 다이묘(大名)이다. 오와리 쿠니 다이묘였던 오다 노부히데의 장남으로, 아버지 대부터의 숙적 이마가와 요시모토를 격파하고 정이대장군인 아시카가 요시아키를 옹립해 교토를 수중에 넣고, 그마저 추방해 무로마치 막부를 멸망시키면서 중부 일본 일대를 기반으로 중세 일본 봉건제의 정점에 섰다. 일본 각 지역의 패자들을 차례차례 굴복시키면서 전국 시대의 일본을 평정해, 하극상이 계속되던 전국 시대 끝에 최초의 일본 천하통일의 기틀을 닦은 영웅이 됐다. 오다 노부나가가 이룩한 업적은, 그는 생애 내내 당시의 기득권을 부정하고 처음부터 무력으로 일본 정권을 무너뜨렸고, 출신 성분과 관계없이 인재를 등용했으며 정책적으로도 낙시락좌(일본어: 樂市樂座(らくいち·らくざ); 일종의 상업진흥, 자유무역정책), 검지(일본어: 檢地(けんち); 토지조사), 서양에의 문호 개방 등 봉건적 일본에서 누구도 시행하지 않았던 정책결단으로 무사 중심의 일본 문화 시대와 경제적 발전을 이루었다. 이러한 무사문화의 성립과 경제적 발전을 통해서 아즈치 모모야마 시대를 열었다. 종교 정책에 있어서도 기존 불교와 신도 세력의 권위를 부정했고, 포르투갈 선교사들로부터 전해진 천주교 포교를 허용하고 자신도 관심을 가졌으나 결국 자신을 신격화하여 신(神)을 부정하고, 스스로 불교의 마신인 마라 파피야스(산스 크리트어 발음; 魔羅波卑夜)인 제육천 마왕(第六天魔王)이라고 칭했다.

그러나 1582년(덴쇼 10년) 음력 6월 2일에 일본의 천하통일을 목전에 두고, 오다 노부나가는 중신이었던 아케치 미쓰히데의 모반을 수습하지 못해서 결국 혼노지에서 자살했다. 그의 장남마저 교토의 니죠성에서 살해돼 후계자리가 노부나가는 가문에서 서서히 두각을 나타냈던 도요토미 히데요시(豊臣 秀吉)에게로 넘어갔다. 도요토미 히데요시는 오와리 국(尾張國) 아이치 군(愛知郡) 나카무라(中村)에서 빈농 아들로 태어났으나, 오다 노부나가(織田信長)를 군주로 섬겼으며, 오다 노부나가가 혼노지의 변(本能寺の変)으로 사망하자 주고쿠에서 대군을 이끌고 교토로 돌아와 야마자키 전투(山崎の戦い)에서 역신 아케치 미쓰히데(明智光秀)를 격파하였다. 이런 사건을 계기로 히데요시는 오다 노부나가를 대신해 그의 사업을 계승하였다. 노부나가의 사업을 계승한 후에 여러 차례의 공적을 이루었고, 오사카 성(大坂城)을 축조했고, 일본 조정으로부터 관백(關白)인 태정대신(太政大臣)에 임명되었다. 또한, 일본 조정으로부터 도요토미(豊臣)라는 성을 하사받아 일본 전국을 통일하는 데 크게 이바지하였다. 도요토미 히데요시는 태합검지(太閤檢地)와 가타나가리(刀狩)라는 정책을 펴 일본 국내를 안정시켰지만, 조선 침략 전쟁인 임진왜란을 일으키는 역사적인 과오도 범했다. 임진왜란 중 조카인 관백 히데쓰구가 사망하였고, 그의 후계는 아들인 히데요리(秀頼)가 계승하였지만, 얼마 안 있어 히데요리는 도구가야 이에야스가 오사카를 공격해 오자 활복하게 된다. 히데요리의 사망으로 인하여 그의 보좌는 도쿠가와 이에야스(德川家康)에게 넘어갔다. 도구가와 이에야스가 오사카를 정복하고 일본 전국을 통일하여 에도 막부를 여는 주역이 됐다.

일본 무사시대의 3대 영웅에 대한 인물 평가는 히라토(平戶) 영주 마쓰라 세이잔(松浦靜山)의 수필인 갑자야화(甲子夜話)에 수록된 센류의 시(時)에서 다음과 같이 잘 묘사되어 있다.

울지 않거든 죽여 버려야지 두견새
鳴かぬなら殺してしまえほととぎす

울지 않거든 울게 만들어야지 두견새
鳴かぬなら鳴かしてみせようほととぎす

울지 않거든 울기를 기다려야지 두견새
鳴かぬなら鳴くまで待とうほととぎす

마쓰라 세이잔이 지은 두견새 이야기에 등장하는 시에서 언급한 울지 않는 두견새는 죽여야 한다는 첫 번째 남자는 냉혈한인 오다 노부나가이다. 그는 시대를 길게 내다보는 안목과 목표를 향해 결연히 나아가는 용의주도함, 인내력, 뛰어난 지략과 뛰어난 인물을 알아보고 신분에 상관없이 등용하는 과감함과 지혜를 겸비한 인물이었다. 일본의 천하통일을 처음으로 꿈꾸었던 영웅이었던 오다 노부나가는 평소 즐겨 부르던 "인생 오십 년, 하천(下天)의 하루에 비교하면 꿈과 같구나"의 싯구처럼 통일을 목전에 두고 총애하던 부하의 배신으로 짧은 생애를 마감했다. 오다 노부나가는 일본 역사상 처음으로 직업 군인 제도를 도입하고 총과 포로 군대를 무장할 정도로 시대를 앞서가던 승부사였고, 적장의 목을 베어오는 장수보다 전쟁을 승리로 이끌만한 결정적인 정보를 빼오는 장수에게 더 큰 상을 내릴 정도로 리더십의 귀재이기도 했다. 하지만 오다 노부나가는 '결국 울지 않는 두견새를 죽이는' 잔인한 성격 때문에 천하통일을 목전에 두고 자신의 부하에게 배신을 당하며 비참한 최후를 맞이하고 말았다.

마쓰라 세이잔이 지은 두견새 이야기에 등장하는 시에서 언급한 울지 않는 두견새는 죽이지 않고 먹이를 주며 유혹하여 기필코 울게 만들어야 한다는 두 번째 남자는 도요토미 히데요시이다. 그는 빈농(貧農)의 가정에서 미천한 신분으로 태어나서, 최고 권력자인 오다 노부나가의 사후에 혼란을 틈타 정권을 잡아 천하통일을 이루어 천하제일의 권좌에 오른 자수성가한 전형적인 영웅이다. 도요토미 히데요시는 현대식 토지 조사와 병농 분리 등의 정책을 통해 통일된 일본 국가의 기틀을 닦았다. 도요토미 히데요시는 농민의 아들로 태어나 18세에 당대 최고 실력자인 오다 노부나가를 만나 오다 노부나가를 주군으로 떠받들어 그의 신발이나 챙기던 역할을 맡았다. 이러한 최하위 말단에서 당대 최고의 지략가로 변신하여 신분의 한계를 뛰어넘었다. 도요토미 히데요시는 미천한 신분이지만, 그 당시 실력자인 오다 노무나가와의 극적인 만남을 통해서 괄목상대할만한 성장 과정을 통해서 영웅적인 인물이 되었다. 도요토미 히데요시는 감성과 지략을 모두 겸비한 전략가로서 그 전에 볼 수 없었던 새로운 병법을 구사하여 전쟁을 승리로 이끌어 오다 노부나가가 평생동안 이루지 못한 일본의 천하통일의 꿈을 이루었다. 그는 감성적이며 예술적인 감각도 있었고 적절한 때에 감탄이 절로 나오는 신의 한 수를 지울 줄 알았다. 그는 과거에 군사를 지휘해 본 적이 없었는데도 군대를 지휘하고 전략을 구사하여 전쟁에서 승리하였다. 이러한 감성과 지략으로 전쟁에서 군대를 지휘하여 50리 행군의 한계를 뛰어넘어 200리를 행군시키면서 승리를 거두고, 함락해야 하는 성 주변의 모든 병량(군대의 양식)을 사들여 성 안을 일대 혼란에 빠트려 항복을 받아내는 전략을 세웠다. 그러나 승승장구하던 그의 영웅담은 조선과의 두 차례 전쟁인 임진왜란에서 조선의 이순신 장군에게 번번히 패하고, 결국은 자신의 지략을 넘어선

야망 때문에 일본 무사시대의 최고의 영웅이 되지 못했다. 그러면 일본 무사시대의 최고의 영웅은 누구인가?

마쓰라 세이잔이 지은 두견새 이야기에 등장하는 시에서 언급한 울지 않는 두견새에게 아무것도 하지 않고 기다리는 사람과 같았던 도쿠가와 이에야스(德川 家康)이다. 그는 오다 노부나가나 도요토미 히데요시와 같이 거침없는 승부욕과 뛰어난 지략은 없었지만, 두견새가 스스로 울 때를 만나서 노래를 들을 수 있었던 당대의 행운아이면서 영웅이었다. 그는 인내심을 갖고 두견새를 죽이지도 울리지도 않고 그 앞에서 두견새가 노래하고 싶을 때까지 기다렸다. 에도 막부 시대를 연 도쿠가와 이에야스(德川 家康 1542~1616년)는 일본 각 지방의 다이묘를 총괄하는 사무라이의 수장인 초대 쇼군이 되었다. 그는 평소 가신들조차 그가 무엇을 생각하는지 알 수 없다고 토로할 만큼 신중한 성격의 소유자였다. 전국시대와 일본 통일을 두고 일본 역사가들은 "오다 노부나가가 쌀을 찧어 도요토미 히데요시가 반죽한 천하라는 떡을 도쿠가와 이에야스가 힘 안 들이고 먹었다"라고 평가하기도 한다. 도쿠가와 이에야스는 오다 노부나가처럼 강한 경쟁자를 격파하여 기회를 남으로부터 빼앗지도 않았으며, 도요토미 히데요시처럼 뛰어난 감성과 지략으로 기회를 만들지도 않았다. 그는 개인적인 야욕과 욕망을 자제하고 침착히 모든 것을 인내하며 기회가 오기를 기다렸다. 도쿠가와 이에야스는 난세를 평정하는 성공적인 처세술과 리더십의 소유자였다. 그는 권력을 쟁취하려 애쓰지 않고 민심을 얻을 때가지 참을성 있게 때를 기다렸다. 그가 기다리는 것은 자신의 '욕망'의 충족이 아닌 사람들의 '민심'이었기 때문이다.

"듣는 것은 천하의 귀, 보는 것은 천하의 눈, 도리는 천하의 마음.

> 이 세 가지를 바탕으로 시비를 가려 다른 사람의 고통을 이해하고 올바른 도리를 행하는 것이 선정이니 이것이야말로 태평성세의 근본이라고 생각해야 한다."
>
> – 도쿠가와 이에야스(德川 家康)

도쿠가와 이에야스는 무력으로 천하를 얻어도 평화는 칼로 지킬 수 없다는 것을 잘 알았다. 그는 피를 부르는 전쟁을 하지 않을 것이라는 '겐나엔부 선언'을 발표하며 민심을 얻었다. 그리고 그가 원했던 것처럼 겐나엔부 선언 이후 260여 년 동안 일본 전국에 평화의 시기가 도래했다. 오다 노부나가가 자신을 의심하여 자신의 처자식을 죽이라고 명령했을 때도 순순히 따랐던 도쿠가와 이에야스는 온갖 핍박의 세월을 견디고 참아내어 마침내 오다 노부나가와 도요토미 히데요시가 없는 세상에서 스스로 천하의 권력자가 되었다. 도쿠가와 이에야스는 자신의 건강을 철저히 관리하였다. 그는 동양 의학에 해박하여 자신의 약을 스스로 지어 먹을 만큼 철저한 자기 관리를 하였다. 그는 인간적인 경영을 실천하여 권력을 가진 신하에겐 급여를 적게 주고 급여가 많은 자에겐 권력을 주지 않았다. 오다 노부나가가 패해 적진에 도쿠가와를 남겨두고 떠났을 때도 주군인 오다 노부나가를 배신하지 않고 적과 끝까지 싸우고 동맹을 지켜 굳건한 신의를 보여 주었다. 도쿠가와 이에야스는 오다 노부나가가 가진 인재를 알아보는 지혜와 신분을 초월해서 인재를 등용하는 과감함과 결단력, 경쟁상대를 무자비하게 무너뜨리는 뛰어난 지략과 추진력은 부족하였다. 또한, 도요토미 히데요시가 가진 감성과 지략을 겸비한 전략적인 마인드가 부족했지만 도쿠가와 이에야스가 가진 장점은 무엇보다 민심의 힘을 알고 항상 민심에 따르는 행동을 했던 현명함이 있었다. 또한 그는 모든 어려움을 이겨내며 목표를 향해 서서히 전진하는 자세와 남다른 인내심은 그의 리더십의 특성이라고 볼 수 있다. 도쿠가와 이에야스는 인생에서 자신과의 싸움과 수신(修身)의 예(禮)를 무엇보다도 소중하게 여겼다(그림 3.1 참조).

> 예가 아니거든 보지 말며,
> 예가 아니거든 듣지도 말며,
> 예가 아니거든 말하지 말며,
> 예가 아니거든 움직이지 말라
> 는 이 네 가지 말은 수신하는 요점이다.
> 非禮勿視 非禮勿聽 非禮勿言 非禮勿動 四者 修身之要也 (논어)

그림 3.1 자신과의 싸움과 수신(修身)의 예

도쿠가와 이에야스는 오랜 기다림 끝에 최고 지배자인 쇼군(將軍)의 자리에 올랐다(권태명, 2015). 그러나 의외로 이에야스는 쇼군의 자리에 오래 머물지 않고 단지 2년 동안만 머물렀다. 이에야스가 쇼군에 취임한 뒤 2년 후인 1605년에 오사카 전투에서 오사카 성을 불태우고 도요토미 히데요시 가문을 멸망시킨 그의 아들 히데타다(秀忠)에게 쇼군 직을 물려주고, 그는 오고쇼(大御所)란 칭호를 달고 서쪽으로 멀리 떨어진 순푸(駿府, 현 시즈오카시)로 거처를 옮겼다. 이에야스는 거처를 순푸로 옮겼지만 사망 직전까지 아들을 지휘감독하여 중요 정무에 관여했다.

이에야스가 남긴 그의 유훈(遺訓)이 히라토(平戶) 영주 마쓰라 세이잔(松浦靜山)의 수필인 갑자야화(甲子夜話)에 다음과 같이 실려 있다.

> "사람의 일생은 무거운 짐을 지고 먼 길을 가는 것과 같으니 서둘지 마라. 부자유도 있을 수 있는 일로 생각하고 불평하지 말라. 마음에 욕심이 생기거든 어려웠을 때를 생각하라. 인내를 평온의 기본으로 삼고, 분노는 적으로 생각하라. 나를 탓하고 남을 나무라지 마라. 미치지 않는 것이 지나침보다 낫다."

1600년 9월 15일에 벌어진 세키가하라 전투에서 미쓰나리가 이끈 도요토미 히데요시 편의 군대를 격파하고 일본의 지배자 위치를 굳혔던 도쿠가와 이에야스는 1603년 에도 막부를 개설한 후 2년간 맡았던 쇼군직을 아들에게 물려주고 그는 일본의 서쪽 지방인 순푸로 내려가서 배를 만들어 외국과 교역을 증진하는 데 온 힘을 기울였다. 정치일선에서 한 발짝 물러난 이에야스는 일본을 부강한 국가로 만들기 위해서는 무엇보다도 경제력을 키워야 한다고 판단하고 외국과의 무역을 경제 정책의 주요한 축으로 삼았다. 이에야스의 이러한 선택이 훗날 일본의 근대화를 앞당긴 중요한 계기가 된 것으로 평가되고 있다(권태명, 2015).

제4절 | 한국, 중국, 일본 경제와 기업의 비교

1. 한국 경제와 기업의 이해

근대화 이후 대한민국은 정부가 주도하여 경제정책을 수립하고, 정부 정책을 수용하는 기업을 중심으로 산업화와 수출주도형 경제 정책을 실행하였다. 이러한 수출주도형 경제정책에 힘입어 대기업이 성장하였고, 2017년 문재인 정부는 기존의 정부 주도 경제정책을 민·관·산·학의 연합체 경제정책으로 전환하였다.

(1) 한국 기업의 개념과 특성

근대화 이후에 등장한 한국 기업은 외부 환경과 상호작용하면서 성장하였다. 동아시아에서 한국 기업은 선진화된 일본 기업의 후발주자로서 등장하였다. 이러한 한국 기업은 우리나라 지역사회에 내재된 사회적 자본과 네트워크를 활용하여 지역사회에서 요구하는 제품과 서비스를 제공하면서 성장하였고, 근대화의 견인차 역할을 하였다.

(2) 현대 기업의 본질에 대한 이해

우리나라의 근대화의 견인차 역할을 한 기업은 정부의 수출주도 정책에 힘입어 비약적으로 성장하였다. 따라서 기업의 활동은 기업가

개인의 활동과 구별될 수 있는 것인지, 특히 정치적이고 윤리적인 상황에서 기업의 활동과 기업가의 활동은 어떻게 구별될 수 있는지에 관한 논의가 이루어져야 한다. 예를 들면, 기업의 환경과 상황 변화에 따라 기업의 본질이 어떻게 바뀌어 왔는지를 이해하는 것이 중요하다. 근대화 이후에 현대식 관점에서 본 기업의 본질은 다음과 같은 특성을 갖고 있다.

① 사회적 자본 형성

우리나라의 기업은 지역사회에 존재하는 인재들과 사회적 자본을 활용하였다. 일반적으로 지역사회 내에 존재하는 사회적 자본에 대해 잠재 사회적 자본, 예를 들면, 다른 계층의 경제적 리스크를 분산하기로 합의할 가능성이 있는 적어도 선의를 가진 사회구성원과 잠재적 사회 자본을 수혜대상자와 연결 해주는 사회적 네트워크, 예를 들면, 공동체 의식, 사회적 분위기, 제도적 여건으로 구성된 시스템 또는 체계로 정의한다(Lin, 2001). 잠재적인 사회적 자본은 네트워크를 통해서 실질적인 사회적 자본으로 탈바꿈되지 못하면 기업은 그 정체성을 상실하게 된다.

② 이해관계자 관점의 사회적 미션

이해관계자의 관점에서 보면, 기업의 근본적인 목적은 기업의 사회적 미션을 달성하고자 하는 것이다. 기업의 사회적 미션을 달성하기 위해서는 기업은 투자자, 소비자, 지역사회의 주민들, 조직구성원과 자원봉사자들과 같은 이해관계자들의 다양한 가치와 이들이 속한 지역사회의 사회적 가치를 추구하면서 동시에 수익창출이라는 경제적 가치를 추구한다. 기업에 참여하는 다양한 이해관계자의 요구 동기를 보상의 관점에서 보면 크게 심리적, 사회적, 경제적 보상요구가 있다. 따라서 기업은 이해관계자의 이해관계 속에 내재된 이러한 동기를 정확하게 이해하고 이러한 동기를 충족시키기 위해서 운영할 때 보다 효과적인 전략을 수립하고 경영할 수 있다(Donaldson and Preston, 1995).

③ 기업가정신과 조직구성원의 참여

한국 기업의 본질은 기업가정신(entrepreneurship)과 조직구성원의 참여로 이루어진 조직이다. 따라서 기업가정신 및 조직의 주요 이해관계자로서 조직구성원이 지니고 있는 자율성과 참여가 현대식 관점의 기업 형성에 크게 기여하였다. 이러한 기업의 형성과정에서 강조되어야 할 점은 주주의 대리인으로서 그리고 종업원의 보호자로서 경영자의 의무와 권리가 매우 중요하다. 이론적으로 보면, 주인-대리인 관계(principal-agency)에 대한 논의가 심도 있게 이루어져야 하고 최근에 강조되고 있는 기업의 합리적인 경영은 기업가정신의 입장에서 이해되어야 한다. 최근에는 우리 기업의 본질을 이해하는 데에 있어서 이해관계자 중심의 어프로치에서 논의되고 있는 것이 과연 무엇을 의미하는가를 이해할 필요가 있다. 즉, 기업의 경영자는 과연 기업가가 무엇을 할 수 있고 해야 되는지에 대한 물음에 대한 진지한 고민이 이루어져야 한다. 기업가는 경제 분야와 비즈니스 분야에서 상당한 기간 동안 지식과 경험을 쌓아온 사람을 일컫는다고 할 수 있다. 그러나 기업가는 전문적 지식뿐만 아니라 리더십과 도전 정신과 열정과 같은 다른 특질을 지니고 있는 사람을 일컫는 것이다. 즉 강한 열정과 기업가정신이 전문적인 지식과 경험에 결합될 때 이를 비로소 기업가라고 할 수 있을 것이다.

④ 기업의 사회적 책임과 윤리적 이슈

기업은 어느 특정한 비전과 목적을 가지고 운영된다. 따라서 기업은 존재할 가치를 가지며 환경적, 사회적, 그리고 경제적 영향에 대해 조직구성원들과 지역사회에 대한 책임이 있다. 기업의 사회적 책임은 영리 기업뿐만 아니라 비영리 기업, 사회적 기업에도 해당된다(장승권 외, 2008). 한국 기업은 경영활동의 여러 다양한 영역에서 나타날 수 있는 사회적이고 윤리적인 이슈들을 다루어야 하는 상황에 이르렀다. 즉, 기업의 경영활동으로 이해관계자에게 미치는 영향을 고려하여 윤리적인 의사결정이 이루어져야 한다. 기업을 경영하는 과정에서 발생하는 의사결정은 자본주의 사상에 입각한 윤리 이론(예를 들면, 존 로크의 개인 사유권 인정에 기초한 자유주의 사상)에 의해서 이루어진다. 또한 경영자가 추구하는 인간관에 있어서 이기주의적인 가정과 이타주의적인 성향은 기업의 의사결정에 있어서 어떤 상황 하에서는 어떤 가정과 기준이 더 적절한지 판단할 수 있어야 한다.

2. 중국 경제와 기업의 이해

(1) 중국의 역사적 배경과 사회주의 경제체제

중국의 사회주의 시장경제체제는 중국의 역사적인 과정의 산물이라고 볼 수 있다. 중국의 사회주의 경제와 사회적 경제를 이해하는 데 있어서 중국의 역사적 배경을 이해하는 것이 무엇보다도 중요하다(Spar, 1993). 중국은 약 12억의 인구를 가진 동아시아뿐만 아니라 세계에서 가장 큰 국가이다. 중국을 역사적인 측면에서 보면 문명의 발생은 약 4,200여 년 전(기원전 2,200년 전) 황하지역을 중심으로 시작되었다. 기원전 11세기에 주(周)나라가 은나라를 무너뜨리고, 170여 개의 독립된 자치령으로 구성된 연방형태의 국가가 성립되었다. 주나라는 유가사상의 창시자인 공자가 이상형의 국가로 여기는 중국 역사상 최장수의 태평성대를 누린 국가이다. 주나라 이후 춘추시대(기원전 770~기원전 403년)가 시작되었고, 춘추시대에는 공자, 맹자, 순자에 의해서 덕치주의에 의한 국가를 통치하는 기본이념인 유교사상이 시작되었다. 그 후, 노자와 장자에 의해서 도가사상이 발전하여 종교와 예술 부문의 발전이 번성한 시대였다. 춘추시대 이후에는 전국시대(기원전 403~기원전 221년)가 시작되었고, 전국시대 이후에 진(秦)나라가 중국을 통일하여 군현제에 기초한 황제 중심의 중앙집권식 국가가 성립되었다. 그 후 1514년 포르투갈 상선이 서양인으로는 처음으로 중국의 동남쪽 해변에 상륙하여 서구와의 교류가 시작되었다. 중국 왕조는 약 300년간 서구와의 문물 교환을 금지하였다. 1792년 말까지 중국은 '서양 오랑캐'와의 교류를 금지하는 상황이 지속되다가 19세기 말, 영국군과 중국이 아편전쟁으로 충돌하면서 불평등 조약에 의해서 홍콩을 자유무역항으로 영국에 이양하면서 서구와의 교류가 시작되었다. 1908년 청나라 서태후가 사망하고, 두 살된 아들인 푸이가 왕위를 물려받지만, 왕조는 곧 붕괴되고 손문이 이끄는 국민당과 모택동이 이끄는 공산당이 왕조를 대신하여 중국의 통치권을 놓고 겨루게 되었다. 결국 1949년 모택동이 이끄는 공산당이 공산혁명을 성공시켜 중국 사회주의 국가의 건립을 선포하였다. 이러한 역사적 배경을 바탕으로 중국은 사회주의 경제를 탄생시켰고 개방화의 흐름에서 중국식 사회주의 경제로 발전시켰다. 중국의 사회주의 경제체제는 자본주의의 시장경제 원리를 계획경제로 대체한 것이다. 사회주의 경제체제하에서 국가 소유 또는 사회주의적 소유형태는 모든 주요 생산수단을 국가가 소유하고 직접 생산자는 단지 생산품에 대한 처분과 운영에 대한 권리를 갖는 소유 제도를 의미한다(정명기, 2010: 63). 중국의 사회주의 경제체제는 다음과 같은 4가지 기본 구조로 구성되어 있다(정명기, 2010: 63-69).

① 생산수단의 사회화

사회주의 경제체제는 자본주의의 시장경제원리를 계획경제로 대체하여 생산수단을 국유화 또는 사회화한 체제이다. 사회주의 경제체제하에서는 기업 형태는 국가에서 경영하는 국영기업과 사회단체 또는 집단에서 경영하는 협동조합 형태의 기업으로 나뉜다. 일반적으로 노동자 계급은 국영기업에서 일하고 농촌 지역의 농민들은 협동조합에서 일한다.

② 국가에 의한 중앙 계획과 생산과정의 관리

사회주의 경제체제에서는 시장경제체제에서 기업이 행하는 기능을 국가가 대신하게 되고, 국가의 중앙계획기구에서 사회적으로 필요한 상품과 서비스의 규모와 종류를 결정한다. 국가는 모든 제품과 서비스의 생산수단 소유자로서 생산을 직접 관장한다.

③ 중앙가격결정제도

사회주의 경제체제에서의 상품과 서비스에 대한 가격 결정은 중앙계획에 의해서 이루어지는 것이 일반적이다.

④ 해외무역의 국가 독점

국가의 무역독점은 외환 사용의 독점과 수송수단의 독점을 통해서 이루어지는 것이 일반적이다. 중국의 사회주의 경제체제는 짧은 기간 동안에 중국이 농업구조에서 공업구조로의 전환, 근대적 교육제도의 확대와 문맹퇴치, 광범위한 사회보장제도의 실시, 특정 산업의 발전(예를 들어, 중화학공업, 우주 항공 산업 등)과 같은 사회적·경제적 성과를 거두었다. 그러나 중국의 사회주의 경제체제는 1970년대부터 시작된 사회주의 국가들의 장기적인 경제 침체 현상으로 말미암아 사회주의 경제체제에 대한 전면적인 검토를 요구받게 되었다. 따라서 상호 배타적인 관계로만 인식해왔던 '시장'과 '계획'을 원칙적으로 결합하여 사회 생산력을 발전시키는 '사회주의 시장경제체제(socialist market economy)'가 중국의 현대 경제 운영의 기초를 이루게 되었다. 특히 1984년 이후 사회주의 상품 경제론은 공식적인 개혁·개방의 노선 속에서 확정되었고 1990년 7기 전국인민대표회의의 3차 회의 「정부업무보고」에서 '계획'과 '시장'을 결합시키는 「사회주의 시장경제론」의 구체적인 모습을 드러내게 되었다(정명기, 2010: 78-79). 2000년대 이후 사회주의 시장경제체제는 정부 차원에서 중국의 사회적 기업을 발전시키는 정책과 제도를 마련하는 기본 골격이 된다(王世强(왕세강), 2013).

(2) 중국의 사회주의 시장경제의 탄생과 발전

중국의 사회주의 시장경제의 탄생은 '문화대혁명'의 실패 후 1978년~1979년의 사이에 실시된 개혁·개방 정책에서 비롯되었다. 특히 1978년 2월 공산당 제11기 중전회(中全會)에서 10개년 경제개발 계획을 발표하면서 "실천은 진리를 검증하는 유일한 표준이다"이라는 주장을 한 등소평이 정권을 획득하면서 시작되었다. 등소평은 사천성의 민간 속담 중 "노랑 고양이든 검은 고양이든 단지 쥐만 잘 잡기만 하면 좋은 고양이이다"를 인용해서 황묘흑묘론(黃猫黑猫論)을 제시하고 중국의 사회주의의 현대화를 통한 강국의 건설을 주장하였다. 1984년

10월에 개최된 중국 공산당 제12기 전국대회에서 '경제체제 개혁에 관한 결정'을 채택하고 시장 경제적 요소를 전국적으로 도입하였다. '경제체제 개혁에 관한 결정'의 주요 요지는 다음과 같다.

- 기업활동의 통제 완화, 민간기업의 부문 활성화 모색
- 상품경제의 역할, 가격법칙과 시장기능 자율권 확대
- 계획경제의 영역 축소, 소유와 경영의 분리, 경영의 합리화·자율화 추진

위와 같은 경제체제 개혁의 정책은 농촌보다 도시지역의 확대심화로 각종 문제가 발생하였다. 예를 들면, 중국 내 경제적 불평등의 확산 및 지역·계층적 분화와 갈등 심화, 황금만능 사조의 팽배, 관료의 부정과 부패 만연, 문호개방 및 서방세계와의 교류 증가로 '사상오염'과 '자산계급 자유화 사조'의 점증문제 대두로 정치적 쟁점이 부각되기 시작하였다. 1989년 9월에 개최된 공산당 제12차 전국대표회의에서 등소평은 중국 특색의 사회주의 건설을 주장하였다. 등소평의 선언요지는 다음과 같다. 첫째, 현대화 계획은 반드시 중국의 실제로부터 출발해야 하며, 혁명이든 건설이든 모두 외국 경험을 거울로 삼는 것에 주력해야 한다. 둘째, 무조건 외국 모방보다는 마르크스주의 보편적 진리와 중국의 구체적 실제를 결합해서 중국 특색의 사회주의를 건설해야 한다. 1992년 초, 등소평은 다시금 개혁·개방의 심화를 적극 추진하기 위해 심천(深川)과 광동성 일대를 순회하였다. 순시하면서 경제발전의 우선, 개혁과 개방의 가속화, 그리고 개혁·개방에 반대하는 좌파에 대한 경고를 하였다. 1992년 10월에 개최된 공산당 제14차 전대(全代)에서 '사회주의 시장경제'의 표방을 재확인하였다. 사회주의

시장경제란, 시장경제로의 체제전환과 전면적인 개혁과 개방을 추진함을 의미하였다. 이러한 사회주의 시장경제체제는 1996년에 발표된 장쩌민의 '3개 대표'의 중요 사상으로 정신문명(精神文明)의 건설을 강조하였다. 2002년 제16차 당대표회의에서 결정된 3개 대표론 당장(黨章)은 2004년 헌법에 삽입되었다. '3개 대표'론은 자본가 계급의 입당(入黨)을 공식 허용한 혁명적 이론이다. 2003년 후진타오가 국가주석으로 집권한 후 화해세계(和諧世界)와 과학발전관을 주장하였다. 화해세계란 서로 다른 문명과 발전경로를 상호 인정하면서 경쟁과 공존이 함께하는 사회를 만들자는 것이고, 과학발전관이란, 경제의 양적 성장보다는 질적 발전에 무게중심을 두는 정책을 의미한다. 예를 들면, 기업 환경의 개선, 자연환경의 오염 방지 등 관리에 중점을 두는 것이다.

중국의 미래전략은 중국 특색의 사회주의의 진로를 최근 새롭게 제시한 다음과 같은 조화세계의 3가지 지침에 근거하여 중국의 사회적 시장경제체제를 구축하는 것이다.

- 과학발전관: 절약발전, 안전발전, 청결발전, 무조건 발전이 능사가 아니고 어떻게 발전하느냐가 중요함
- 화해(和諧)사회의 건설: 무엇을 위해 발전하느냐에 대한 문제제기를 함. 예를 들면, 인간을 위한 사회건설과 인간관계가 조화로워지는 사회를 건설함.
- 신 농촌의 건설: 도시 중심의 경제정책의 부작용인 도시와 농촌간의 성장격차를 축소하기 위해 낙후된 농촌지역의 인프라를 구축하고, 대 농민교육 및 보건시스템을 강화함.

요컨대, 중국의 사회주의 시장경제체제의 특성은 1978년에 시작된 등소평의 개방적 경제정책 이후 '분권화된 경제적 권한(decentralized economic authority)' 체제하에서 중국의 현대화된 도시 발전을 거점으로 하여 경제 발전에 주력해 왔다는 점이다(Spar, 1993: 14).

3. 일본 경제와 기업의 이해

근대화 이후 일본은 정부가 주도하여 경제 정책을 수립하여 실행하였다. 2017년 이후 정부주도의 경제 정책은 민·관·산·학의 연합체의 경제 정책의 운영으로 특징지어 진다.

(1) 일본 기업의 철학과 경영이념

일본은 수백 년간 지속된 영주와 무사 계급들 사이에 치열한 싸움으로 얼룩진 전국시대를 거치면서 막부시대가 개막되었다. 이러한 막부시대를 연 3대 영웅적인 인물은 오다 노부나가, 도요토미 히데요시와 도쿠가와 이에야스이다. 특히 도쿠가와 이에야스는 오다 노부나가와 도요토미 히데요시가 마련한 일본의 전국 통일의 기반을 이어받아 강력한 봉건체제하에서 건설된 막부조직의 정치체제의 기틀을 마련하였다. 그 후 260여 년 동안 일본에서는 단 한번의 전쟁도 일어나지 않았다. 이러한 안정된 평화시대에서 이에야스가 실천한 경제 정책의 철학과 정신을 바탕으로 일본은 아시아에서 처음으로 현대식 근대화를 이루어냈다. 근대화 이후에 일본은 그동안 축적해 온 동양의 사상을 서양의 과학문명과 접목하여 일본 고유의 정치체제와 문화 및 경제체제를 창조해 냈다.

1980년대 들어와서 일본의 기업은 세계화의 전략에 의해서 세계

시장을 공략하여 전 세계 시장을 대상으로 하는 글로벌 기업들이 탄생하였다. 서구인의 관점에서 보면 일본 기업은 마치 종교적 색채가 짙은 세속적인 종교시스템(religious system)과 같다(Pascale and Athos, 1981). 일본의 마쓰시다(Matsushita) 기업의 경우 창업자인 마쓰시다 회장은 서양의 합리주의(rationalism)와 동양의 영성주의(spiritualism)를 잘 조합하여 마쓰시다 기업의 철학과 경영이념을 형성하였다. 일단 신입사원이 마쓰시다 기업에 입사하면, 매일 아침 일찍 업무를 시작하기 전에 모든 사원은 마쓰시다가 정한 일곱 가지의 영적인 가치를 암송하며, 노래를 부른다. 모든 직원은 이곳에서 평생직장의 개념으로 일을 한다는 것을 당연시한다. 마쓰시다 기업에서는 서구식 경영시스템에 종업원을 가족처럼 이끄는 회사 분위기가 있다. 마쓰시다의 리더십은 회사의 초기에는 리더가 모든 업무를 일일이 체크하고 신경을 써주며 일선에 참가하는 스타일, 일명 '손을 대는(hand-on)' 리더십을 갖고 있다. 그러나 마쓰시다가 성장한 이후에는 경영자가 일선에서 물러나 일선 경영자에게 권한과 책임을 위임하는 일명 '손을 떼는(hand-off) 스타일로 변화하였다. 마쓰시다 기업은 창업자의 철학과 경영이념을 구현하는 기본 비즈니스의 원리에 의해서 마쓰시다 기업 자체의 비즈니스 목적보다는 사회의 발전과 진보(progress)와 복지향상을 위해서 일한다는 신념을 갖고 있다(Pascale and Athos, 1981: 75).

마쓰시다의 기본 비즈니스의 원리

- 산업의 종사자로서 사회의 진보를 위해 일한다
- 사회의 복지 향상을 위해 노력한다
- 세계 문화의 발전을 위해 우리 자신을 희생한다

또한 마쓰시다의 직원들은 사회의 진보와 복지 향상 및 세계 문화의 발전을 위해서 그들 자신을 희생한다는 마쓰시다의 기본 비즈니스의 원리에 따라서 모든 직원은 마쓰시다가 정한 종업원의 업무강령에 의해서 자신을 희생한다는 사명감을 갖고 일한다(Pascale and Athos, 1981: 75).

마쓰시다 기업은 창업자의 철학과 경영이념을 구현하는 기본 비즈니스의 원리와 종업원의 업무강령뿐만 아니라, 다음과 같은 일곱 가지의 "영적인" 가치를 갖고 일한다(Pascale and Athos, 1981: 75).

일곱 가지의 "영적인" 가치

- 산업을 통한 국가의 서비스
- 평등성
- 조화와 협동
- 향상을 위한 투쟁
- 예의와 겸손함
- 적응과 동화
- 감사하는 마음

마쓰시다의 전 직원은 매일 아침 8시에 모두 모여서 일곱 가지의 영적인 가치를 암송하고 노래를 부르는 것으로 업무가 시작된다. 마쓰시다는 기업의 존재이유를 고객의 만족에 있다는 것을 사회적 미션으로 한다. 따라서 고객에 대한 정보 수집과 공유를 생명으로 하고 있다. 마쓰시다의 영업직원은 마쓰시다 및 경쟁사의 제품 판매량에 대한 통계 수치를 매일 암송하고 있고, 마쓰시다의 경영진은 고객만족과 마쓰시다의 제품 판매량의 제고를 위해서 수시로 영업점을 방문한다. 마쓰시다가 고객에게 제품을 판매하여 고객을 만족시켜 마쓰시다의 제품 판매량의 증가로 인한 수익률의 증가는 사회적 선(social good)을 실천하는 방편으로 생각한다.

종업원의 업무강령

- 진보와 발전은 우리 회사의 모든 종업원의 노력과 협업에 의해서 가능하다
- 종업원 각자는 우리 회사의 끊임없는 발전을 위해 자신을 희생한다

마쓰시다는 사람을 회사의 가장 중요한 자원으로 간주한다. 이러한 사람들의 잠재력과 역량을 이끌어 내기 위해서 평생 학습을 위한 종업원의 교육과 개발을 위한 프로그램을 운영하고 있다. 회사의 조직 구조는 집중화와 분권화를 잘 조화시키는 독특한 구조를 갖고 있다. 즉 사업부의 권한과 책임을 독립화시켜서 분권화 조직을 중심으로 하지만, 전체 조직의 목적을 위해서는 최고경영자가 집중화된 구조를 활용하여 분권화된 사업부들간의 갈등관계를 잘 해결해 주고 있다. 마쓰시다 기업의 경영권과 소유권은 철저히 분리되어 있고, 마쓰시다의 회장은 그가 은퇴 후 기업의 경영권을 그의 양자인 다카하시(Takahashi)에게 승계하였다.

(2) 일본 기업과 경영의 특성

일본은 제2차 세계대전에 패망하면서 일본 사회는 피폐되었고, 근

대화 이후에 성장했던 기업들도 위기에 처했다. 전후에 이러한 위기 상황을 극복하고자 일본식 자본주의의 체계가 성립되었고 일본식 자본주의의 이념에 재구성된 일본 경제시스템과 기업으로 인해서 일본은 고도 성장기에 접어들게 되었다. 이러한 고도 성장기에 형성된 현대적 모습을 갖춘 일본 기업과 일본적 경영은 오늘날 일본 기업과 경영의 기반을 형성하게 되었다. 1980년대에 들어와서 일본 기업은 미국 기업이나 유럽 기업들과 경쟁하게 되었고, 도요타, 소니, 미쓰비시, 마쓰시다, 혼다 등과 같은 세계적인 경쟁력을 가진 대기업이 출현하게 된다. 또한 기존의 서양의 경영방식과 다른 동양의 철학과 서구의 합리적인 경영방식을 조합한 Z 이론(Theory Z)과 같은 일본 고유의 경영방식이 등장하였다(Ouchi, 1981).

현대 사회에서 국제 경쟁력을 갖춘 일본 기업과 일본식 경영의 특징은 다음과 같다(정진성 외, 2017).

① '이에(家)'로서의 일본 기업

일본 사회는 전통적 동양적 유교관이 지배하는 사회이기 때문에, 일본 기업이 서구화되면서도 일본 고유의 제도인 '이에(家)' 제도를 기업운영에 사용한다. 즉 '운명공동체'적 조직으로서 기업은 회사 그 자체의 성장과 발전을 제일 목표로 함과 동시에 회사의 성쇠가 종업원의 성쇠와 직결된다.

② 기업지배구조(corporate governance)

기업지배구조란 일본에서는 '기업통치구조'를 의미한다. 기업통치구조는 주주, 채권자, 종업원, 협력업체, 고객 등 기업의 이해관계자 사이의 경영에 관계되는 권리와 책임의 구조를 의미한다. 기업지배구조는 근본적으로 "기업은 누구의 것인가?"에 대한 질문에 대한 것이다. 즉 기업은 출자자인 주주의 것인가? 아니면 기업에 종사하는 종업원의 것인가? 아니면, 기업은 기업의 소유자 혹은 전문 경영자의 것인가?에 대한 질문에 대해서 어떤 시각으로 보느냐에 따라서 이러한 질문에 대한 답이 달라질 수 있다.

일본 대기업의 경우 출자자와 경영자가 다른 경우가 일반적이다. 일본의 상장기업의 경우에 이른바 오너 경영자는 상장기업의 10% 정도를 경영하고 있다. 나머지 90%는 전문경영자가 최고경영자로서 경영 전반을 책임지고 있다. 다시 말하면, 일본 대기업은 대부분 주식회사의 형태를 취하고 있으며, 소유와 경영이 엄격히 분리되어 있다. 이러한 주식회사의 지배구조는 집행부로서 대표이사가 있으며, 이사회는 선임감독과 의결기관의 역할을 한다. 출자자는 주주총회에 참석할 권리를 갖는다. 출자자로서 주주는 회사의 소유자로서 자신을 대신하여 회사의 경영을 담당하는 이사진(board member)을 선임하고, 합병, 해산, 정관 변경 등 회사의 기본적 사항의 결정에 대하여 최종적 승인권을 보유한다. 주주가 선임한 이사진은 이사회라는 회의체를 구성하고, 이사회는 집행부인 대표이사를 선임하고 감독한다. 또한 이사회는 회사의 중요한 의사결정에 대한 사항에 대해 의결한다.

③ 고용관리와 장기 안정고용

일본 기업의 경우 신규 채용방식이 대량의 인원을 정기적으로 채용하는 방식이 아니고 각 부문별 필요한 소수 정예 인원을 필요한 시기에 채용하는 방식으로 한다. 특히 1997년에는 채용선발에 대한 기업의 '신 취직협정(대학 졸업예정자 및 대학원 석사과정 졸업예정자 등의 채용선발에 관한 기업의 윤리헌장)'이 폐지되어 이후로 다양한 채용방식이 생겨나고 있다. 최근에는 신규채용뿐만 아니라 기업의 전략적 변화에 따른 수시채용과 중도채용도 늘어나는 추세이다. 일본 기업은 장기안정고용을 위하여 정년제가 있다. 또한 불황기 때마다 시행하는 고용조정제도가 있다. 고용조정제도는 신규채용 또는 중도채용을 중지하거나 임시직 재계약을 중지한 뒤에도 불경기가 지속되면 하청을 줄이거나 조업이나 잔업 자체를 단축하는 등의 업무조정과 업무배분을 하는 제도이다. 1990년 일본의 거품경제 붕괴 이후 일본 기업에서는 신규채용을 줄이고 고용조정제도를 시행하고 있지만, 장기안정고용이 생산성의 향상과 안정적인 기업운영에 도움이 된다는 사실을 잘 알고 있기 때문에 장기 안정적 고용비율은 감소하는 추세지만 장기안정고용정책의 자체를 빠른 시일 내에 포기하지 않을 것으로 판단된다(정진성 외, 2017: 93).

④ 기업조직

일반 기업에서처럼, 일본 기업에서도 경영전략과 경영조직은 기업경영의 가장 중심적인 분야이다(정진성 외, 2017: 159). 구체적으로 기업의 경영전략은 내부 성장과 외부 성장(예를 들어, 인수 및 합병), 집중화와 다각화, 국내 집중 전략과 국제화 전략 등의 방향을 정하는 것이고, 기업의 경영조직은 경영전략에 맞추어서 자금, 인력, 물자 등 기업의 자원을 어떻게 배분하고 통제할 것인가를 결정한다. 제2차 세계대전 이전에 일본에서는 유럽의 지주회사를 변형시킨 '재벌(zaibatsu)'이라는 독특한 조직이 주요 대기업으로 등장하였다. 제2차 세계대전 이후에는 경제시스템이 미국식으로 변화됨에 따라 재벌은 해체되고 재벌 산하의 각 기업은 독립기업이 되었고, 이러한 독립기업은 사업부제의 조직구조를 채택했다. 한편으로 과거 재벌계의 각 기업은 기업집단인 '계열(keiretsu)' 회사라는 독특한 조직을 형성하여 이전과는 다르지만 밀접한 관계를 유지했다. 그러나 1990년대 이후에 지속된 장기불황에 따른 경영환경의 변화와 함께 기업집단을 유지할 필요성이 약화되었고 이 시기에 제도적·사회적 환경도 변화되었다. 일본 사회에서 장기간 금지되었던 지주회사의 설립이 해금되어 지주회사의 설립도 가능하게 되었다.

⑤ 성과배분과 노동조합

제2차 세계대전 직후인 1945년 일본에서는 노동조합법의 제정과 연합군의 '민주화' 정책에 힘입은 노동운동의 전개로 성과배분에 관한 기업과 노동조합간의 본격적인 논의가 시작되었다(정진성 외, 2017: 144). 전쟁피해를 복구한 1950년대에는 산업합리화와 기술혁신이 진행되었다. 이러한 시기에 기업의 경영계는 생산성의 향상을 위해서는 노동계의 이해와 협력이 필요하다는 것을 절실히 느꼈고, 1955년에 '일본 생산성본부'를 설립했다. 일본 생산성본부는 생산성 향상의 취지를 명확하게 하기 위해서 '생산성 향상의 3원칙'을 제시하였다. 생산성 향상의 3원칙의 요지는 생산성 향상을 위한 구체적인 방식은 각 기업의 실정에 따라 노사가 협력하여 연구하고 협의하며, 생산성 향상의 성과는 경영자와 노동자, 그리고 소비자에게 국민 경제의 실정에 따라서 공정하게 분배한다는 것이다.

⑥ 생산시스템

1980년대 이후 일본 경제가 안정적인 성장을 지속하고 일본 제품의 수출이 급증하여 선진국과의 무역마찰이 심화되었다. 일본 기업은 세계적인 경쟁력을 확보하기 위해서 일본 제조업의 높은 국제 경쟁력의 원천이 제품의 개발과 생산시스템에 있다고 확신하였다. 도요타 자동차 회사의 경우 도요타 생산시스템(Toyota Production System: TPS)은 제조, 재고, 운반 등의 여러 부문의 낭비와 불량을 제거하여 저비용과 고품질의 생산을 가능하게 하였고, 소비자들의 다양한 수요에 대응할 수 있도록 빈번한 제품 변경이 가능하게 만들었다(정진성 외, 2017: 185).

⑦ 글로벌화와 다국적기업

1990년대 이후에 나타나고 있는 기업의 글로벌화 현상으로 일본 기업은 기업의 국제화와 글로벌화를 위한 경영을 전개하기 시작하였다. 1980년 이후부터 시작된 급격한 엔고(円高) 현상에 힘입어 일본 기업은 해외직접투자를 본격화하였다. 1980년대 중반 이후에 일본 기업은 북미와 유럽 지역에 무역마찰이나 무역장벽의 회피를 목적으로 자동차의 생산 거점을 확보하거나 생산 기지의 건설을 위한 해외직접 투자를 하였다(정진성 외, 2017: 303). 한편, 노동력 부족의 해결과 현지 시장의 확보와 개척을 목적으로 한 동아시아 지역에 대한 투자도 급증하였다. 이와 같은 일본 기업의 전략적 변화에 따라서 일본 기업은 글로벌화되거나 다국적기업들이 다수 탄생하였다.

⑧ 중소기업과 벤처기업

일본에서 중소기업은 창조적인 비즈니스를 전개하는 주체로서 일본 경제에 매우 중요한 위치를 차지하고 있다. 중소기업에서는 기업가 정신(entrepreneurship)이 대기업보다 쉽게 전개할 수 있기 때문에 창의성을 바탕으로 한 비즈니스가 생겨나기가 쉽다(정진성 외, 2017: 332). 실제로 1980년대에서 1990년대에 걸쳐서 일본에서는 기술혁신을 바탕으로 한 다수의 창조적인 중소기업이 탄생하였다. 특히 1990년대 이후에 정보기술(IT)혁명과 함께, IT 분야만이 아니라 바이오테크놀로지, 신소재 같은 첨단 분야와 사회적 혁신을 주도하는 사회적 기업에서도 많은 벤처기업들이 등장하였다. 이러한 벤처기업들은 일본에서 사회생활, 경제. 조직 등의 사회구조의 자체를 변혁시키는 힘을 갖고 있어서 일본 사회는 변화하게 되었다.

제5절 | 동아시아의 경제와 문명화의 과정

1. 동아시아 경제의 의미

동아시아의 경제모델은 정부의 관료에 의해서 정책이 결정되고 시행되는 관료주의에 입각하여 운영되면서, 시장기능을 보조적으로 활용한다(유재언, 2014). 이러한 동아시아의 경제모델은 정부주도의 경제에 의한 시장통제로 특징지어진다. 즉 경제현실의 여건상 자유 시장에만 맡기면 경제발전이 이루어지지 못한다는 가정을 하고 있다. 동아시아의 모델은 성장을 중시하는 혼합 자본주의 시스템이라 할 수 있다. 이는 '선 성장 후 분배'의 경제정책으로 상대적으로 복지와 형평은 등한시되었다. 아시아적 가치를 추구하는 정부주도적인 경제시스템은 정부의 리더십을 중요시한다. 아시아적 가치는 유교적 사상을 바탕으로 하여 개인보다는 집단과 단체를 중시하는 공동체의 가치와 의식을 중요시한다. 따라서 미국이나 영국에 대비하여 개인의 개성, 창조력, 도전정신이 부족하다. 아시아적 가치는 삼강오륜에 기초한 사회 질서를 중시하며, 일반적으로 높은 교육열, 근면성, 근검절약의 특성을 갖고 있다. 동아시아 경제성장 및 성격, 구조변화는 다음과 같다.

- 개발도상국의 성공적인 공업화의 이론적 배경은 후발성의 이익을 가져 옴.
- 후발 개발도상국의 후발성의 이익은 선진국의 기술과 제도를 단기간에 적은 비용으로 학습·흡수할 수 있는 이점이 있음.
- 선진국의 자본과 기술이 순조롭게 이전될 수 있었던 배경을 설명하지 못함.
- 신흥공업경제국(NIEs) 공업화의 중요성은 NIEs가 세계경제에서의 주체적 존재로서 등장함.
- 신흥공업경제국은 완전한 자립성을 지니는 것은 아니지만 국민경제시스템으로서 고유한 성격을 지속함.
- 민간자본의 부족, 시장의 자율 조정기능의 부족으로 국가가 주축이 되어 제도적인 환경조성과 외자를 도입하고 분배하는 등의 공업화를 통한 수출 진흥과 수입대체의 공업화를 적극적으로 추진함.
- 글로벌화(세계화), 시장경제화, 정보화로 특징지어지는 글로벌 환경에서 동아시아 경제는 아시아 역내의 일체화, 세계무역기구(WTO)의 가입을 계기로 시장경제화에 박차를 가하는 중국의 영향으로, 글로벌 차원에서 경제구조를 변화해야 함.
- 다양하면서도 이질적인 동아시아의 문화, 사회구조, 민족, 종교를 아우르면서 건전한 경제발전을 지속적으로 할 수 있는 국제표준의 구축이 요구됨.

최근의 동향은 1997년에 발발한 동아시아의 금융 및 외환위기의 발생으로 정부주도의 성장모델은 한계를 드러냈다. 세계화, 개방화에 따라 정부가 경제에 개입할 수 있는 여지가 크게 줄어들었다. WTO 출범에 따라 투명성, 공정경쟁, 경제시스템의 개방 등이 강조되어 경제시스템 환경이 '국내적'에서 '세계적'으로 변화되었다. 또한 대외신인도의 제고가 절대적으로 중요하게 되었다.

2. 동아시아 경제의 변화

세계사의 흐름을 보면 16세기는 스페인의 시대, 17세기는 네덜란드의 시대, 18세기는 프랑스의 시대, 19세기는 영국의 시대, 20세기는 미국의 시대였다. 그러면 21세기는 누가 주도할 것인가? 국제 정치학자 및 경제학자들은 21세기는 다원적인 국제질서 하에서 아시아·태평양의 시대가 될 것이라고 예측하였다. 일반적으로 21세기는 동아시아가 주도하고 미국의 경제적 영향력이 20세기보다는 축소될 것이라고 본다. 2017년 현재, 국내총생산(GDP) 기준으로 보면 미국이 1위, 중국이 2위로 세계 경제의 중심이 대서양에서 태평양으로 옮겨 가고 있다. 구체적으로 보면 아시아·태평양지역의 국내총생산(GDP)은 세계 전체의 50%를 상회한다. 위와 같은 배경 하에 미국의 트럼프 대통령은 미국의 자국주의 우선 정책을 실시하고 있다. 21세기의 아시아·태평양의 시대를 맞이하여 한반도는 국제 정치적 측면이나 국제 경제적 측면에서 매우 중요한 위치에 있다. 국제 정치적 측면에서 보면 한반도는 자본주의 경제체제와 사회주의 경제체제의 공존과 화합, 최근에는 새로운 자본주의 경제 질서로의 재편성 과정에서 큰 역할을 할 수 있다.

3. 문명화의 과정과 제4차 산업혁명

독일의 사회학자인 노르베르트 엘리아스가 주장하는 문명화의 과정(civilizing process)은 자본주의(capitalism)의 발전과정과 밀접한 관계가 있다. 서구 유럽을 중심으로 전개된 문명화의 과정과 더불어 출현한 자본주의는 근대적 의미의 기업을 탄생시켰고, 미국에서 개인의 소유권과 경영이 분리된 주식회사 형태의 기업이 발전하였다. 이러한 기업 형태는 우리나라를 중심으로 한 동북아시아 지역의 시장경제를 형성하는 데에 절대적인 역할을 하였다. 우리나라에서의 근대화 이후에 급속하게 진행되고 있는 '미국식'의 문명화 과정은 동양사상에 바탕을 둔 문화적 전통과 역사성을 바탕으로 한국적 자본주의 체제와 대기업을 형성하였다. 중국과 일본도 '서구식'의 문명화의 과정과 함께 경제적 환경이 조성되고 기업이 출현하여, 국가 경제와 사회의 변화와 혁신이 일어나게 되었다. 따라서 동아시아의 문명화 과정과 사회변화는 한국, 중국, 일본의 상호간에 상호작용으로 말미암아 변화하게 되었다. 이러한 역사적 배경에서, 21세기에 진입하여 제4차 산업혁명은 한국, 일본 및 중국을 중심으로 한 동북아시아의 문명화 과정과 사회변화를 가속화하고 있다.

4. 사회 혁신과 젠트리피케이션

동북아시아 지역의 사회변화 중 대표적인 현상이 젠트리피케이션이다. 우리나라의 서울에서도 1980년대 이후 올림픽 경기와 월드컵 같은 국제 경기를 치르면서 서울의 특정 지역을 중심으로 젠트리피케이션 현상이 나타나고 현재에도 이러한 현상은 지방으로도 확산될 조짐을 보이고 있다. 그렇다면, 사회 혁신과 젠트리피케이션(gentrification: 도시재생)과는 어떠한 연관성이 있는가?

첫째, 사회 혁신은 일반적으로 사회의 변화를 통해서 기업가들에게도 영향을 준다. 예를 들면, 사회적 기업가는 도덕규범과 이윤추구 사이의 균형을 유지하기 위해 기본 미션에 대한 신념을 갖고 있다. 이러한 신념을 가진 사회적 기업가들은 기업가정신과 사회적 목적을 결합시키고 혁신(innovation)적인 방식의 사회적 비즈니스를 창출해낸다. 이러한 혁신적인 활동을 통해서 사회를 변화시키고, 사회적 비즈니스를 통해서 수입을 창출한다. 젠트리피케이션은 사회적 운동가 혹은 사회적으로 소외된 계층에 의해서 발생한다. 이러한 사회적 운동가 및 소외된 계층에 의해서 기존의 낙후된 지역이 개발되어 새로운 장소가 된다.

둘째, 젠트리피케이션을 통해서 사회적으로 소외된 계층은 새로운 삶의 터전을 만들고 이러한 장소는 그들의 새로운 생활 공간이 된다. 하지만, 일부의 투자가들은 이러한 공간을 이용하여 고객들에게 새로운 서비스를 제공하면서 경제적 목적을 달성하기 때문에 결국 이들에게 젠트리피케이션은 사회의 변화를 통한 경제적 목적을 추구하는 것으로 볼 수 있다. 따라서 정부는 문화적으로 보존의 가치가 있거나 사회적 목적을 달성하기 위해서 정부 주도의 정책을 갖고 젠트리피케이션을 통해서 지역 사회의 문제를 해결하거나 지역 경제를 발전시키는데 개입하게 된다.

제6절 | 동아시아 정세 변화와 향후 전망

역사적으로 보면, 동아시아 국가들 중에서 중국과 베트남은 기존의 사회주의 체제에서 경제적인 개혁·개방의 정책을 성공한 국가이다. 중국은 1966년에서 1976년 사이에 발생한 문화혁명으로 인해서 중국 경제와 사회가 황폐화되었다. 등소평(Deng Xiaoping; 鄧小平, 1904~1997년)은 1980년대 초에 중국의 최고지도자가 되었다. 1981년부터 실용주의 노선으로 과감한 개혁 조치와 함께, 중국의 개혁·개방을 단행하였다. 예를 들어, 기업가와 농민의 이윤 보장, 엘리트 양성, 중국에 외국인 투자를 허용함으로 자유시장의 원리를 도입하였다. 등소평이 집권 후 대대적인 당 쇄신을 통해서 중국의 실력자인 4인방을 숙청하였고 기존 지도부가 조기에 은퇴하는 조건으로 그들의 자녀를 대거 등용하였다. 미국과의 관계를 개선하여 미국과 중국은 정치적으로 화해하였다. 1980년대 중국은 변화에 대한 저항이 적었고, 변화를 수행할 신진세력이 존재하였다.

베트남의 경우 국가 통제하의 개혁·개방은 '도이모이(doimoi)'로 불리어진다. 도이모이는 베트남어 '변경한다' 뜻의 도이(doi)와 '새롭게'라는 의미의 모이(moi)가 합쳐진 용어로 쇄신을 뜻한다. 베트남은 오랫동안 미국의 경제제재로 경제가 악화되어 있었다. 또한 1980년대 이후 중국의 급격한 부상으로 체제와 안보의 위협을 받게 되었다. 2001년 9월 11일에 발생한 미국 뉴욕시 110층 세계무역센터(WTC) 쌍둥이 빌딩과 워싱턴 시의 국방부 건물에 대한 항공기 동시다발 자살테러 사건(일명 '911 테러 사건')은 미국의 안보전략이 반공주의에서 반테러주의로 전환하는 계기가 되었다. 이러한 상황에서 오사마 빈 라덴이 이끄는 테러 조직인 알 카에다 등 이슬람 테러 조직이 새로운 미국의 적이 되었다. 베트남은 오랜 프랑스 식민지를 거치며 공산화 이후에도 외부 세계에 대한 이해가 높았다. 1986년 베트남 공산당 제6차 대회에서 제기된 개혁·개방 정책 슬로건으로 '도이모이'가 선정되었고, 이후 공산당 지배체제를 유지하면서 사회주의적 경제발전을 지향하여 경제성장을 이룩하였다.

최근의 동북아 정세는 대한민국의 문재인 대통령과 김정은 북한 국무위원장이 2018년 4월 27일 판문점 평화의 집에서 발표한 '판문점 선언'으로 급변하였다. 1980년대 한국의 경제 성장으로 북한은 안보위협에 직면하였고, 북한 경제는 주체사상에 입각한 경제를 강화하여 세계 경제체제로부터 고립되었다. 1988년 서울에서 개최한 올림픽 이후 남한은 급속한 경제발전을 이룩하였고, 북한은 핵무기 개발을 통해 안보위협의 해소를 시도하였다. 북한의 경제 개혁은 경제 개선 조치의 실패와 화폐개혁의 실패로 당의 사회 통제력은 심각하게 약화되었다. 북한의 지도부는 자체적인 경제구조 개혁의 실효성이 없음을 확인하게 되었다. 국제사회의 북한 경제 개방을 통한 해외투자의 유치만이 경제개선의 가능성이 있다는 것이 확실하게 되면서 '선 핵포기 후 경제개발'이라는 경제개선의 방법을 모색하게 되었다. 김정은 북한 국무위원장은 현 체제를 유지하면서 해외투자를 유치하여 국가통제의 제한적 개혁·개방을 희망하게 되었다. 이러한 북한의 특수적인 상황을 감안하면 북한이 채택 가능한 기존의 개혁·개방의 모델은 없으며 새로운 모델의 구상이 필요하게 되었다(신경환, 2018). 따라서 북한의 개혁·개방은 중국과는 다른 방식으로 새로운 환경에 적응하게 될 것이다.

일본은 전통적으로 제조업 기반 강국으로서 로봇기술이나 자동차 생산기술, 전자기기 생산 기술 및 우주항공기술을 이용하여 글로벌 환경변화에 적응하게 될 것이다. 반면에, 한국은 생산 기술의 선도적인 위치를 점하면서 4차 산업혁명에서 요구하는 혁신적 기술을 개발하고 사용하게 될 것이다. 이러한 맥락에서 한국은 유교 중심적인 문화에서 탈피하여 창의적이고 자율적인 수평적인 문화로의 전환을 이루어내야 한다(유재언 2018: 28).

동아시아의 환경, 역사, 문화와 경제를 통합하는 관점에서 볼 때, 동북아시아의 주요 국가인 한국, 중국, 일본은 동아시아를 변화시키는 중심적인 역할을 해 왔다. 한국은 중국에서 수입하여 발전시킨 문화를 일본으로 전파하면서 중국과 일본의 사이에서 중간 다리역할을 하면서 한국 특유의 고유한 역사와 문화를 창조하였다. 일본은 중국이나 한국보다 앞서서 서구 문물을 받아 들여 서양의 문물과 동양의 문화를 접목시켜서 일본 특유의 역사와 문화를 형성하였다. 이러한 역사적인 사실에서 볼 때, 향후에도 한국, 중국, 일본의 역할은 동아시아 지역의 새로운 경제 질서와 문화를 형성하는 데 매우 중요하게 작용할 것이다. 특히 4차 산업혁명으로 전 세계적으로 산업간 경계의 붕괴가 가속화될 것이고, 국경을 초월하는 글로벌 플랫폼 형태의 기업 출현과 확산이 가속화될 것이다. 21세기의 4차 산업혁명시대를 맞이하여 동아시아 사회는 '나눔과 연결'이 가능하게 되는 네트워크의 사회로 변화하여 발전할 것이다. 이러한 네트워크를 가능하게 하는 것은 동아시아 지역에서 공유하고 있는 문화적 전통과 공동체적 가치관을 공유하기 때문이다.

제4장

과학적 탐구와 시스템 사고

우리 인간은 주어진 현실에 만족하지 않고 끊임없이 무언가를 추구한다. 조선시대에 비하면 21세기 우리 사회는 엄청난 과학 문명의 혜택을 받으며 살고 있다. 대부분의 사람들은 컴퓨터, 스마트 폰, 자동차, TV, 인터넷을 통해서 실시간으로 우리가 필요로 하는 것을 찾을 수가 있다. 만일 점심 식사로 원하는 메뉴가 있다면 스마트폰을 통해서 원하는 메뉴를 파는 곳을 검색하여 손쉽게 사먹을 수가 있다. 이러한 편리한 일상생활에도 불구하고 우리 주변에는 수많은 '문제' 상황들로 얼룩져 있다. 2018년 7월 23일 정의당 대표였던 노회찬 의원은 5천만 원 상당의 뇌물을 받고 고민하다가 스스로 목숨을 끊는 사건이 발생하였다.

> '드루킹' 김동원 씨의 측근으로 2016년 3월 경기고 동창인 도모(61) 변호사에게 불법 정치후원금 5천만 원을 받은 의혹을 받고 있던 정

의당 노회찬 의원이 23일 오전 자신의 아파트에서 투신 사망했다
(출처, 네이버, '노회찬 의원 사망' 2018년 7월 23일)

정의당 노회찬 의원의 사망 사건은 최근 우리 사회를 떠들썩하게 만든 사건이다. 이러한 자살사건 이외에도 우리 주변에는 수많은 문제들이 곳곳에 널려 있지만 정작 우리의 의사결정은 합리적이지 못한 경우가 허다하다. 많은 사람들은 문제에 직면하여 문제를 객관적으로 이해하고 논리적으로 해결하는 과정을 통해서 문제를 해결하기보다는 개인적으로는 어렵지만 '손쉬운 방법'인 극단적인 방법을 선택하고 있다. 우리 사회에 만연된 이러한 풍조는 과학적인 방법으로 문제를 이해하고 해결하기보다는 비과학적이고 비이성적인 방법으로 문제를 이해하고 해결하게 되고 결과적으로 비극적인 결과들을 초래하고 있다. 따라서 본 장에서는 이러한 비극적이고 비이성적인 방법보다는 우리가 직면한 현실의 상황을 과학적으로 이해하고 이성적인 방법으로 문제를 해결하고자 과학적 탐구와 시스템 사고에 대해서 살펴보고자 한다.

제1절 | 과학적 탐구

과학적 탐구(scientific inquiry)는 과학적 방법으로 '세계'에서 발생하는 현상을 연구하는 것이다. 과학적 탐구의 대상인 '세계'란 '존재하는 모든 것'을 의미한다(조성오, 2011: 27). '세계'의 존재에 대해서 연구하는 철학이란 자연, 인간과 사회에 대한 근본 인식과 태도이다. 반면에 과학(science)이란 물리학, 생물학, 역사학, 사회학, 경제학 등

세계를 연구하는 다양한 학문 영역에서 발전되어 축적된 지식을 의미한다(Chalmers, 1982: 166). 과학적 지식이란 과학적 방법에 의해서 세계(예를 들어, 자연, 인간과 사회)를 설명하는 객관화되고 일반화될 수 있는 이론에 의해서 발견되거나 만들어진다. 이러한 과학적 지식을 산출하기 위해서 지금까지의 전통적인 과학적 탐구는 어떤 현상의 원인을 밝혀내는 것에 치중했다. 즉 사과나무에서 사과가 땅으로 떨어지면 이러한 현상이 왜 일어나는지를 설명할 수 있는 원리나 법칙 혹은 이론을 발견하는 것이 전통적인 과학적 탐구에 의한 연구방법이었다. 이러한 과학적 탐구는 세계에 존재하는 개체들에게 실재성을 부여한 아리스토텔레스의 철학에 기반한 연구였다(김화종, 2014: 24). 플라톤의 철학을 계승한 아리스토텔레스는 자연은 이성적 존재이므로 합리성이나 이성에 의해서 이해할 수 있다고 보았다(이정우, 2016: 135-142). 플라톤은 자기동일성을 갖춘 인식대상을 형상(idea/eidos)이라고 부른다. 이 형상이 참된 존재이며 이것은 우리 인간의 감각의 대상물인 감각된 것 혹은 움직이는 존재를 넘어서는 진실한 존재이다. 플라톤은 이렇게 말한다. "형상들이 존재한다. 우리의 이성을 통해서 이 형상들을 알 수 있다. 그리고 우리 모두는 이러한 이성을 공유한다"(이정우, 2016: 72). 이러한 플라톤의 존재론은 서구 과학철학의 존재론의 정초를 만들었다.

전통적인 서구과학의 존재론은 객관성의 철학, 사물의 철학, 이성과 합리성에 의해서 시작되었다. 플라톤의 형상(이데아 혹은 에이도스) 이론에서 보면, 물리적 흐름을 벗어난 객관성, 언어적 구성 이전의 사물의 본질이란 '이데아' 즉 사물의 형상으로 설명된다. 경험적인 오관에서 분리된 우리의 내면적인 세계, 즉 우리의 신체에서 벗어난 내면적인 세계가 있고, 그것이 대상화될 때, 그것을 '반성' 혹은 '성찰'

이라고 할 수 있다. 이러한 반성을 통해서 주체로서 인간은 물리적 흐름 속에 놓여 있는 스스로를 거리를 두고 볼 수 있고, 자신의 인식행위 즉 생각하는 행위 자체를 점검해 볼 수 있다. 이러한 수준에서 주체는 비로소 감각의 차원을 넘어 사물의 형상(idea 혹은 eidos)을 볼 수가 있다(이정우, 2016: 11-12). 이러한 이데아 이론의 관점에서 보면, 세계에 존재하는 모든 사물들은 동시성의 체계에서만 다자들의 동시성과 타자성이 명확히 구분된다. 이러한 철학적 전통에서는 세계에 주어진 전체를 그 총체적인 연관하에서 취급한다. 이것은 플라톤과 아리스토텔레스의 전통을 잇는 철학이 특정한 데이터가 아닌 데이터 일반을 다룬다는 뜻이다.

> 철학이란 탁월한 지식인데, 탁월한 철학은 데이터 전체를 성격지우는 것이 무엇이냐는 것을 찾고, 그것을 성립시키는 원인은 무엇인가를 찾는 것이다. 그 원인에 의해서 데이터가 전체적, 일반적, 근본적으로 어떻게 분류되는지를 탐구하는 것이다. 그것이 철학에서 의미하는 존재론이다(박홍규, 「철학이란 무엇인가」 III, 116, 120-21, 이정우 2016, 14-15에서 인용함).

이러한 이데아(에이도스)론은 추상적 공간에서 존재하는 동일자로서의 존재를 가정한다. 따라서 시간의 흐름에 따라서 생겨나는 존재의 차이에 대해서는 설명하지 못한다. 이러한 한계점을 극복하고자 물질성으로서 아페이론을 주장하는 『티마이오스』의 자연철학과 『파이드로스』의 생명철학이 등장하였다. 동일성의 공간적 사유를 극복하는 베르그송의 지속(durée) 혹은 과정(process)의 개념은 연속적 운동과 '차이(differentiation)'를 선험적 조건으로 한다(이정우, 2016: 170-171).

오늘날 자연현상이나 사회현상은 개체성(individualism)과 단순성(simplicity)으로 설명할 수 없는 다질적인(heterogeneous) 존재이다. 이러한 다질적인 존재는 플라톤의 사물의 형상(이데아) 이론의 관점에서 보는 동일성의 개념으로는 파악하기 어렵다. 다질적인 존재는 베르그송과 들뢰즈의 현대 철학에서 이해하는 생성, 변화, 운동으로 특징지어 지는 타자성의 존재론에서 이해하여야 한다. 동일성에 대한 타자성이 존재하는 곳에 '운동(movement)'이 존재한다. 운동은 동일성이 지속적으로 와해되는 상태라는 점에서 존재(동일자)도 아니고 무(동일자와 모순된 것)도 아니다. 이러한 의미에서 운동은 존재와 무의 절대 단절이 허물어지면서 도래하는 연속성, 즉 시간의 지속성 개념을 필요로 한다(이정우, 2016: 58). 따라서 운동을 통해서 생겨나는 다질적인 존재 혹은 복합체는 역동적이고 예측 불가능한 특성을 갖고 있다. 역동적이고 예측 불가능한 특성을 우리는 복합성 혹은 복잡성(complexity)이라고 부르고 이러한 복합성의 특성을 가진 체계 혹은 시스템을 복합체계 혹은 복잡계(complex system)라고 부른다(Stacey, Griffin and Shaw, 2000).

과학적 탐구는 어떤 세계관 혹은 패러다임의 입장을 취하는가에 따라서 달라진다. 세계관(Worldview; Weltanschuauung)이란 세계에 대한 근본 인식과 근본 태도를 의미한다. 즉 세계관은 우리가 세계를 어떻게 보는가, 어떻게 생각하는가를 가리키는 말이다. 이러한 세계관에 따라서 사람들의 생각과 행동이 결정된다(조성오, 2011: 31). 예를 들어, 우리가 데카르트(René Descartes)의 합리주의의 철학과 뉴톤(Newton)의 물리학을 기초로 성립된 세계관을 통해서 세상을 이해한다면 과학적 탐구는 공간성과 선형성을 특징으로 하는 과학적 방법을 통해서 세상을 이해하게 된다. 이러한 세계관에서의 과학적 탐구는 세계에서 발생하는 현상에 대한 원인을 규명하고 이러한 원인을 발생시키는 변수들 간의 상관관계와 인과관계를 파악한다. 이러한 변수와 변수들 사이의 관계를 통해서 가설을 설정하고 가설을 입증하거나 기각하는 과학적인 절차를 거친다. 이러한 과학의 패러다임을 환원주의(reductionism)라고 부른다. 환원주의 패러다임에서 과학적 방법의 모형은 전통적인 자연과학의 연구방법론을 사용한다.

환원주의 관점에서 본 연구방법론의 방법론적 절차는 다음과 같다. 첫째, 현실세계의 사실을 경험이나 관찰을 통한 귀납적인 방식을 통해서 사실 간의 인과 관계를 파악한다. 둘째, 이렇게 얻어진 사실을 일반화하는 과정, 또는 기존의 이론을 토대로 하여 좀 더 특정화된 진술이나 명제를 이끌어내는 연역적 방법을 통해서 현실에 대한 예측이 가능하다. 셋째, 이러한 예측을 통해서 현실 세계의 사실은 과학적으로 검증이 가능하다(김주엽 외 3, 2014: 50). 이러한 과학적 탐구에서 이해하는 세계 혹은 전체는 부분의 합으로 이루어진다. 즉 환원주의 관점에서 보면, 전체는 부분의 합이다(a whole is the sum of its parts). 환원주의(reductionism)는 방법론적 개체주의(methodological individualism)라는 방법론을 채택하여 연구를 수행한다. 이러한 방법론은 전체는 부분의 합이라는 인식을 전제로, 대상인식의 중요 수단으로 분석과 종합을 사용한다. 즉, 연구대상을 분해할 수 있는 데까지 분해한 뒤, 각 부분 혹은 요소를 파악하고 다시 그 결과를 종합하여 전체를 파악하는 것이다(김영인, 2005: 320). 환원주의와 방법론적 개체주의는 데카르트의 인식론에 근거한다. 즉 전체는 부분의 합(The whole is the sum of its parts)이라는 가정에서 출발한다. 환원주의에 기반한 기능주의적 패러다임은 플라톤의 이데아론처럼 동일성을 가정하기 때문에, 시간성, 존재의 역사적 장소, 사회적 특수성과 문화적 맥락을 초월한다. 따라서 세계에서 관측된 현상을 시간적·문화적·사회적 특수성을 배제하고 일반화시키고 객관화시킬 수 있다.

21세기에 들어와서 과학적 기술의 진보는 인간처럼 사고하고 분석할 수 있는 인공지능(Artificial Intelligence: AI)을 만들 수 있게 되었다. 그렇다면 인공지능은 인간을 대신하여 사고할 수 있는가?

1. 인공지능(AI)은 인간처럼 사고할 수 있는가?

2010년대부터 빅데이터(big data)가 널리 알려지기 시작하면서 데이터 사이언스(Data Science)가 주목받기 시작하였다. 빅데이터는 글자 그대로 엄청난 양의 데이터만을 의미하지는 않는다. 빅데이터란 데이터를 보는 새로운 시각을 의미한다. 데이터가 새로운 경제적 가치를 창출하는 자원이라는 인식이 일반화되면서 구글(Google), 페이스북(Facebook), 트위터(Twitter)는 데이터만을 다루면서 세계적인 기업이 되었다. 2016년 3월 9일에서 15일 사이에 구글에서 개발한 바둑 인공지능 프로그램인 알파고(AlphaGo)와 세계적인 바둑기사인 한국의 이세돌 기사와의 딥마인드 챌린지 매치(Google deepmind challenge match)에서 알파고가 4승 1패로 승리를 함으로 인공지능의 위상과 역할은 더욱 부각되었다. 데이터 기반 경제시대에서 과연 인공지능은 인간처럼 사고할 것인가? 이러한 인공지능은 인간이 갖고 있는 지능의 일부만을 흉내낼 수 있다. 예를 들어 인간이 탐구하고자 하는 어떤 질문이나 문제가 있을 때 엄청난 양의 데이터를 인간의 두뇌에 투입하여 데이터를 분석하고 종합하는 기능을 담당할 수 있다. 하지만 인공지능은 인간처럼 과거의 기억이나 장소의 특수한 환경, 문화적 특성이나 사회적 맥락을 지각하여 인간처럼 새로운 사고를 할 수는 없다

(Churchman, 1971: 259). 한마디로 인공지능을 이용하는 인간은 엄청난 양의 데이터 분석과 종합을 통해서 어떤 질문에 답하거나 문제를 풀 수 있지만, 인공지능 자체는 스스로가 인간처럼 지성과 감성, 지각 현상과 같은 자연적 특성을 소유하지 못한다. 따라서 인공지능은 컴퓨터와 같은 기계일 뿐 인간처럼 아름다움을 느끼고 영감을 받아서 새로운 무언가를 인식하고 감동하고, 창조할 수 있는 인간의 자연적인 특성(a natural quality of humans)을 갖고 있지 못하다. 따라서 인공지능의 자체는 수많은 부품들로 이루어진 전체로서 인식될 뿐 이러한 부품 혹은 부분들의 합 이상이 될 수 있는 그 무엇이 되지는 못한다. 이러한 사실로 미루어 볼 때 인공지능은 환원주의의 패러다임의 한계를 벗어나지 못한다.

2. 인간과 인공지능(AI)은 어떻게 다른가?

인간은 인공지능과 같은 기계가 아니다. 인공지능은 설계자가 원하는 대로 대량의 정보를 처리하고 분석할 수 있지만, 인간처럼 새로운 것을 창작하거나 상상할 수 없다. 신경과학(neuroscience) 이론에서 보면 인간은 삼위일체 두뇌(triune brain)를 갖고 있다(그림 4.1). 삼위일체 두뇌란 우리 두뇌가 본능적 뇌(instinctual brain), 감성적 뇌(emotional brain), 사고적·언어적 뇌(thinking brain)의 3부분으로 구성되어 있어 삼위일체 두뇌(triune brain)라고 부른다(MacLean, 1990). 인공지능은 컴퓨터와 같은 기계이기 때문에 인간처럼 삼위일체 두뇌를 갖고 있지 못하다. 따라서 인공지능은 인간처럼 본성을 갖고 있지도 못하고 감성적으로 생각하거나 인간처럼 말하고 사고할 수도 없다. 물론 인공지능의 기술이 발달되면 인간이 사고하거나 말하는

파충류 단계의 뇌 (reptilian brain)	구포유동물 단계의 뇌 (visceral brain)	신포유동물의 뇌 (neomammalian brain)
본능적 뇌 (instinctual brain)	**감성적 뇌 (emotional brain)**	**사고적 · 언어적 뇌 (thinking brain)**
인간의 파충류 단계의 뇌는 본능적 뇌로서 감정조절이 되지 않고 눈에 보이는 것의 좋고 나쁨을 분간하지 못함	인간의 구포유동물 단계의 뇌는 여러 가지 감정이 뒤섞여서 헤매고 있는 상황임	인간의 사고적 영역의 뇌 혹은 언어적 뇌는 다양한 감정을 지각하고 식별하며 감정을 지배하고 조절하고 고차원 단계의 학습과 성찰이 이루어짐

그림 4.1 삼위일체 두뇌(triune brain)

수 있는 기능의 일부를 수행할 수 있지만, 인간처럼 감성적, 이성적, 윤리적으로 사고하거나 행동하기는 어렵다. 따라서 인공지능은 인간처럼 인간의 다양한 문화를 이해하고 문화생활을 할 수도 없고, 인간처럼 감정을 갖고 있지 않기 때문에 다른 인공지능과 다른 의견이나 견해 차이로 인해서 갈등이 발생하지도 않는다. 따라서 인공지능은 데이터를 수집하고 분석할 수 있지만, 이러한 데이터를 그의 가치관에 부합되거나 특정한 문화적 특성에 맞게 데이터를 해석하여 특수한 데이터를 산출할 수는 없다. 오로지 인간만이 환경변화와 문화적 특성에 적합한 특정한 데이터를 산출할 능력을 갖고 있다.

따라서 인공지능은 인간이 소유하고 있는 삼위일체 두뇌를 갖고 있지 못한 점에서 확연히 다르다. 인간은 이러한 삼위일체 두뇌를 갖고 있기 때문에 복잡적응계(complex adaptive system)로서 이해된다. 복잡적응계는 복잡계 과학에서 사용되는 개념으로 자연과학 및 인문과학과 사회과학뿐만 아니라 인간의 의식과 정신세계를 연구하는 정신분석학에서도 새로운 시각을 제시한 이론으로서 인정받고 있다(Mainzer, 1994).

복잡계 과학에서 발전된 복잡계 이론은 카오스(chaos)의 관점에서 자연현상 혹은 사회현상을 연구하는 데에서 시작되었다. 복잡계 이론(complex systems theory)의 관점에서 보면 세계에서 발생하는 모든 현상은 마치 세계가 질서와 혼돈의 구성물처럼 세계는 질서와 무질서가 공존하면서 변화하게 된다. 이러한 혼돈과 질서가 뒤섞여 있는 현상을 이해하려면 환원주의의 패러다임 입장(예를 들어, 선형성과 예측 가능성으로 특징지어지는 현상을 연구하기 위해 과학적 모델과 이론을 사용함)에서의 과학적 탐구는 한계가 있다. 왜냐 하면, 복잡계 현상은 비선형성과 예측 불가능성으로 특징지어지기 때문이다. 이러한 비선형성(nonlinearity)과 예측 불가능성(unprdictability)으로 특징지어지는 복잡계의 현상을 연구하기 위해서 다음 절에서는 현대 과학의 법칙과 시스템 사고(systems thinking)에 대해서 설명하고자 한다.

제2절 | 현대 과학의 법칙과 시스템 사고

서양의 근대성 혹은 현대성(modernity)는 18세기에 확립된 계몽사상(enlightenment)에 의해서 커다란 영향을 받았다. 서구의 계몽사상은 독일의 철학자인 칸트(Immanuel Kant, 1724-1804년)에 의해서 서구의 철학사와 과학사에 커다란 영향을 미쳤다. 계몽사상은 인간의 합리성과 이성을 중심으로 하는 '인간중심'의 사상이다. 이러한 인간중심의 사상인 계몽주의는 급격한 과학기술의 진보를 가져왔다. 과학적 진보와 함께 영국의 산업혁명과 더불어 출현한 산업화는 유럽을 중심으로 하는 서양에 커다란 문화적 변혁과 사회변화를 가져왔다. 산업화된 서양은 물질적으로 부유해지고, '문명화'의 과정이 지속되면서 서양은 근대화 혹은 현대화를 주도하였다. 이러한 현대화를 기반으로 하는 문명화의 과정이 미국과 아시아 및 전 세계로 전파되면서 현대 과학기술의 진보는 가속화되었다. 이러한 인간의 이성과 합리성에 기반한 서구화에 의한 현대화 혹은 문명화의 과정은 서양의 식민지 건설과 자본가 계급과 노동자 계급의 출현 등으로 인하여 부작용도 초래하였다.

20세기에 들어와서 프랑스의 철학자인 미셸 푸코(Michel Foucault, 1926-1984년)의 등장으로 서양의 현대성과 문명화의 과정은 비판을 받게 되었다. 즉 푸코는 서양의 문명화와 현대화의 핵심인 인간의 이성과 합리성에 대한 독단적인 논리성을 비판하고 사회에서 소외된 자를 중요시하는 소외된 비이성적 사고를 통해서 서양의 이성주의의 '해체'를 주장하였다. 푸코는 담론 분석 이론(theory of discourse analysis)을 통해서 서양의 세계관에서 당연시하는 기본적 전제들을 만들어낸 근원적 철학사상과 이론을 분석하여 해명하고, 그 정당성에 대한 의문을 제기함으로 데카르트 이후에 인간의 이성과 합리성에 기반을 둔 서양의 과학철학과 과학적 사상을 비판하였다. 푸코의 등장으로 '해체주의'를 지지하는 라캉(Lacan), 데리다(Derrida), 리요타르(Lyotard), 들뢰즈(Deleuze)와 같은 후기구조주의(poststructuralist) 혹은 포스트 모더니즘(postmodernism)의 학자들이 형성한 새로운 후기구조주의의 패러다임이 서구 철학의 흐름을 바꾸어 놓았다. 이러한 새로운 패러다임은 과학사에도 커다란 영향을 미쳤다. 예를 들어, 20세기에 들어와서 뉴턴 이후 물리학의 위대한 발전과 과학적 방법은 아인슈타인이 주장한 상대성 이론과 양자 물리학의 등장으로 기존의 과학과 과학적 세계관에서 당연시하게 받아들이는 절대 시간과 절대 공간의 개념 및 인과율, 질량적 물질 등의 고전 물리학의 개념은 현대 물리학에 의해서 모조리 파기되었다(프리초프 카프라, 1999). 이러한 흐름의 연장선상에서 21세기에 들어와서 현대 물리학은 순수 객관주의에서 주관주의 혹은 상호주관성(intersubjectivism)의 방향을 전환하게 되었다.

21세기는 현대 과학적 법칙은 불확실성(uncertainty)과 비선형성(nonlinearity)으로 특징지어지는 복잡계 과학(complexity science)의 새로운 과학적 세계관에 의해서 새롭게 이해되고 있다. 복잡계 과학은 세계 혹은 자연의 복합성(complexity) 혹은 복잡계 현상을 다룬다. 복잡계 과학에서는 복잡계 현상을 이해하기 위해서 과학적 법칙, 과학적 개념과 과학적 모델을 사용한다. 이러한 과학적 법칙, 개념과 모델은 다양한 분야에서 다양하게 정의되어 사용되고 있다. 현대 물리학에서 다루는 자연현상뿐만 아니라 현대 사회의 복합적인 현상을 설명하는데 가장 많이 사용되는 과학적 용어 중 하나가 엔트로피(entropy)의 개념과 엔트로피의 법칙이다. 엔트로피는 열역학 법칙에서 인용되어 일상생활에서 상용화된 용어이다. 열역학 법칙은 고립된 폐쇄시스템으로서 우주의 에너지가 항상 일정하다는 열(온도)의 제1법칙과 우주의 엔트로피는 항상 증가한다는 열(온도)의 제2법칙으로 구성된다.

1. 열(온도)의 제1법칙

열(온도)의 제1법칙에 의하면 우주의 물질과 에너지의 총량은 항상 일정하기 때문에, 생성되거나 소멸될 수 없고 오직 그 형태만이 바뀐다. 따라서 열의 제1법칙에 의하면 일정량의 열에너지를 일로 바꾸었을 때 열이 없어진 것이 아니라, 다른 장소를 이동하였거나 다른 형태의 에너지로 변한다. 따라서 이러한 열의 제1법칙으로 경영에 적용해 보면 고립계로서 인식되는 기업에서 종업원은 그들에게 보상해 준 만큼 일한다. 즉 경영자는 투자한 만큼 수익을 얻고, 종업원은 일한 만큼 돈을 받는다.

2. 열(온도)의 제2법칙: 엔트로피의 법칙

엔트로피 법칙인 열(온도)의 제2법칙은 자발적 과정의 방향성을 나타내는 자연계의 법칙이다. 고립계로서 인식되는 자연 안에서 실질적으로 일어나는 모든 과정은 자발적 과정이다. 예를 들어, 물이 높은 곳에서 낮은 곳으로 이동하는 것, 열이 온도가 높은 장소 혹은 물체에서 온도가 낮은 장소 혹은 물체로 이동하는 것은 쉽게 이해할 수 있는 자발적 과정이다. 볼츠만의 표현에 따르면, 엔트로피는 무질서 정도에 대한 척도이므로, 자연계와 우주는 결국 보다 무질서한 상태를 향해 가고 있다고 볼 수 있다. 영하의 온도에서 물이 얼음이 되는 것이나, 원시 대기에서 생명체가 탄생하고, 이들이 직접 또는 간접으로 탄산가스, 물, 빛을 이용한 광합성을 통해 성장하고 번식하는 것은 엔트로피 법칙과 모순되는 것처럼 보일 수 있다. 그러나 이들 과정에서도 우주 전체의 엔트로피는 증가하고 우주는 보다 무질서하게 된다. 즉, 물이 얼음이 되는 과정이나 식물의 광합성 과정, 그리고 생명체가 성장하는 과정에서 이들 자연계의 질서는 증가하지만, 이 과정에서 주위로 방출되는 열은 다른 분자들의 운동을 활발하게 하여 결과적으로 우주 전체는 보다 무질서하게 되기 때문이다. 이러한 열역학 법칙은 우주의 물질계에 적용되는 법칙이나, 이를 사회와 국가 현상에도 적용시킬 수 있다(네이버 지식백과, 2009).

3. 시스템 사고(systems thinking)

옥스포드 영어 사전(Oxford English dictionary)에 의하면, 체계(system) 혹은 시스템의 개념은 복합적인 전체(complex whole)를 의미한다. 또한 체계란 서로 연관된 사물들 혹은 부분들로 이루어진 집합체로서 물질적 혹은 비물질적 사물들로 이루어진 조직화된 실체이다[5]. 복잡계 과학에서 사용하는 체계(system) 혹은 시스템이란 "전체는 부분의 합보다 크다(a whole is greater than the sum of its parts)"는 가정에 기초해 있다. 그러나 좀 더 정확히 말하면, "전체는 부분의 합과는 다르다(the whole is different to the sum of the parts)"고 해야 한다. 왜냐 하면, 전체는 부분의 합으로 이루어지며, 부분들의 상호작용을 통해서 시너지 효과가 긍정적으로 발생한다고 전제하는 가정은 상황에 따라서 부정적인 효과가 나타날 수도 있기 때문이다(Espejo and Reyes, 2011: 8). 이러한 전체를 대상으로 하는 과학적 사유체계를 '시스템 사고(systems thinking)'라고 부른다(Checkland Poulter, 2006: Espejo and Reyes, 2011). 복잡계 과학에서 다루는 복잡계로서의 전체를 구성하는 사물들 혹은 부분들의 상호작용이 시간이 지남에 따라서 예측하기 힘든 엄청난 효과를 가져 온다. 예를 들면 나비효과(butterfly effect)와 같이 최초에는 나비가 날개를 펄럭이는 정도의 아주 미세한 변화가 시간이 경과함에 따라서 엄청난 태풍이나 돌풍으로 변화하기도 한다. 이러한 현상을 복잡계 과학에서는 비선형성(nonlinearity)이라고 한다(Axelrod and Cohen, 1999). 복잡계의 이러한 비선형성의

---

5) 영어 원문은 다음과 같음. Oxford English dictionary defines system as "complex whole; set of connected things or parts; organized body of material or immaterial thing."

특성은 자연계에서만 발생하는 것이 아니라 사람들로 구성된 사회에서도 나타난다(Sawyer, 2005). 복잡적응계는 환경과 상호작용하면서 에너지와 정보를 얻는 개방적인 체계로 구성되어 환경과 구별되는 경계(boundary)가 있다. 이러한 개방체계로서 복잡적응계는 환경과 상호작용하면서 에너지와 정보를 얻는다. 이러한 에너지와 정보를 통해서 복잡적응계는 '필수 다양성의 법칙(Law of Requisite Variety)'에 따라서 스스로를 컨트롤하는 자기조직화(self-organization)하는 특성을 갖고 있다(Ashby, 1966; Espejo and Reyes, 2011). 복잡계 이론의 핵심 개념인 복잡적응계의 특성을 다음과 같은 정리하였다.

- 복잡적응계는 개방체계(open system)로서 환경과 구별되는 경계(boundary)가 있다.
- 환경과 상호작용하면서 피드백 작용을 하며, 에너지, 정보를 생성하고 이용한다.
- 환경의 다양성에 대응하기 위해서 '필수 다양성의 법칙'에 따라서 필수 다양성(variety)을 확보한다.
- 자기조직화의 특성이 있고 학습능력이 있다.

복잡계 이론의 관점에서 보면, 우리 인간이 사회에 적응하기 위해서 자율적으로 자기 행동을 규제하여 타인과의 관계를 이루고 살아가듯이 복잡계 혹은 복잡적응계로서의 조직과 사회는 자연계의 수많은 사물이나 동식물처럼 이질적인 개인들로 구성된 집단과 다양한 집단들과 상호 공존하며 공생해 나가는 것을 볼 수 있다.

4. 복잡적응계로서의 자생체계(viable system)에 대한 이해

복잡계 이론에서 언급한 복잡계의 특성을 가진 대표적인 예는 우리 인간이다. 즉 복잡계로서 이해할 수 있는 대표적이고 일반적인 모델은 인간의 몸(body)이다. 이러한 복잡계 혹은 복잡적응계로서의 인간의 몸을 모델화하여 조직과 사회 체계를 이해하고자 한 시스템 모델이 자생체계모형(Viable System Model: VSM)이다. 자생체계모형은 스태포드 비어(Stafford Beer)가 인간의 두뇌(brain) 작용과 뇌신경계(neurosystem)의 기능을 모델화하여 환경변화에 적응할 수 있는 체계를 창안한 것이다(Beer, 1981). 앞서 설명하였듯이 인간의 두뇌는 3가지 유형의 두뇌들, 즉 인간의 본능과 연관된 본능적 뇌(instinctual brain), 인간의 감정과 연관된 감성적 뇌(emotional brain), 언어와 인지작용과 연관된 인지적 뇌(intellectual or thinking brain)로 구성된 '삼위일체 두뇌(triune brain)' 를 갖고 있다. 이러한 두뇌는 해부학적으로 좌반구와 우반구로 구성되어 있고, 뇌신경 체계와 연관된 다섯 가지의 계층(echelon) 또는 체계(system)로 구성되어 기능한다. 스태포드 비어(Stafford Beer) 교수는 인간 두뇌와 뇌신경계의 다섯 가지 계층 혹은 기능을 모형화한 자생체계모형(Viable System Model: VSM)을 창안하여 예측 불가능한 환경변화에 적응할 수 있는 효과적인 조직의 모델로 제시하였다(Beer, 1979).

동양 사상의 관점, 특히 장자의 도(道) 사상에 의하면 인간은 자연의 이치(理致)를 따라가면서 살아가는 것이 당연한 이치이다. 이러한 '자연의 이치'를 복잡계 과학의 관점에서 보면 복잡적응계는 자연의 법칙에 따라서 행동하게 되고, 자연의 법칙에 어긋난 행동을 하게 되면 환경에 적응하지 못하고 생존하지 못하게 된다. 자생체계모형

(VSM)의 관점에서 보면, 자생체계와 이러한 자생체계를 구성하는 인간은 복잡적응계로서 자율성(autonomy)을 갖는다. 즉 개인은 환경으로부터 필요한 에너지와 정보와 같은 생존하는 데에 필요한 필수적인 다양성(requisite variety)을 습득하여 스스로 자기의 활동을 규제하면서 환경변화에 적응하게 된다. 또한 개인의 자율성은 환경의 복합성(complexity)을 이해하고 예측 불가능하게 변화하는 환경에 대응할 수 있는 역량과 데이터를 제공한다. 자생체계모형은 마치 인간처럼 두뇌적인 역할을 하는 부분과 신체적인 역할을 하는 부분으로 분류된다. 인간의 두뇌는 마치 블랙박스(black box)와 같아서 사람들은 어떤 사람의 얼굴 표정만 보고는 그가 어떤 생각을 하는지를 전혀 알 수가 없다. 한국 속담에 "열 길 물속은 알아도 한 길 사람 속은 알 수가 없다"고 한다. 우리는 블랙박스의 안을 들여다 볼 수 없지만, 블랙박스의 안을 이해하기 위해서 블랙박스를 하나의 시스템이라고 하면, 블랙박스에 투입되는 요소인 투입물(input)을 조절하거나 조작하면 어떠한 산출물(output)이나 결과가 나오는 것을 보고, 우리는 블랙박스를 이해할 수 있다. 이러한 블랙박스 테크닉(black box technique)을 전통적인 과학적 탐구에서는 원인과 결과의 관계를 분석하여 블랙박스인 시스템의 행동을 예측할 수가 있다. 이러한 투입물 혹은 원인과 산출물 혹은 결과를 통해서 연구하는 과학적 탐구를 데카르트식 패러다임(Cartesian paradigm)에 의한 과학적 탐구 방법이라고 한다(Espejo and Reyes, 2011: 12).

자생체계는 하나의 시스템으로서 외부 환경과 상호 작용을 하면서 시스템 내부에서 필요로 하는 에너지나 정보를 확보하고 불필요한 에너지나 정보는 환경으로 내보낸다. 이렇게 시스템의 생존 혹은 성장에 필요한 다양성(variety)을 확보하는 것을 애쉬비(Ashby)는 시스템이 환경에 적응하는 '필수 다양성의 법칙(Law of Requisite Variety)'이라고 부른다(Ashby, 1966). 필수 다양성의 법칙에 의하면, 복잡적응계로서의 자생 체계는 환경의 조정자(controller)로서 필수 다양성(requisite variety)을 갖고 환경변화에 바람직한 안정된 상태를 스스로 유지하는 능력을 갖고 있다. 즉 자생체계는 마치 인간처럼 환경변화에 적응하기 위해서 시스템의 행동을 스스로 규제하고 컨트롤하는 특성을 갖고 있다. 이러한 자기 규제(self-regulation)와 자기조직화(self-organization)의 특성이 있기 때문에 자생체계는 변화하는 환경 속에서 생존하거나 변화할 수 있다.

또한 자생체계는 인간의 몸에 해당되는 운영/조직적 체계(operational/ organizational systems)를 갖는다. 자생체계는 인간이 팔, 다리, 오장 육부를 갖고 있어 환경으로부터 음식물을 구해서 신체 내부 안으로 음식물을 섭취하고, 영양분을 흡수하듯이 다수의 운영체계들로 구성된 하위 체계를 통해서 환경으로부터 필요한 '다양성'을 흡수하여 체계가 생존하고 성장하는 데에 필요한 '영양분'을 만들고 이를 통해서 생존하게 된다. 인간의 신체를 구성하는 각종의 신체 부위와 오장 육부는 상호작용을 통해서 인간이 생존하게 하듯이 자생체계를 구성하는 '신체적인' 운영체계를 구성하는 하위 체계들은 상호작용을 통해서 관계를 형성하고 스스로 조직화하여 환경에 구별되는 체계를 구성하는 '자기생산적 구조(autopoietic system)'를 갖는다(Espejo and Reyes, 2011: 14).

요약하면, 자생체계는 블랙박스로 구성되는 메타체계(meta-systems: 인간의 두뇌에 해당됨)와 '자기생산적 구조'의 특성을 갖는 운영체계(operational systems: 인간의 신체부분에 해당됨)로 구성된다[6].

제3절 | 과학적 세계관과 인간체계에 대한 이해

1. 과학적 세계관에 대한 이해

과학(science)이란 인간의 이성에 기초한 과학 철학, 즉 과학적 세계관에 기반하여 발전된 학문이다. 과학적 세계관은 과학 사상에 기초하여 행해지는 실험과 관찰에 의해서 검증가능하고 검증된 지식 혹은 신념이라고 볼 수 있다. 오늘날 과학적 세계관과 과학적 지식은 우리의 사고와 삶을 지배한다. 토마스 쿤(Thomas Kuhn)이 제시한 『과학혁명의 구조』에 의하면 과학은 하나의 패러다임(paradigm)에 의해서 지배되며, 시간이 흐름에 따라서 특정한 패러다임에 의해서 지배되는 과학은 새로운 과학이론의 등장으로 과학혁명이 일어나게 된다(Kuhn, 1970). 과학혁명에 의해서 과학은 새로운 패러다임에 의해서 지배받게 되는 과정을 거친다. 따라서 과학적 세계관은 과학혁명에 의해서 바뀌게 되고, 서구의 역사를 보면 과학적 세계관은 크게 합리적인 '기계'로서의 세계관으로 출발하여, 자연적인 '체계'로서의 세계관으로 바뀌고 있다. 본 절에서는 이러한 과학적 세계관에 대해서 논의하고자 한다.

(1) 합리적인 '기계'로서의 세계관

서양의 과학과 과학적 사고는 기원전 6세기 초 희랍(Greece) 철학에서 시작되었다. 고대 희랍, 이오니아의 밀레토스 학파의 현인(賢人)

6) 자생체계의 구체적인 설명은 본 장의 제4절 '과학과 시스템 어프로치' 2. 복잡계와 자생체계모형(VSM)을 참조할 것.

들은 초기 과학인 물리학의 학문 체계를 구성하였다. 그들이 추구했던 과학의 목적은 '피지스(physis, 자연)'라고 불렸던 우주 혹은 자연 세계에 존재하는 사물의 본질이 무엇인지를 알고자 하였다. 오늘날 영어의 physics(물리학)라는 영어는 '피지스(자연)'을 의미하는 그리스어에서 유래한 것이며, 초기 희랍의 과학자들이 추구했던 과학의 목적은 모든 사물의 본질을 밝히고자 하는 것이었다(Capra, 2010).

오늘날 우리가 알고 있는 전통적인 과학적 사고와 방법은 17세기 데카르트(René Descartes)의 철학에서 비롯되었다. 데카르트는 cogito ergo sum(I think, therefore I am: 나는 생각한다, 고로 존재한다)이라는 유명한 말을 남겼다. 데카르트는 과학적 연구의 대상이 되는 세계 혹은 자연(自然, physis)은 마음 혹은 정신(res cogitans)과 물질 혹은 연장(res extensa)으로 구성되어 있다고 믿었다. 이러한 사고체계에서 보면 우리는 정신(mind)과 몸체로 구성되어 있으며, 인간의 정신은 물질과는 분리되어 있는 독립적으로 존재 가능한 것으로 보았다. 이러한 데카르트의 과학적 사고는 인간의 정신과 신체를 구분하는 이분법적인 사고에 기반한다. 영국의 천재 물리학자인 뉴턴(Isaac Newton)은 데카르트의 과학적 사고를 기초로 그의 기계론적 역학을 새롭게 구축함으로서 고전 물리학의 기반을 다졌다. 이러한 뉴턴의 과학적 사고는 우주가 마치 하나의 거대한 '기계'로서 기능하며 이러한 기계론적 우주관은 17세기 후반부터 19세기 말까지 모든 서구의 과학 사상을 지배하였다. 즉 우리는 관측자로서 세계를 연구할 때 세계는 마치 신이 창조한 합리적인 기계이므로 이러한 기계가 어떠한 법칙에 의해서 어떻게 작동하는지를 연구하는 것이었다. 이러한 뉴턴의 과학적 사고는 사물의 인과 관계를 밝히는 인과론과 함께 과학적 사고를 지배하였다.

20세기에 들어와서, 초기 희랍 철학자의 자연중심적 사고와 동양 철학의 유기적이고 전일적(全一的)인 전체로서의 세계를 인식하는 세계관은 서구의 시스템 이론(systems theory)에서도 나타난다(Bertalanffy, 1968). 현대 물리학과 생물학의 과학적 사고는 시스템 이론을 통해서 다른 분야에서 자연스럽게 적용되기 시작하였다. 시스템 이론은 '기계적인' 과학적 사고와는 대조적으로 자연은 정신과 물질과 분리되지 않은 한 덩어리 혹은 전체(a whole)로서 이해해야 된다는 가정에서 출발한다. 뉴턴의 물리학과 데카르트의 합리적인 이성에 기초한 기계적인 과학적 사고를 환원주의(reductionism)라고 하는 반면에 시스템 이론에서 다루는 전체로서의 과학적 사고는 전체주의 혹은 전일주의(全一主義: holism)라고 한다.

전일주의를 바탕으로 하는 시스템 사고는 동양 사상 혹은 동양의 '신비주의'에서 계승되어 온 사상이다. 예를 들어, 힌두교, 불교, 도교 등에서 다루어지는 '신비주의'는 우주의 근본은 전일성(全一性)으로 이루어져 있으며 전체는 부분으로 쪼개어질 수 있는 것이 아니라, 모든 사물은 전일성과 상호연관성으로 이루어져 있다. 인도의 힌두교에서는 브라흐만(우주의 실체이면서 신(神)적인 존재)을 중심으로 한 우주관을 갖고 있다. 따라서 우주는 근본적으로 브라흐만에 의해서 창조되었고 인간의 자아 혹은 아트만, 세계, 신의 삼위일체가 브라흐만이라고 본다(이정우, 2017: 524). 불교에서는 이 세상에 존재하는 요소 중에서 더 이상 분석할 수 없는 존재 요소(entities)는 다르마, 즉 '법(法)'이라 한다. 이러한 법은 변하는 이 세계에서 그 자체는 변하지 않는 자성(自性)(이를 철학에서는 '자기동일성'이라고 함)을 갖고 있는 세계의 '실체'이다. 이러한 실체는 후에 공(空)의 개념과 유사하며, 부처가 주장하는 연기법과 '제2의 부처'로 불리는 나가르주나(용수(龍

樹)보살)가 주장한 중관(中觀)철학의 핵심 개념으로서 아(我)와 법(法)이 모두 '공'이라는 공사상이 불교의 핵심 사상이 된다. 공사상에 의하면 세계상에 존재하는 모든 사물들은 본질적으로 상호 연계되어 있으며, 따라서 이 세상은 이러한 상호연계성에 의한 전일성으로 이루어져 있다(이정우, 2017: 550-567).

우리 인간도 이러한 사물의 상호연계성과 전일성을 깨달고, 인간 자아(自我)가 고립되어 있는 개별적인 존재가 아니라 전일성의 원칙에 따라서 자연의 궁극적 실재와 연관되어 있는 것을 인식해야 한다. 예를 들어, 인간은 몸, 정신, 영혼으로 구성되어 있기 때문에 보이지 않는 인간의 영적인·정신적인 특성은 우리 몸을 해부하여도 볼 수가 없고, 어느 인간이 어느 특정한 장소, 시간과 사회적·문화적 특수성에 의해서 우리 몸은 평상시에 기능하지 않는 새로운 신비로운 현상이 나타날 수도 있다. 이러한 현상은 데카르트의 합리론 관점에서는 설명될 수 없다. 이러한 인간의 영적인·정신적인 특성은 자연의 궁극적 실재와 연관되어 있으며 신비한 존재로서 기능한다.

(2) 자연적인 '체계'로서의 세계관

자연적인 '체계'로서 세계관의 관점에서 보면, 사회는 타인 혹은 타자로 구성되는 '세계'인 것이다. '세계'에 존재하는 나는 내가 만나는 혹은 만났던 사람들과의 '관계' 속에서 존재하게 된다. 따라서 세계 속에 존재하는 개인은 고립된 '나(self)'를 발견하기보다는 타인과의 관계성에 대한 역사성을 갖고 있으며, 타자와의 관계 속에서 현재와 미래는 어떻게 살아갈 것인지를 정하게 된다. 고립된 자아(自我)가 아닌 타자와의 관계 속에서 성립되는 나의 존재는 나의 행동에 대한 '반성' 혹은 성찰을 통해서 현재와 미래를 설계하고 살아가는 존재이다.

개인은 '문명화의 과정(civilizing process)'을 통해서 사회 체계 속에서 역사적이고 사회적인 과정을 거쳐서 형성되는 '결합체(figuration)'로서 존재한다(Elias, 2000). 이러한 결합체로서 개인은 하나의 개체로서 존재하는 것이 아니라 다양한 관계 속에서 다양체(multiplicity)의 정체성을 갖는 결합체로 존재하고 시간이 지남에 따라서 변화하는 특성이 있다.

동양 사상에서 보면 '세계' 혹은 자연(自然)은 본질적으로 다양체로서 구성되는 하나의 거대한 실체이다. 이러한 실체는 시간의 흐름에 따라서 변화하는 과정(process)으로 존재한다. 따라서 동양의 세계관은 본질적으로 물질(氣)과 마음(心)이 분리되어 있는 것이 아니라 하나의 실체, 전체 혹은 체계(system)로 연결되어 있다(권일찬, 2010: 544-546). 이러한 자연적인 '체계'의 개념은 우주에 존재하는 모든 만물과 인간으로 구성된 사회에도 적용된다. 따라서 동양의 자연적인 체계로서의 세계관은 본질적으로 시스템 사고(systems thinking)로 이해된다.

21세기에 들어와서 과학적 혁명을 일으킨 복잡계 과학(complexity science)의 대표적인 이론으로 카오스 이론(chaos theory)과 복잡계 이론(complexity theory)이 출현하였다. 카오스 이론에 의하면 세계 속에 존재하는 어떠한 개체도 단독으로 존재할 수 없다는 인식에 바탕을 두고 있다(Stacey, 1993). 세계 속의 모든 개체는 서로 관계에 의해서 존재하는 개방체계(open system) 내에서 존재한다. 또한 개방체계에 존재하는 개체들은 '생명'을 갖고 있다. 자연에 존재하는 '생명'을 갖고 있는 생명체 혹은 모든 존재는 '관계자'[7]로 이해해야 한다. 따라

7) '관계자'의 의미는 전체를 뜻하는 홀론(holon)이다. 홀론은 '생명시스템 혹은 체계

서 생명 체계(life system)의 원리는 존재론적 관계 네트워크의 이론이 된다(시미즈 히로시, 1999). 이러한 관계자는 복잡계 이론의 관점에서 보면 자연에 존재하는 인간, 식물과 동물, 그리고 미생물이 존재하는 모든 생태계 전체를 의미한다. 따라서 생태계와 생태계 내에 존재하는 모든 관계자는 환경의 변화에 따라서 생존하기 위해서 관계 네트워크를 형성하고 이러한 네트워크 혹은 구조 속에 다양한 관계의 네트워크가 유지되며 변화한다. 이러한 관계 네트워크는 동적인 관점에서 보면 순간적으로 만들어지기도 하고 순식간에 사라지기도 한다. 이러한 현상을 연구하는 생명이론은 어떤 구조와 네트워크의 기능성 속에서 끊임없이 관계의 네트워크가 형성되고, 변화하며 '장소'와 맥락에 따라서 관계자의 기능과 특성이 매 순간 변화한다. 따라서 관계자들로 구성되는 생명시스템 혹은 체계의 성질과 특성도 시간과 장소에 따라서 스스로 변화하고 있다고 볼 수 있다.

복잡계 이론에서 보면, 이러한 관계자의 생명체계 특성은 복잡계(complex adaptive system 혹은 complex system)가 환경변화에 따라서 이전과는 전혀 다른 새로운 구조로 나타나며 자율적 형태의 질서가 나타날 수 있는 완전히 새로운 상태로 변화하게 되는 현상으로 볼 수 있다. 이러한 자율적이고 복잡한 현상을 자기조직화(self-organization) 혹은 창발현상(emergence)이라고 부른다(Prigogine and Stengers, 1984). 복잡계 이론의 관점에서 보면 자연적인 '체계'는 자율성에 바탕을 두고 '자연의 법칙(Law of Nature)'에 따라서 끊임없이 새로운 질서를 추구하며, 학습과 진화 혹은 발전은 관계자의 생명 그 자체에

의 관계적인 기능적 요소'를 의미한다. 따라서 관계자는 관계에 의존해서 자기표현적인 성질을 생성하는 요소로 만들어져 있다(시미즈 히로시, 1999: 30, 104).

존재하는 속성이다. 이러한 생명의 기본 속성을 이해하기 위해서는 생명체를 이루는 가장 기본적 단위인 세포(cell)를 존재하는 힘 혹은 생명체를 유지시키는 보이지 않는 실체로서 '물질'적인 기(氣)의 존재와 특성을 이해해야 한다. 관계자 혹은 생명체는 생명을 유지시키는 체계로 이루어져 있으며 이러한 체계는 다양한 특이성 혹은 개성을 나타낼 수 있는 가능한 많은 자기생성 능력을 가진 요소들이 모여서 만들어진 다양하고 불균질한 체계이다. 이러한 생명체계는 스스로 생성한 복잡성(complexity)에 의해서 다양한 질서 상태를 선택적으로 형성하는 다양성과 유연성을 가지고 있다. 이러한 다양성은 고정된 것이 아니라 스스로 '생성(becoming)'하거나 변화하는 특성이 있다. 즉 환경변화에 따라서 스스로 변화하면서 개별자로서의 자신을 주변 환경과 구별짓는 세포막과 자신의 각 성분을 끊임없이 변형시키거나 대체시키면서도 일반적인 패턴을 유지하는 관계 네트워크의 특성이 있다. 생물학자인 마투라나(Humberto Maturana)와 발레라(Francisco Varela)는 이러한 생명체계의 특성을 생명체의 '자기갱신적 구조(autopoiesis)'라고 부른다(Maturana and Varela, 1980). 이러한 생명체계의 자기갱신적 구조는 환경과의 상호작용을 통해서 자신의 각 부분과 성분을 끊임없이 변형시키거나 대체시키면서도 일정한 패턴을 유지하며, 이를 통하여 자기 자신을 끊임없이 생성하고 변화시킨다. 이러한 생명체의 본질적 특성인 자기갱신적 구조에 따르면 생명은 단일한 분자 성분에 의해서 결정되는 것이 아니며, DNA 자체도 아니고, RNA 자체도 아니다. 생명은 일정한 범위를 갖는 대사 네트워크 전체에 의해서 결정되는 것이다. 이와 같은 시스템적(또는 네트워크의 특성을 갖는) 생명관의 획기적인 발전으로 17세기 이래 서구 전통과학이 고수했던 정신(주체)과 물질(객체)의 엄격한 구분이 불가능하게 되었고, 주체는 객체에 대립하는 하나의 개체가 아니라 '과정'이라는 점이 부각되었다. 1970년대 들어와서 마투라나(Humberto Maturana)와 발레라(Francisco Varela)는 마투라나의 초기 작업을 완성하여 이른바 '산티아고 인지론(Santiago Theory of Cognition)'을 성립시켰다. 산티아고 인지론의 핵심 주장은 앎의 과정인 인지를 생명의 과정과 동일시하는 것이다. 인지는 살아있는 생명체의 네트워크인 자기생산적 구조를 유지하기 위한 활동의 하나로 인식된다. 즉 인지는 생명체의 과정 그 자체이고, 하나의 활동(acting)이다.

카프라(Fritjof Capra)에 의하면, 생물학적 시스템의 관계 네트워크는 사회체계의 커뮤니케이션 네트워크(communication network)와 일치하고, 물질 구조를 만들어 내는 화학과정은 의미 구조를 만들어 내는 사고 과정과 일치하며, 에너지와 물질의 흐름은 정보와 아이디어의 흐름과 부합되는 것을 확인할 수 있다고 한다. 즉 생명체계를 구성하는 세포들 간의 관계 네트워크로부터 생태계의 먹이사슬, 나아가 인간사회의 네트워크에 이르기까지 생명계의 모든 구성요소는 네트워크로 긴밀하게 연결되어 있다. 그리고 21세기 인류의 행복과 생활방식에 영향을 미칠 두 종류의 네트워크가 어떻게 전개될 것인가에 따라 다음과 같은 두 가지의 시나리오가 전개될 것이라고 본다. 하나는 서구식 세계 자본주의를 가속화하는 경향을 띠는 전자 네트워크이고, 다른 하나는 생태계의 지속가능성을 증대하는 경향을 띠는 환경 네트워크이다. 전자는 경쟁(competition)에 기반을 둔 경제적 효율성(efficiency)에 주안점을 두는 반면, 후자는 조정(coordination)에 기반을 둔 생존가능성(viability)에 주안점을 두고 있다. 미래 사회에서 진정으로 인간에게 필요한 것은 경쟁보다는 조정에 의한 생존가능성에 주안점을 두어야 한다. 왜냐 하면, 미래 사회에서 요구되는 것은 하나 뿐인 지구의 생태계를 보존하고 유지시키기 위해서 인간에게 필요한 것은 개체만 사는 것이 아니라 모두가 사는 것, 즉 공존(coexistence) 또는 공생(symbiosis)이기 때문이다. 상호 경쟁은 발전으로 유도할 수 있지만 한편으로는 자원과 노력의 불필요한 희생인 충돌과 갈등을 발생시킨다. 이를 막기 위해서는 생존을 위한 학습과 적응, 상호간의 협력을 통한 조정이 필요한 것이다. 또한 동양사상의 관점에서 자연적인 '체계'로 구성된 자연세계와 인간 사회를 이해해야 한다(프리초프 카프라, 1989).

2. 인간체계(human system)에 대한 이해

미국의 버클리 대학교(University of Berkeley)의 경영학과 교수인 처치맨(West Churchman)에 의하면 인간의 정신적 활동 체계인 인간체계(human system)는 '설계(design)'와 '탐구(inquiry)'에 의해서 이루어진다. 인간의 학습과 경험으로부터 축적되어 형성된 '인간체계(human system)'는 체계적으로 학습하는 과정을 통해서 지식을 산출한다(Churchman, 1971: 271-273). 즉 인간체계는 '탐구(inquiry)'[8] 과정을 통해서 형성되며 학습자는 이러한 탐구 과정을 통해서 문제를 체계적으로 이해하고 해결하게 된다. 특히 인간체계는 문제를 해결하는 과정, 즉 '설계(design)'를 통해서 개념화된다(Churchman, 1971: 14). 처치맨의 인간체계의 개념은 영국의 랑카스터 대학교(University of Lancaster) 교수인 체크랜드(Peter Checkland)에 의해서 인간활동체

8) 탐구(inquiry)란 문제를 논리적이고 체계적으로 이해하는 과정이다. 이러한 탐구를 통해서 과학적 지식은 형성된다(Churchman, 1971: 8).

계(human activity system)의 개념으로 발전되었다. 그러면 우리가 일반적으로 인식하는 시스템 혹은 체계(system)와 인간활동체계는 어떻게 다른가? 다음에서 인간활동체계의 개념과 특성에 대해서 설명하고자 한다.

(1) 인간활동체계(human activity system)의 의미

우리는 체계(system)를 보통 시스템이라고 부른다. 일상생활에서 언급하는 체계 혹은 시스템은 컴퓨터 시스템, 교육 시스템과 같이 조직화된 구성물, 인공물, 기계적 체계, 절차, 제도, 분류 체계와 같은 것을 의미한다. 인간은 그가 속한 조직과 환경과의 상호 작용을 통해서 그가 직면하는 현실에서의 문제 상황을 이해하고 해결하기 위해서, 컴퓨터를 사용한다. 그러나 컴퓨터는 기계이기 때문에 인간처럼 보고 듣고 이해하지 못한다. 오직 인간만이 그가 처한 현실을 이해하기 위해서 지각(perception) 작용을 사용한다. 이러한 지각 작용은 사물이나 상황을 이해하는 데 인간의 기억과 경험 등을 통해서 현재에 발생하는 사건 만을 이해하지 않고 과거에 경험했던 기억을 떠 올리게 된다. 이러한 기억에 의한 인간의 지각작용에 의해서 시스템 사고(systems thinking)가 발생한다. 즉 시스템 사고란 인간만이 가진 독특한 지각작용(예를 들어, 여름에 매미 소리를 들으면 무더위가 생각난다. 작년 무더운 여름철에 제주도에 피서를 갔다가 갑자기 태풍이 불어 닥쳐 해수욕도 제대로 즐기지 못하고 여름휴가를 망친 것이 기억난다)을 통해서 만들어진다. 인간의 지각작용 속에서 형성되는 개념화된 체계를 '인간활동체계(human activity system)'라고 정의한다(Checkland, 1981). 따라서 인간활동체계는 일반적인 의미의 시스템인 컴퓨터나 교육 체계를 의미하지 않고 인간의 지각 작용으로부터 파생되어 형성되는 의도적이고 목적지향적인 활동에 의해서 인간의 정신세계 속에서 체계화된 정신적 구축물이라고 볼 수 있다. 이러한 인간활동체계의 개념을 활용하여 인간의 문제 상황을 '탐구'하여 참여자들 사이의 토론과정을 거쳐서 문제 상황에 대한 대안을 제시하고 이러한 대안 혹은 해결책을 통해서 학습하는 절차와 과정을 통해서 만들어진 '문제 해결 방법론'을 소프트 시스템 방법론(Soft Systems Methodology: SSM)이라고 한다(Checkland and Scholes, 1990; Checkland and Poulter, 2006)

(2) 인간의 탐구체계와 푸코의 문제화(problematization)의 개념

시스템 사고의 관점에서 보면 시스템 방법론(systems methodology)은 현실 세계에서 문제를 발견하고 이러한 문제를 풀기 위해 탐구하는 '인간체계' 혹은 '인간활동체계'를 통해서 학습하는 과정으로 이해된다(Churchman, 1971; Checkland and Poulter, 2006). 우리가 현실에서 직면하는 문제(problem)란 바람직한 상황과의 차이(gap)에서 발생한다. 우리가 느끼는 바람직한 상황 혹은 좋은 상태가 변한다면 문제를 해결한다고 해도 여전히 또 다른 문제가 발생하게 된다. 따라서 문제해결과정을 통한 학습은 현실적으로 직면한 문제가 해결되었다고 중단되는 것이 아니라 문제해결과정을 통해서 발생한 새로운 문제를 해결하기 위해서 또 다시 문제해결과정을 거치게 된다. 결국 문제를 해결하기 위한 학습과정은 끊임없이 순환되는 것이다. 프랑스의 후기구조주의 철학자로 잘 알려진 미셸 푸코(Michel Foucault)는 인간 사회에서 발생하는 문제는 결국은 권력과 정치의 관계에서 파생되며 이러한 복잡하고 복합적인 문제는 새로운 관점에서 문제 상황을 새롭게 이해해야 된다고 주장하였다. 새로운 관점과 종합적인 시각에서 문제 상황을 긍정적으로 이해하고 문제를 풀어 나가는 과정을 푸코는 단순한 문제해결과 구별하여 '문제의 틀짜기' 혹은 '문제화(problematization)'라고 하였다(Foucault, 1994).

제4절 | 과학과 시스템 어프로치(systems approaches)

1. 과학 법칙과 시스템 모델

본 절에서는 본 장의 서두에서 언급한 우리 주변에서 발생하는 '문제'를 과학적으로 이해하고 이성적으로 해결하기 위해서 과학 법칙과 시스템 모델에 대해서 살펴보고자 한다. 과학 법칙은 우리가 복잡한 문제에 직면하여 문제를 과학적으로 이해하는 데 유용한 개념을 제공한다. 사이버네틱스 이론의 관점에서 보면 모든 현상은 다음과 같은 필수 다양성의 법칙에 의해서 설명될 수 있다.

(1) 필수 다양성의 법칙(Law of Requisite Variety)

인간은 개인 스스로의 힘으로 거대한 외부 환경을 지배할 수 없다. 마찬가지로 조직이나 사회도 외부 환경 변화에 적응하지 못하면 시간이 지나면 사라지게 된다. 사이버네틱스(cybernetics) 이론의 관점에서 보면 체계(system)는 환경과의 상호 작용을 통해서 스스로가 이러한 환경에 적응할 수 있는 '필수 다양성(requisite variety)'을 갖고 있어야 생존할 수 있다(Ashby, 1966; Beer, 1985). 외부 환경은 체계 혹은 시스템이 예측할 수 없는 수많은 환경 변수들을 내포하고 있다. 이러한 수많은 환경 변수와 다양성(variety)을 포함한 환경을 복잡계 이론에서는 복합성 혹은 복잡성(complexity)이라고 부른다(Espejo and Reyes, 2011). 즉 복잡계 이론에서 보면 환경의 복합성(complexity)은 복잡적응계(complex adaptive system)의 복잡성보다도 더 광범위하고 다양한 요소들, 즉 다양성(variety)으로 구성되어 있다. 필수 다양성의 법칙에 따르면 체계(system)의 관리(management) 활동보다는 체계의 운영(operation) 활동의 다양성이 훨씬 복잡하고 많으며, 체계의 운영 활동보다는 환경(environment)의 다양성이 훨씬 많다. 환경(environment)과 체계(system)의 불일치는 항상 조직이 변화하는 환경 속에서 생존해 나가는 데에 위협적인 요소가 된다. 환경과 상호작용하여 스스로 필수 다양성을 확보하여 환경변화에 적응하는 체계를 자생체계(viable system)라고 하며 자생체계는 크게 두 가지의 기능으로 구분된다(Beer, 1979, 1981, 1985). 즉 환경의 변화에 적응하기 위해서 필수적으로 해야 하는 활동들로 구성된 실행(implementation) 기능(체계 1)과 조정 및 규제(coordination and regulation) 기능(체계 2)으로 구성된 체계(system)와 이러한 실행 체계의 필수 활동을 관리하는 컨트롤(control) 기능(체계 3), 지능(intelligence) 기능(체계 4) 및 정책(policy) 기능(체계 5)으로 구성되는 메타체계(meta system)로 구성된다(Beer, 1985).

자생체계(viable system)는 필수 다양성의 법칙에 의해서 운영되기 때문에 변화하는 환경에서 체계가 생존하려면, 자생체계의 실행기능(체계 1, 2) 및 메타 기능(체계 3, 4 & 5)의 다양성과 외부 환경과의 변화하는 다양성은 균형 상태를 이루어야 한다. 다양성(variety)이란 관측자의 관점에 의해서 어느 상황에 대한 어떤 특정한 상태를 나타내는 것이므로 관측자의 관점에 따라서 다르게 해석되어 정의된다(Ashby, 1966).

2. 복잡계와 자생체계모형(VSM)

자생체계모형(Viable System Model: VSM)은 영국의 맨체스터 대학교(University of Mancester)의 스태포드 비어(Stafford Beer) 교수가 창안하였다. 필수 다양성의 법칙에 따라서 자생체계가 존재하기 위해서는 다음과 같은 특성을 갖고 있어야 한다(Schwaninger, 1994) 첫째, 자생체계는 효율성(efficiency)을 갖고 있어야 한다. 즉 자생체계는 동일한 가치(output)를 다른 체계나 조직보다 최소한의 비용(input)으로 생산할 수 있어야 한다. 둘째, 자생체계는 다수의 이해관계자들에게 경제적 가치 혹은 사회적 가치나 정신적 가치를 제공할 수 있는 효과성(effectiveness)이 있어야 한다. 자생체계모형의 관점에서 보면 기업은 투자자 등의 이해관계자에게 경제적 이익뿐만 아니라 지역사회의 발전을 위해서 사회적으로 책임이 있는 활동을 해야 한다. 셋째, 자생체계는 이해관계자를 포함하여 외부로부터 정당성(legitimacy)을 인정받아야 한다. 자생체계모형의 관점에서 보면, 기업은 조직의 비전과 사명의 목적을 달성하기 위해서, 기업의 이해관계자들과 지역사회의 문제해결을 통해서 긍정적인 효과를 제공해야 한다. 기업은 이러한 긍정적인 효과를 통해 외부로부터 정당성을 인정받게 된다.

(1) 자생체계모형(VSM)의 개념

자생체계모형(VSM)은 조직의 효율성뿐만 아니라 전략적 측면에서 조직의 효과성과 윤리적이고 규범적인 측면에서 기업 가치의 정당성을 추구하는 과학적 모델이다(Espejo and Reyes, 2011). 자생체계모형은 환경과의 상호 작용에서 필수 다양성을 확보하기 위해서 반드시 필요한 체계(system) 1(실행기능), 2(조정 및 규제 기능), 3(3*포함)(컨트롤 및 감사 기능)을 중심으로 조직의 효율성을 추구한다. 이를 자생체계모형에서는 운영적 경영(영어로는 'operative management'이라고 함)이라고 한다. 또한 전략적 관점에서 보면, 자생체계모형의 체계 4('지능기능')는 조직의 외부 환경 분석을 통한 전략적인 방향제시와 미래 환경변화를 예측하여 조직의 효과성을 추구한다. 이를 자생체계모형에서는 전략적 경영(영어로는 'strategic management'이라고 함)이라고 한다. 자생체계모형의 체계 5('정책기능')는 조직에서 추구하는 가치의 정당성에 기초하여 조직의 정체성(identity)을 확립하고, 조직의 공유 가치를 수립하는 규범적인 경영(영어로는 'normative management'라고 함)을 실천한다(Schwaninger, 2004). 즉 자생체계모형의 관점에서 보면 조직의 지속가능성은 운영적 경영, 전략적 경영, 그리고 규범적(혹은 윤리적) 경영의 3가지 차원에서 고려하여야 한다. 자생체계모형은 지식경영을 실천할 수 있는 과학적 모형으로도 사용할 수 있다(권석균 외, 2004), 최근에는 사회적 기업의 지속가능성을 연구하는 시스템 모델로 사용되었다(유재언, 2014).

자생체계모형의 개념은 사이버네틱스의 이론과 원리, 예를 들면, 애쉬비(Ashby)의 '필수 다양성의 법칙(Law of Requisite Variety)'에 따라서 변화하는 환경에 적응할 수 있는 조직(이를 자생체계(viable systems)라고 함) 모델로 사용될 수 있다. 자생체계모델의 필수 기능(primary activities)은 '실행기능'(체계 1 & 2로 구성됨)으로 구성되며 비필수 기능은 메타체계로서 인식되는 '조정 및 규제 기능'(체계 2), '운영 컨트롤 기능'(체계 3)과 '감사기능'(체계 3 스타 (영어로는 system 3*), '지능기능'(체계 4) 및 '정책기능'(체계 5)으로 이루어진다(그림 4.2 참조).

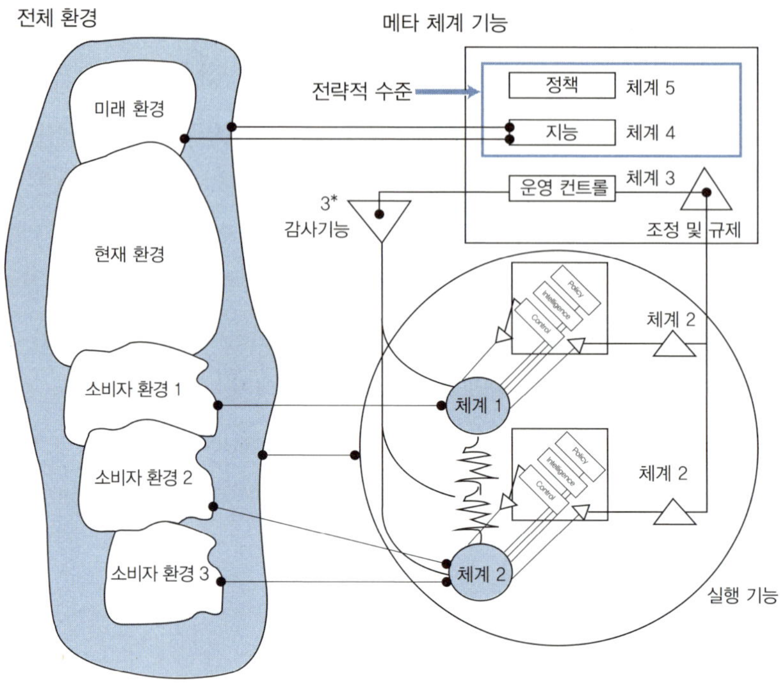

그림 4.2 비어(Beer)의 자생체계모형(Viable system Model: VSM)(출처: 유재언 2014: 140)

(2) 자생체계모형과 학습과정

최근에 자생체계모형은 문제해결을 위한 시스템 모델로서 사용되어 인간의 학습하는 과정과 방법을 어떻게 체계적으로 설명할 수 있는가에 대한 시스템 모델로 발전되었다(Garrat, 2011). 즉 자생체계모형은 조직 내 문제해결뿐만 아니라 조직의 혁신과 변화를 위한 고차원적인 학습 혹은 이중 순환 학습 방법으로 사용될 수 있다. 기업의 관리자는 조직체가 당면한 현재의 문제해결에 만족하지 않고 환경 변화에 대응할 수 있는 조직 변화를 위해서 기존의 사고방식에 대한 문제제기나 푸코의 문제화(problematization)의 과정을 통해서 자생체계(viable

표 4.1 자생체계모형의 1, 2차적 학습의 수준(Schwaninger, 1994)

학습의 수준	조직 차원의 적응 기준	궁극적 목표	자생체계모형의 체계(시스템)
제2차적 학습과정	정당성 (legitimacy)	자생 체계의 자생성 (viability)과 조직 변화	체계(시스템) 5: '정책 수립'의 기능
제1차적 학습과정	효과성 (Effectiveness)	새로운 가치의 창출	체계(시스템) 4: '지능' 기능
	효율성 (Efficiency)	경제적, 사회적, 생태학적 가치의 창출	체계(시스템) 3: '운영 컨트롤' 기능

system)의 자생성(viability)과 정당성을 추구하는 제2차적 수준의 학습(deutro-learning) 과정을 통해서 조직을 변화시킬 수 있다(Schwaninger, 1994; Espejo and Reyes, 2011).

3. 조직문화와 소프트 시스템 방법론(SSM)

(1) 소프트 시스템 방법론(SSM)의 개념

소프트 시스템 방법론(SSM: Soft Systems Methodology)은 영국의 랑카스터 대학교(University of Lancaster)의 체크랜드(Peter Checkland) 교수에 의해서 약 20년의 연구 과정을 통해서 개발되었다. 체크랜드 교수에 의하면, 문제(problem) 혹은 문제 상황(problematic situations)은 개념적인 관점에서 바람직한 상황과 현실에서 현재 상태와의 갭 혹은 차이로 정의된다(Checkland, 1981). 즉 문제 상황이란 현실세계에서 존재하는 상황 또는 상태로 구성원들이 개념적으로 사고하는 바람직한 상태와 불일치하기 때문에 발생한다(그림 4.3). 문제 기반의 학습 방법(problem-based learning method)

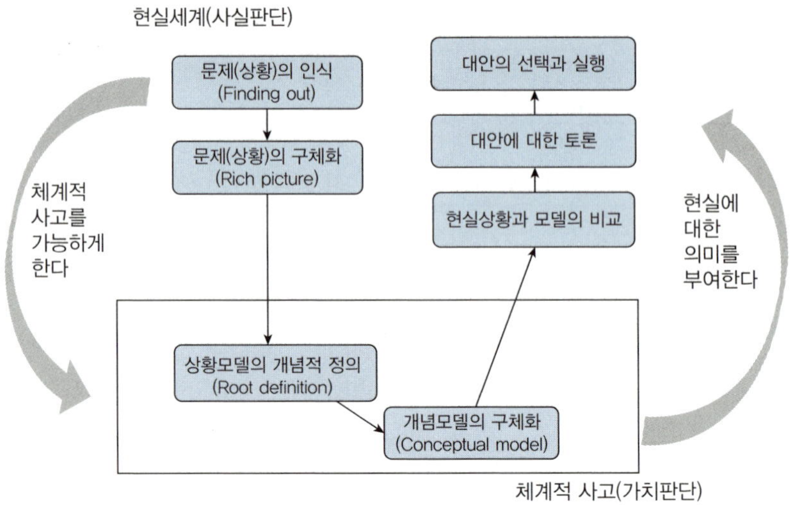

그림 4.3 소프트 시스템 방법론(SSM)의 학습과정(출처: Checkland, 1981)

으로 개발되었다. 우리가 직면하는 이러한 문제 혹은 문제 상황에 직면하여 이러한 문제 상황을 어떻게 이해하고 해결해 나갈 것인가? 소프트 시스템 방법론(SSM)은 이러한 문제를 찾아내고 해결하면서 학습하는 과정을 다음과 같이 설명한다.

문제 기반의 학습과정은 조직 내 토론 위주의 참여식 조직문화가 선행되어야 이루어 질 수 있다. 또한 액션 리서치(action research)의 방법론을 통한 혁신적이고 체계적인 학습 사이클 및 시스템 방법론이 필요하다(Meadows and Pike, 2010: 131-132). 이러한 혁신적이고 체계적인 학습 사이클에 대한 이해를 위해서 소프트 시스템적 사고(Soft Systems Thinking: SST)에 기반하여 발전된 연구방법이 소프트 시스템 방법론(Soft Systems Methodology: SSM)이다. 소프트 시스템 방법론(SSM)은 영국의 랑카스터 대학교의 교수인 피터 체크랜드(Peter Checkland)에 의해서 1980년 초부터 널리 학계에 보급되기 시작하였다(Checkland, 1981). 소프트 시스템적 사고에 기반을 둔 소프트 시스템 방법론은 조직문화에 대한 이해와 조직구성원들의 사고와 태도를 변화시키는 시스템 방법론으로 학계뿐 만아니라 실무에서도 널리 사용되고 있다(Checkland and Poulter, 2006). 체크랜드(Checkland) 교수에 의하면 '가치판단 체계'는 '인간행위의 합목적적인 행동(purposeful activity)'을 추구하는 '인간 활동 체계(human activity systems)'로 구체화될 수 있다. 인간 활동 체계는 조직 내 갈등관계, 인간의 다양한 지각현상, 이해관계로 파생되는 문제 상황을 이해하고 개선하는 데 용이한 '개념적 모델(conceptual models)'이 된다(그림 4.3)(Checkland and Scholes, 1990: Checkland and Poulter, 2006: Checkland, 2010).

(2) 소프트 시스템 방법론(SSM)의 철학

체클랜드(Checkland) 교수는 액션 리서치를 통한 문제 중심의 학습 특성을 다음과 같이 제시하였다(Checkland, 2010: 130).

첫째, 관찰자 또는 참여자가 누구인가에 따라서 현실 내에 존재하는 동일한 현상이라도 다르게 지각하고 해석한다. 즉 액션 리서치의 참여자는 그들이 갖고 있는 '세계관(worldviews)'에 의해서 그들이 지각한 현상을 상이하게 해석한다. 둘째, 참여자의 세계관은 고정 불변인 것이 아니라, 시간이 지남에 따라서 변화될 수 있으며, 실제로 세계관은 변화한다. 셋째, 이러한 세계관에 의해서 상이하게 지각되는 상황은 참여자의 신중하고 의도적인 합목적인 행동(purposeful action)을 포함한다. 이러한 합목적인 인간 행동은 시스템 모델 또는 개념적 모델(system models or conceptual models)로 구성되고 발전되어 참여자들 사이에 논리적인 담론을 발전시키는 데 기여한다. 이러한 시스

표 4.2 소프트 시스템 방법론(SSM)의 적용 단계와 주요 내용

SSM의 단계	주요 내용
1단계	• 문제 상황의 인식 - 조직에 존재하는 문제 상황을 이슈별 혹은 과업별로 인식함 (영어로는 'Finding out'이라고 함)
2단계	• 문제 상황에 대한 다양한 해석 - 문제 상황을 다양한 관점에서 이해함(영어로는 'Rich Picture'를 만든다고 함)
3 & 4단계	• 시스템 사고의 관점에서의 문제에 대한 정의와 모델의 구축 - 문제의 근본적인 원인을 찾아서 개념적으로 정의하고 이에 대한 시스템 모델을 만듦(영어로는 'Root Definitions과 Conceptual Models'를 만든다고 함)
5단계	• '문제 상황'과 '시스템 모델(Conceptual Models)'의 비교
6 & 7단계	• 문제의 해결과 새로운 문제의 발견 - 문제 해결을 위한 대안의 제시와 논의의 과정을 통한 대안의 선정과 실행 - 문제 해결 과정에서 파생된 새로운 문제의 발견

템 모델을 통해서 현장 내의 문제 상황을 발견하고 이를 시스템 모델과 비교하여 논의의 과정을 체계화하는 학습과정을 소프트 시스템 방법론(Soft Systems Methodology: SSM)이라고 한다(Checkland 1981: Checkland and Scholes, 1990: Checkland and Poulter, 2006). 소프트 시스템 방법론(SSM)의 학습 사이클은 현실 세계에 대한 '사실판단'과 시스템적 사고에 대한 '가치판단'의 이원적인 상호작용을 통해서 이루어진다(그림 4.3 참조).

소프트 시스템 방법론(SSM)은 조직구성원의 다양한 관점(perspectives)을 통해서 현실의 복잡한 상황을 해석하고 개념적으로 모델화시켜 현실상황의 변화를 유도하는 현상론의 관점에서 발전한

시스템 방법론이다(Checkland and Poulter, 2006). 소프트 시스템 방법론의 철학적 배경은 다음과 같다. 소프트 시스템 방법론의 존재론적 관점은 실재론의 입장이고, 인식론적인 관점에서 보면 '반 실증주의(anti-positivism)'의 입장을 취한다. 소프트 시스템 방법론의 적용 단계와 단계별 주요 내용은 〈표 4.2〉에서 요약하였다.

(3) 소프트 시스템 방법론(SSM)을 통한 학습과정

소프트 시스템 방법론(SSM)은 시스템 사고를 문제해결과정에 적용하여 학습하고 조직과 조직구성원의 사고와 태도를 변화시키는 방법이다. 문제해결과정을 통한 소프트 시스템 방법론의 학습과정은 다음과 같다. 제1단계에서는 현장에서 실무를 관찰하며 나타나는 문제 상황을 파악한다. 조직의 문제 상황은 단순히 눈에 보이는 가시적인 문제뿐만 아니라 구조화되지 않은 문제 상황, 즉 조직 내 문제 상황이 발생하게 된 역사적인 맥락과 조직구성원들 간의 다양하고 복잡한 이해관계, 구성원들이 갖고 있는 상이한 지각 현상과 관련이 있는 문제 상황을 포함한다. 제2단계에서는 조직 내 문제 상황을 단편적이거나 부분적이 아닌 거시적이고 통합적인 시각에서 파악한다. 문제 상황에 대한 거시적이고 전체적인 시각을 이끌어 내기 위해서는 문제 상황에 대한 조직구성원들의 다양한 관점을 직접적인 참여와 논의의 과정을 통해서 파악해야 한다. 다양한 시각에서 파악된 문제 상황을 전체적인 시각에서 일목요연하게 정리하여 간결한 문장, 모델, 표, 그림 등으로 나타낸다. 이를 소프트 시스템 방법론에서는 '문제 상황도(rich picture)'를 작성한다고 한다. 참여자는 '문제 상황도'를 통해서 조직 내 문제 상황에 대한 전체적인 윤곽을 파악할 수 있고, 문제 상황의 근본적인 원인도 이해할 수 있다. 제3단계에서는 조직 내에서 발견되는 문제의 표면적 현상이 아닌 조직 내부에 뿌리박혀 있는 '근원적 문제'와 핵심 이슈들이 무엇인지를 파악하고, 이를 개념화시켜서 '근원적 문제의 정의(root definitions)'라고 부른다. 조직 내 문제 상황의 '근원적 문제'를 정의하기 위해서는 문제 상황에 대한 연구자와 조직구성원들 간의 합의를 통해서 문제가 발생하게 된 근본적인 원인 또는 핵심 이슈를 찾아내야 한다. 제4단계에서는 참여자들, 예를 들면, 문제해결 과정의 참여자들 사이의 체계적인 논의의 과정을 통해서 '시스템적 사고'를 반영하는 '시스템 모델(conceptual models)'을 만들어야 한다. 개념적 모델에서 구현된 시스템적 사고의 초점은 조직구성원들과 문제해결의 참여자들이 진정으로 '무엇을 하고자 하는가(What to do)'에 대한 사고가 이루어져야 한다. 제5단계에서는 현재의 문제 상황과 제4단계에서 만들어진 시스템 모델과의 비교를 통해 문제해결을 위해서 시스템 모델을 어떻게 적용할 수 있는지를 판단한다. 제6단계에서는 문제해결의 참여자들 사이의 '문화적으로 실현 가능하고 체계적으로 바람직한(culturally feasible and systemically desirable)' 대안을 제시하고 최적안에 대한 합의를 한다. 제7단계는 선택된 대안과 액션 플랜을 실행하고 문제해결과정에서 새롭게 발견되거나 파생된 새로운 문제를 인식하는 단계이다. 새롭게 인식된 문제를 통해서 학습과정은 끊임없는 순환적인 프로세스로 이해된다. 이러한 소프트 시스템 방법론의 순환적인 학습과정은 '사실판단'과 '가치판단'에 대한 순환적인 과정을 통해 이루어진다(그림 4.3 참조).

1990년 이후 소프트 시스템 방법론은 조직 내 문제의 발견과 대안 제시를 위한 학습 방법만이 아니라 '문제의 틀짜기 혹은 문제화(problematization)' 과정을 통한 이중순환의 학습을 위한 시스템 방법론으로 발전되었다(Tsouvalus, 1995; Yu, 2005). 문제화 과정을 통한 이중순환 학습이란 문제해결을 위한 소프트 시스템 방법론의 학습과정(제1차적 학습)과 '학습을 하는 방법을 학습하는 제2차적 학습으로 구성되는' 이중순환적 학습을 의미한다(Yu, 2005).

제Ⅲ부

기업경영과 비즈니스, 문화의 이해

제Ⅲ부에서는 기업경영과 혁신경영의 개념을 이해하고, 비즈니스 문화의 개념과 중요성 및 비즈니스 커뮤니케이션의 의미와 중요성을 설명하고자 한다. 이러한 기업경영과 비즈니스 문화와 커뮤니케이션에 대한 이해를 바탕으로 기업의 전략과 성과관리에 대해서 살펴보고자 한다.

제5장

기업경영의 이해

21세기의 지식 경제 사회는 기술 혁신과 사회 변혁을 통해서 탄생되었다. 또한 인공지능(AI), 사물인터넷(IoT), 빅데이터(big data)와 같은 새로운 지식을 통한 혁신을 통해서 '제4차 산업혁명'도 가능하게 되었다. 제4차 산업혁명으로 인해서 기업은 혁신적인 경영을 통해서 기업의 부가가치를 창출할 수 있게 되었다. 본 장에서는 이러한 시대적 상황과 사회변화에 대한 이해를 바탕으로 현대사회에서의 기업경영(corporate management)의 의미와 중요성 및 혁신경영의 개념과 모델에 대해서 살펴보고자 한다.

제1절 | 기업의 의미

기업(corporation)의 개념과 의미는 학자마다 다양하지만, 소유권과 경영이 분리된 현대적 의미의 기업(modern corporation)은 기업의 소유권이 어느 특정한 개인에게 국한된 것이 아닌 주주(shareholders)가 소유권을 갖는다(Berle and Means, 1982). 기업은 사회에서 재화와 서비스의 생산활동을 담당하는 경제적 주체의 대표적인 조직이다. 일반적으로 기업이라고 하면 애플(Apple)과 삼성전자와 같은 주식회사 형태의 대기업을 연상하지만 실제로는 다양한 형태와 규모의 기업이 존재한다. 모든 형태의 기업은 고객에게 제품과 서비스를 제공한다. 따라서 기업은 생산활동의 조직체이다. 경제학적 측면에서 보면 기업의 역할은 자원배분과 시장을 통해서 수요와 공급을 조정(coordination)하는 장치이다. 기업의 의미는 크게 다음과 같이 정의된다.

1. 생산활동의 조직체

자본주의의 시장 경제구조에서 기업은 생산활동의 조직체이다. 오늘날 기업은 생산활동을 체계적으로 하기 위한 자료의 수집 및 자료에 기초한 의사결정을 통해서 효율적인 생산활동을 수행한다. 따라서 기업은 사회에서 재화와 서비스를 생산하는 핵심적인 경제 주체이다.

2. 자원배분과 시장에서의 수요와 공급의 조정 장치

오늘날 자본주의의 사회에서는 누구나가 교환이라는 경제적인 활동을 통해서 생활한다. 기업은 소비자와의 거래를 통해서 제품 및 서비스를 재화와 교환한다. 이러한 교환과정을 통해서 소비자가 필요로 하는 제품을 기업은 생산하여 제공한다. 만일 교환과정에서 초과공급이나 초과수요가 발생하게 되면 사회는 혼란에 빠지게 된다. 따라서 기업은 적정한 자원배분과 시장에서의 수요와 공급의 조정을 하는 역할을 담당하게 된다.

3. 새로운 가치의 창조와 제공

기업은 혁신을 통해서 고객에게 새로운 가치를 제공한다. 예를 들어 애플(Apple) 컴퓨터 회사가 제공한 아이패드와 스마트폰은 고객에게 새로운 가치를 창조하여 제공한 대표적인 예이다.

제2절 | 기업경영과 혁신경영

1. 기업경영의 개념

기업경영(corporate management)의 개념을 이해하려면 기업의 개념을 이해해야 한다. 기업을 어떻게 보느냐에 따라서 기업경영이 달라지기 때문이다. 기업의 개념은 유럽의 학자들의 견해, 미국의 학자들의 견해 및 일본의 학자들의 견해에 따라서 다양하게 정의된다. 예를 들어, 유럽의 경우에는 영국을 중심으로 발전한 주주 중심의 기업의 개념(주주 주권론)과 독일과 스칸디나비아 반도 국가 중심으로 발전된 이해관계자 중심의 기업의 개념(이해관계자 주권론)으로 구분된다. 유럽의 전통적인 기업의 개념을 발전시킨 미국의 경우에 자본과 자본가(혹은 경영자)의 측면을 우위에 두는 기업의 개념(경영자 지배론)이 상식화되어 있다(김석진·박덕제, 1999).

기업은 주주의 것인가 아니면 사회의 공동의 것인가 혹은 경영자의 것인가?

경영자가 기업을 어떻게 경영할 것인가? 이러한 질문에 대한 답변은 사람들마다 상이할 것으로 사료된다. 이론적 관점에서 보면 기업을 어떻게 이해하느냐에 따라서 기업을 경영하는 방식은 달라질 것이다. 직장 생활을 하는 직장인이라면 과연 내가 속한 기업은 누구의 것인가? 하고 의문이 드는 경우가 있을 것이다. 따라서 기업의 개념과 의미를 다음과 같은 이론적 관점에 따라서 다시 설명하고자 한다(김석진·박덕제, 1999: 62-68).

(1) 주주 주권론

기업의 주인은 누구인가?에 대한 질문에서 주주 자본주의(shareholders or stockholders capitalism)에 근거한 주주 주권론에 의하면 주주가 기업의 주인이 된다. 주식회사는 주주가 기업의 주인이 되는 대표적 형태의 기업이다. 주식회사에서 경영자는 주주의 이윤을 극대화하기 위해서 기업을 경영한다. 경영자는 주주의 이익을 실현하기 위한 대리인으로 행동해야 한다. 이러한 주주 주권론의 관점에서 보면, 근로자가 단체교섭에서 시장임금보다 높은 임금을 요구하는 행위는 기업의 경쟁력과 경쟁의 효율성을 저하시키는 행위가 된다.

(2) 이해관계자 주권론

이해관계자 주권론은 주주 혹은 경영자를 위한 주주 주권론과 경영자 지배론과는 달리 기업은 '조직화된 사회'가 주인이 되기 때문에 공동 주권론이라고 부르기도 한다. 이해관계자 자본주의는 독일과 스칸디나비아 국가들을 중심으로 발전되었다. 독일에서는 사회적 시장경제(social market economy)를 원칙으로 하는 사회이다. 자유시장경제를 원칙으로 하는 주주 자본주의는 원칙적으로 원자화된 개인을 단위로 하는 사회인데 반하여 '조직화된 사회'를 경제 단위로 하는 사회적 시장경제에서는 국가 단위나 공동사회를 주축으로 하는 사회이다.

(3) 경영자 지배론

경영자 지배론은 1932년 미국 학자인 벌리(A. Berle)와 민즈(G. Means)가 그들의 책인 『주식회사와 사유재산(The Modern Corporation and Private Property)』에서 미국의 경우에 조사 대상 기업의 44%가 경영자가 지배하는 기업에 속한다고 주장하면서 시작되었다(Berle and Means, 1982). 경영자 지배론은 주식회사의 규모가 커짐에 따라서 주식소유의 분산도가 커지고 이에 따라서 회사의 지배형태도 경영자 혹은 경영자 가족 중심의 사적 소유 지배에서 과반수의 소유지배의 형태로 발전하다가 소수자 지배로 옮겨가고 궁극에는 경영자가 지배하는 형태가 된다는 이론이다. 경영자 지배론은 다수의 주주로 운영되는 주식회사의 경우에 경영자가 회사를 이끌어 가는 형태가 바람직하다는 논리를 제공한다. 따라서 이러한 논리는 제도론적 접근방법이라고 할 수 있다.

(4) 종업원 주권론

일본에서는 기업경영에 있어서 기업은 사람의 결합체로서 자본과 경영자보다는 우위에 있다는 것이 일반화되어 있다. 물론 일본에서도 기업법 제도의 근간은 주주 주권론에 기반한 주식회사의 제도이다. 주식회사의 제도에서는 기업의 주권자는 주주로 규정되어 있다. 기업은 이러한 법률상의 규정에 위반하지 않으면서 실질적으로 기업은 기업에서 장기적으로 고용되어 참여하여 일하는 사람들인 종업원(종업원 출신의 경영자도 포함됨)의 것이라는 인식이 만연되어 있다(이타미 히로유키, 한국경제신문, 1991, 10. 18).

요약하면, 기업의 주인은 누가 되는가에 따라서 기업의 경영방식은 달라진다. 만일 기업의 주인이 주주가 되면 기업경영은 효율성 혹은 주주 이윤의 극대화를 추구할 것이다. 만일 기업의 주인이 '조직화된 사회'가 되면 기업경영은 사회의 공동체의 이익과 발전을 우선할 것이다. 그러나 기업의 주인이 경영자를 중심으로 하는 문화와 제도라고 보면 기업은 경영자의 의도대로 운영된다. 일본 기업의 경우에는 경영자는 일반적으로 '종업원 주권론'에 의거하여 기업에 종사하는 종업원을 중심으로 경영하게 된다.

2. 비즈니스의 혁신경영

오늘날의 선진 기업은 기술과 비즈니스의 혁신을 통해서 존재하여 왔다. 혁신은 일회성의 사건이기보다는 일정 기간 동안 지속되는 과정 혹은 프로세스이다. 혁신은 반드시 의도적으로 생겨나기보다는 우연히 발생되어 조직에서 경영활동과 프로세스를 급격하게 변화시킨다(O'Sullivan and Dooley, 2009: 47). 로드웰(Rothwell, 1992)에 의하면 혁신경영의 모델은 5가지 유형이 있다, 이러한 5가지 유형의 혁신경영의 모델은 다음과 같다.

(1) 제1세대 혁신경영의 모델

제2차 세계대전 이후, 1950년대~1960년대 사이의 경제 공황기에서 나타난 최초의 혁신경영의 모델이다. 예를 들어, 미국에서 새로운 기술에 의해서 반도체 제품과 플라스틱 제품이 개발되어 혁신이 일어난 경우이다. 이러한 기술개발에 의한 혁신은 기업의 연구개발(R & D)의 능력에 의해서 발생하게 되었다. 기업은 혁신과 혁신경영을 위해서 연구개발의 능력 개발에 집중 투자하게 되었다.

(2) 제2세대 혁신경영의 모델

1960년대~1970년대의 사이의 경제 호황기에서 나타난 혁신경영의 모델이다. 경제 호황기에서 기업들은 새로운 시장의 개척을 위한 경쟁을 하게 되었고, 경쟁에서 승리하기 위해서 기업은 고객의 요구를 충족시키는 방향으로 혁신하게 되었다. 즉 혁신은 새로운 기술의 개발보다는 이미 개발된 기술로 만들어진 제품을 고객에게 효과적으로 제공하는 과정에서 발생하게 되었다. 제2세대 혁신경영의 모델은 전략적으로 시장 개척을 위한 마케팅 활동에 집중하게 되었다.

(3) 제3세대 혁신경영의 모델

1970년대~1980년대의 사이의 경제 침체기에서 나타난 혁신경영의 모델이다. 예를 들어, 미국과 서구 유럽의 선진국 기업들은 혁신적인 기술개발로 원가를 절감하게 되었고, 원가절감을 통한 원가우위의 전략과 시장에서의 고객 만족은 경제 침체기에서 성공적인 전략이 되었다. 이러한 시기에 나타난 제3세대 혁신경영의 모델은 기술개발을 통한 제품의 원가절감과 시장에서의 고객 만족을 동시에 충족시키는 방향으로 나아가게 되었다.

(4) 제4세대 혁신경영의 모델

1980년대~1990년대 중반의 사이에 일본 기업은 비약적인 발전을 하게 되어 세계 시장을 공략하게 되었다. 일본식 혁신경영 모델의 특징은 선진 기업들과는 다르게 통합적인 시스템적 사고(holistic perspective)의 관점에서 기업의 전체 생산과정을 이해하는 것이다. 즉, 제품과 서비스의 생산과 연관된 모든 이해관계자들의 관점에서 외부의 협력업체들과 내부의 조직 단위들을 통합하여 생산의 비효율적인 요소를 제거하여 생산 프로세스를 혁신하였다. 예를 들어, 일본 기업에서 사용하는 혁신경영의 기법인 Just-In-Time(JIT)은 외부의 협력업체와 내부의 생산 부서들 사이의 원활한 의사소통과 정보 공유로 생산과정의 재고를 혁신적으로 줄이게 되었다. 또한 Total Quality Management(TQM)은 조직 내부의 제조 과정에서 발생하는 제품의 결함이나 문제를 모든 조직구성원들이 협력하여 한꺼번에 해결함으로 제품의 품질을 혁신적으로 향상하게 되었다. 이러한 시스템적 관점에서 창안된 일본식 혁신경영의 기법은 혁신경영을 이해하는 새로운 시각을 제시하였다.

(5) 제5세대 혁신경영의 모델

1990년대 후반 이후에 정보기술(IT)의 급격한 발달로 인하여 인터넷의 출현과 상용화가 가능하게 되었고, 개방 혁신(open innovation)도 출현하게 되었다. 인터넷의 사용과 개방 혁신을 통해서 전 세계를 연결하는 네트워크 조직체의 출현이 가능하게 되었고 세계는 글로벌화된 환경으로 변모하게 되었다. 제4세대 혁신경영의 모델은 전 세계 기업들 간의 네트워킹을 통해서 제5세대 혁신경영의 모델로 발전하게 되었다. 복잡계 이론의 관점에서 보면 세계의 환경은 복잡계로서 이해하게 되었다. 제5세대 혁신경영의 모델은 이러한 복잡계의 환경에 대응하기 위해서 선형모델에 기초하기보다는 비선형 모델로 발전하게 되었다. 즉 예측 불가능한 환경변화에 대비하기 위해서 혁신경영은 전 세계를 연결하는 네트워킹과 통합적 모델로 발전되었다.

제6장

비즈니스 문화의 이해

제1절 | 비즈니스 문화의 개념과 중요성

1. 비즈니스 문화의 개념

비즈니스 문화의 개념과 문화에 대한 이해는 비즈니스와 기업경영에 있어서 필수불가결한 요소이다.

모든 비즈니스는 문화와 밀접한 연관성을 갖고 있다

21세기는 기술의 급격한 발전으로 사람들의 생활은 혁신적으로 변화하기 시작하였다. 즉 기술로 인한 혁신으로 말미암아 사회가 변화하였고 기업의 경영에도 엄청난 변화를 가져왔다. 혁신기업은 수익을 실현하기 위해서 기술 혁신에 기초한 신제품 개발과 새로운 공정을 통한 새로운 제품 혹은 서비스를 개발하여 소비자에게 제공한다. 1990년대 이후 신기술의 혁신은 인터넷의 출현으로 더욱 탄력을 받아 제품이나 서비스가 최종소비자에게 전달하는 과정에 엄청난 변화를 가져다주었다. 구글이나 페이스북, 아마존, 네이버 등 수많은 인터넷 관련 기업들이 새로이 탄생하였고 인터넷 기술에 근거한 제품 개발과 유통시스템이 새로운 혁신의 흐름을 주도하고 있다. 오늘날 많은 소비자들은 서적, 의류, 가전제품, 일상의 소비재 제품, 심지어는 자동차까지도 인터넷으로 구매하고 있다. 인터넷 기술의 발전이 더 많은 제품의 소비를 창출할 뿐만 아니라 가격을 낮추는 효과도 가져왔다. 이러한 환경 속에서 기업은 수익을 창출하기 위해서 보다 더 효율적인 접근이 필요하게 되었다.

아마존이나 구글과 같은 혁신기업에서는 IT 기술과 인공지능, 빅데이터, 클라우드 컴퓨팅과 같은 첨단 기술을 이용하여 전 세계 어느 지역에서나 제품을 생산하고 제공하는 것이 가능하게 되었다. 예를 들어, 미국에서의 컴퓨터 프로그래머나 제품을 만드는 기술자를 이용하여 제품이나 서비스를 생산하면, 인건비가 평균 10만 달러가 들지만 인도, 중국, 러시아 등에서 동일 품질의 제품과 서비스를 생산하는 비용은 그 절반에도 못 미친다. 그래서 혁신적인 기술은 과거에는 상상할 수 없을 만큼 낮은 비용으로 외주업무를 가능하게 할 수 있는 환경을 창출하였다.

과거에는 잘 나가는 기업도 기술변화로 인해서 더 이상 발전하지 못하고 망할 수도 있다. 예를 들어 1990년대 이전에 미국의 폴라로이드사는 카메라 시장을 지배하는 거대 기업이었다. 1990년대 이후 소니와 삼성이 디지털 카메라를 개발하고 판매하면서 폴라로이드사는 기존의 카메라 소비자로부터 외면당했다. 폴라로이드사는 디지털 기술에 대해 관심을 가지고 있었음에도 불구하고 기존의 즉석 카메라 시장이 차지하는 영향력이 컸기 때문에 기존 기술에 집착하였고 결국 카메라 시장의 지배력을 상실하게 되었다. 이러한 사례는 기업이 기술변화와 혁신을 간과하게 되면 결국 경영의 위기를 맞게 된다는 사실을 여실히 보여 준다.

따라서 기업은 혁신전략의 관점에서 기업의 생존을 보장하고 환경에 대응하는 기술을 개발하고 이를 통해서 글로벌 환경에서 경쟁우위를 가져야 한다. 즉 혁신기업은 혁신을 할 수 있는 기술(technology)이 필요하다.

2. 비즈니스 문화의 중요성

혁신경영(innovation management)은 조직 내 혁신의 과정을 관리하거나 운영하는 프로세스와 경영활동을 의미한다(O'Sullivan and Dooley, 2009: 5). 혁신경영과 관련하여 비즈니스 문화는 다음과 같은 점에서 중요하다.

- 혁신과 혁신 과정의 주요 프로세스를 이해함
- 혁신을 조직 내 어떻게 적용하고 어떻게 관리할 것인가에 대한 이해

제2절 | 비즈니스 문화의 변화

1. 비즈니스 문화의 변화에 대한 이해

혁신 조직은 리더의 신념과 비전에 의해서 탄생하는 경우가 대부분이다. 예를 들어, 조직의 창업자는 조직의 리더로서 남들이 소유하지 않은 열정과 이러한 열정을 바탕으로 조직을 구성하여 혁신을 통해서 조직을 성장시키는 특성을 갖고 있다. 미국 인텔사의 엔디 그로브(Andy Groves)나 애플사의 스티브 잡스(Steve Jobs)는 열정과 헌신으로 인텔이나 애플과 같은 혁신 조직을 만들어 내고 기업의 미션과 비전을 실천한 대표적인 리더십의 사례이다. 이러한 최고경영자의 리더십은 혁신 조직과 기업의 혁신과 밀접히 연관되어 있고, 이들의 리더십 특성은 조직에 대한 헌신과 관여(commitment), 열정(enthusiasm) 그리고 지원(support)이다(Tidd and Bessant, 2013: 110). 전통적인 리더십 이론에서는 리더십의 자질과 특성, 상황에 따라서 특성이론, 행동이론, 상황이론으로 구분한다. 현대적 리더십 이론에서는 변혁적 리더십, 셀프 리더십(slef leadership), 감성 리더십(emotion leadership), 서번트 리더십(servant leadership) 등으로 발전되었고 리더의 자질과 특성과 함께 추종자 혹은 팔로워의 자질과 특성을 중요시한다(변상우, 2016). 특히 서번트 리더십은 현대 조직에서 조직 변화 혹은 조직의 성공을 위해서 리더의 솔선수범이 필요하다는 이론이다. 서번트 리더십은 1977년 미국 기업인 AT&T에서 경영 관련 교육과 훈련을 담당했던 로버트 그린리프(Robert K. Greenleaf)가 저술한 『서번트 리더십(servant leadership)』에서 처음 소개되었다. 그린리프는 헤르만 헤세(Herman Hesse)의 작품인 『동방으로의 여행(Journey to the

East)』을 읽고, 그 주인공인 레오(Leo)의 행동에 감명을 받아서 서번트 리더십이라는 책을 저술하게 되었다. 『동방으로의 여행』 소설 속의 주인공인 레오는 함께 여행하는 여러 사람들을 위하여 남들이 하기 싫어하거나 힘든 일과 온갖 허드렛일을 자신이 스스로 자처하여 묵묵히 도맡아 하였다. 그런데 갑자기 레오가 사라지자 일행은 대혼란에 빠지게 되었다. 지금까지 힘든 일을 도맡아서 해왔던 레오가 없이 일행은 여행을 계속할 수가 없었고 결국은 각자 흩어져 아무것도 할 수 없다는 사실을 깨닫게 되었다. 서번트 리더십의 의미와 개념도 이와 크게 다르지 않다. 서번트 리더십이란 추종자들이 중심이 되고 리더는 추종자들을 신뢰하고 그들에게 권한부여(임파워먼트)를 하여 추종자들이 가지고 있는 역량을 최대한 발휘할 수 있게 하는 리더십을 말한다. 여기서 언급하는 '서번트'는 '종'이며 '종의 리더십'이라고 부르기도 한다. 유교문화와 전통적인 리더의 인식이 강하게 심어져 있는 우리나라와 같은 동양에서는 쉽게 받아들이기 힘든 개념일 수도 있으나 서양에서는 조직의 성공이나 조직 변화를 가능하게 하는 주목을 받고 있는 리더십의 유형이다. 이러한 서번트 리더십의 모델에서는 다음과 같은 3가지 요소가 중요하다.

첫째, 사회적 맥락과 문화가 있어야 한다. 여기에서 언급하는 사회적 맥락이란 사회공동체 혹은 조직체의 개념을 말하는데, 셀프 리더십과는 달리 조직체 혹은 사회공동체의 개념과 맥락이 중요하다. 또한 문화는 '배려'의 문화를 의미한다. 즉 배려의 문화란 타인에 대한 배려할 줄 아는 마음과 자세를 의미한다. 따라서 서번트 리더십은 사회공동체 혹은 공동사회(Gemeinschaft) 또는 조직체의 개념과 배려의 문화가 있어야 한다.

둘째, 리더의 높은 도덕심과 소명의식이 있어야 하며, 이를 바탕으로 리더는 타인(추종자, 공동체원 등)을 보호하고 돕는다.

셋째, 추종자들의 순응이 있어야 한다. 리더의 방향성과 행동에 대한 추종자들의 협력과 수긍과 순응하는 것이 필요하다.

서번트 리더십은 위와 같은 요소들을 갖추었을 때 진정한 서번트 리더가 되어 추종자들의 역량을 발전시킬 수 있을 뿐만 아니라, 나아가 조직의 성과나 조직 변화를 유발시키는 데에 긍정적인 영향을 미치게 된다. 또한 사회 환경에도 긍정적인 영향을 미쳐서 사회적 혁신과 같은 긍정적인 변화를 이끌어낼 수 있다. 이러한 서번트 리더십의 내용을 보면, 혁신조직에서 혁신 리더십의 특성은 리더의 직무에 대한 관심(concern for task), 사람에 대한 관심(concern for people) 및 변화에 대한 관심(concern for change)이 매우 중요함을 알 수 있다(Isaksen and Tidd, 2006). 현재 우리 사회와 조직에서는 혁신이 일어나기 어려운 실정이다. 왜 그런가? 우리 사회와 기업에는 어떤 유형의 문화로 특징지어 지는가? 우리 사회의 문화와 기업문화를 올바로 이해하기란 쉽지가 않다. 그러나 분명한 것은 우리 사회는 '자본주의' 사회라 불린다. '자본주의' 사회인 우리 사회에서 당연시하게 받아들이는 가장 큰 물신(物神, fetish)은 무엇일까? 대다수는 '돈'이라고 할 것이다. 일반인들 중에서 돈을 싫어하는 사람은 거의 찾아보기 힘들다. 돈으로 인해서 각종 사회적 범죄들이 발생하고 있고, 심지어는 자식이 부모를 살해하거나 부모가 어린애를 살해하고 보험금을 받고자 하는 파렴치한 가정 파괴의 행위까지 자행되고 있다. 다음의 글은 저자가 계명대학교에서 대학생들과 매주 1번씩 모여서 토론하는 모임인 '독서 클럽'에서 대화한 내용을 발췌한 것이다.

동아시아의 불교 사상에 대해서

유재언

유 교수 한국사에서 불교는 어느 종교보다도 오래된 전통을 갖고 있다. 천주교나 기독교의 역사는 근대 한국 사회의 경제 및 정치 체제를 만드는 데 커다란 기여를 하였지만, 불교는 한국인의 마음을 형성하는 데 커다란 기여를 했다고 볼 수 있다. 우리 주변의 어느 절에 가 봐도 우리 마음을 사로잡는 자연환경에 에워싸인 절 안에는 언제나 우리를 포근하게 감싸주는 미소 짓는 부처님의 얼굴이 있다

A 학생 저는 하느님을 믿지 않는 무신론자이지만, 불교에 관심이 많아요. 하지만 궁금한 점이 있는데 부처님은 왜 머리카락이 많으신가요?

그러고 보니 그렇다. 어느 절에 가도 불당 안에는 부처님의 불상이 모셔져 있다. 스님들은 머리를 기르지 않고 자르는데 왜 부처님의 불상의 모습을 보면 스님과는 달리 곱슬곱슬한 머리카락으로 뒤덮여 있는가? 아무리 생각해 봐도 알 수 없는 수수께기와 같다. 동아시아의 역사와 종교를 소개하는 책에서는 불교의 불상의 모습은 일반인을 교화시키려는 목적으로 머리깎은 초라한 모습의 부처님보다는 고대 희랍신화의 신들의 모습처럼 머리도 길고 금빛으로 온 몸을 감싼 화려한 부처님의 모습을 상상해서 불상을 만들었다고 한다. 나는 질문을 한 학생이 부처님께서 왜 머리가 길다고 생각하는지 궁금하여 학생에게 반문하였다.

유 교수 학생은 부처님께서 왜 머리가 길다고 생각하나요?

A 학생 제 생각에는 부처님께서 돈이 많아서 그런 것 같아요! 〈웃음〉

생각해 보니 그런 것 같다. 대구의 팔공산에 있는 '갓바위'는 모자를 쓴 것 같은 불상을 자연석을 그대로 이용해서 만들었다고 한다. 사람들은 이 갓바위에는 영험이 있어서 소원을 빌면 한 가지 소원은 꼭 들어준다고 한다. 물론 이러한 소원을 빌러 오는 사람은 매년 끊이질 않고 있어서 소원을 빌면서 바치는 조그마한 성의는 엄청난 돈이 된다고 한다. 따라서 학생의 눈에는 부처님은 당연히 돈이 많아 보이는 것 같다.

위의 대화 내용에서 보듯이 일반인들이 존경하는 사람 혹은 종교집단(부처님을 포함)은 돈이 많다고 느낀다. 이러한 대화를 통해서 한편으로 충격적이지만 한편으로는 우리 사회의 일면이 적나라하게 드러났다고 본다. 이와는 대조적으로 우리 사회의 이념가들이나 엘리트 집단이 좋아하는 것은 무엇일까? 돈보다 훨씬 고상한 '과학'의 논리가 있다(박노자, 2003). 사람들은 과학적으로 입증되었다고 한다면 이를 그대로 수용한다. 왜냐 하면 과학적이라고 하는 것은 합리적이라고 믿기 때문이다. 그러나 혁신을 가능하게 하는 조직문화의 특성은 반드시 합리적이지 않다. 오히려 '비과학적'이고 리더의 신념과 비전에 의해서 결정되는 경우가 대부분이다. 혁신적인 조직문화는 조직의 창업자의 '영웅적이고' '신화적인' 이야기(stories)와 상징물(symbols)로 구성되며 이러한 신화적인 이야기나 상징물은 합리적으로 조직구성원들에게 수용되기보다는 일종의 신념, 믿음, 패러다임으로 당연시하게 받아들여지기 때문이다(O'Sullivan and Dooley, 2009: 46~47).

2. 비즈니스 문화의 변화

역사적으로 보면 동아시아는 중국의 명(明, Ming: 1368~1644년)나라의 등장으로 국제 질서가 바뀌게 된다. 농민 출신의 주원장(朱元璋: 재위기간 1368~1398년)은 몽골이 세운 원나라에 저항하여 원나라를 멸망시키고, 한족 중심의 통일 국가를 세운다. 명 태조인 주원장은 한, 당, 송의 한족 왕조의 유교 전통을 되살리고 한반도에 조선 등 동아시아 지역에 유교 사상을 전파한다. 즉 14세기 중반 이후에 동아시아는 명나라 중심의 국제 질서가 성립되고 일본에는 무로마치 막부의 등장으로 남북조의 혼란을 수습하고 새로운 동아시아의 국제 질서에 편입하게 된다. 일본은 통일국가의 모습을 갖추고 조선을 침략하는 등 동아시아의 국제 상황은 혼란기를 맞이하게 된다. 일본은 도요토미 히데요시가 조선 침략에 실패하여 병사하게 되면서, 도쿠가와 이에야스가 정권을 잡아서 일본 정국을 수습하여 안정시킨다. 도쿠가와 이에야스는 권좌에서 스스로 물러나 경제에 집중함으로 동아시아에서는 처음으로 서양 국가들과 국교를 수립하여 서구식 정치체제와 경제체제를 갖추고 중국의 '중화사상'에서 벗어나서 일본 특유의 정치 및 경제체제를 만들고 동·서양을 결합하는 새로운 형태의 비즈니스 문화를 만들어 간다. 중국과 한국은 유교 사상을 중시하는 정치체제와 문화체제를 지속하여 근대화 이후에도 유교 사상 중심의 비즈니스 문화(예를 들어 가족 중심의 기업문화)가 기업경영에서 중요한 역할을 하고 있다. 하지만 과학기술의 발전과 정보기술(IT)의 혁명으로 인해서 전통적인 유교 사상은 서구식 개인주의와 효율성 위주의 합리주의에 의해서 점차로 사라지고 있다. 이러한 상황에서 동아시아의 비즈니스 문화는 개인주의(individualism), 개방성(openness), 다원성(diversity), 다원주의(pluralism)를 중심으로 하는 문화로 탈바꿈하고 있다(Lee and Sircar, 2018).

제7장

비즈니스 커뮤니케이션의 이해

현대 사회에서 이루어지는 비즈니스(business)는 문화적 맥락에서 이루어지고 있다. 또한 정보기술(IT)은 국경과 지역을 실시간으로 연결하여 전 세계적으로 비즈니스가 활성화되도록 만들었다. 즉 시공을 초월하는 글로벌 사회가 현실화되었다. 이제는 전 세계에 살고 있는 소비자와 기업을 대상으로 비즈니스를 해야 하는 상황이 되었다. 이러한 상황에서 기업은 단순히 어느 특정 지역의 고객만을 위해서 비즈니스를 하는 것이 아니라 글로벌 환경에서 소비자를 만족시킬 수 있는 비즈니스의 기회를 발견하고 이를 사업화할 수 있는 가치를 창출해야 한다. 설사 기업이 새로운 제품과 서비스를 제공하여 부가가치를 높일 수 있는 기술을 개발하였다고 해도 비즈니스를 위한 커뮤니케이션(communication, 의사소통)이 이루어지지 않는다면 비즈니스는 이루어지지 않는다. 이러한 필요성에서 본 장에서는 비즈니스 커뮤니케이션(business communication)의 개념과 중요성, 개인, 집단, 조직 차원에서 본 비즈니스 커뮤니케이션의 의미와 중요성, 조직화와 커뮤니케이션 프로세스, 정보기술(IT)의 발전과 비즈니스 커뮤니케이션, 일상생활에서 이루어지는 대화와 회의에 대해서 살펴보고자 한다.

제1절 | 비즈니스 커뮤니케이션의 개념

비즈니스 커뮤니케이션은 상호간에 높은 신뢰관계에 의해서 이루어진다

현대 사회는 정보기술(IT)의 급격한 발전으로 사람들의 생활은 혁신적으로 변화하기 시작하였다. 즉 정보기술의 혁신적인 발달은 인터넷을 통해서 사람들의 일상생활을 혁신적으로 바꾸어 놓았다. 사람들은 집에서 컴퓨터를 통해서 전 세계의 모든 사람들과 커뮤니케이션이 가능해졌다. 비즈니스도 인터넷을 통해서 가능하게 되었다. 사람들은 전자상거래(e-commerce)를 통해서 비즈니스를 언제 어디서나 가능하게 되었다. 기업의 경영에도 엄청난 변화가 일어났다. 그러나 여전히 사람들의 성공적인 조직생활을 위해서 커뮤니케이션이 필수적이고, 비즈니스의 성공여부도 성공적인 커뮤니케이션에 달려 있다. 비즈니스와 커뮤니케이션은 공통점을 갖고 있다. 사람들은 신뢰하는 사람들과 대화하고 비즈니스를 한다는 것이다. 비즈니스 커뮤니케이션에서도 가장 기본적이고 중요한 요소는 신뢰성(credibility)이다(Cardon, 2018). 사람들 사이에 이루어지는 커뮤니케이션과 비즈니스는 신뢰성을 기반으로 해서 이루어진다. 마찬가지로 비즈니스 커뮤니케이션도 비즈니스 당사자 간에 신뢰성이 구축되어 있어야 발생할 수 있다. 그렇다면 신뢰성(credibility)이란 무엇인가? 이론적으로 보면, 신뢰성은 개인의 역량(competence), 타인에 대한 배려(caring) 및 개인의 특성(character)에 대한 높은 도덕적이고 윤리적 가치에 대한 평판으로 이루어져 있다(Cardon, 2018: 6). 즉 비즈니스에 있어서 상대방 혹은 비즈니스 파트너를 신뢰하려면, 비즈니스 파트너가 비즈니스를 성공적으로 수행할 수 있는 역량이 있어야 한다. 비즈니스를 성공적으로 수행할 수 있는 개인의 역량이 무엇보다도 중요하다. 또한 비즈니스 파트너가 자기 이익만을 추구하는 것이 아니라 타인, 즉 상대방에 대한 이해심이 높고, 배려하는 행동이 있어야 신뢰성을 얻을 수 있다. 또한 비즈니스 커뮤니케이션에 있어서 윤리의식이나 도덕적 행위가 없다면 비즈니스 파트너를 신뢰하지 못한다. 이러한 신뢰성은 높은 신뢰의 관계에서 비즈니스 커뮤니케이션을 가능하게 한다. 비즈니스에서 이루어지는 커뮤니케이션의 의미는 다음과 같다.

1. 비즈니스 커뮤니케이션의 의미와 특징

조직이론의 관점에서 커뮤니케이션(comunication) 혹은 의사소통의 의미는 무엇인가? 구조적-기능주의(structural-functionalism)의 관점에서 보면 커뮤니케이션의 개념은 조직의 커뮤니케이션 구조 내에서 조직의 목표를 성취하기 위한 '과업과 연관된 커뮤니케이션(task-related communication)'과 조직구성원들 간에 사회적 스킬을 향상시키기 위한 자연스러운 일상 대화와 연관된 커뮤니케이션으로 구분된다(Farace, Monge and Russell, 1977: 8). 또한 새로운 아이디어의 창출과 혁신과 연관된 메시지를 창출하는 커뮤니케이션의 유형도 존재한다. 조직의 변화를 위해서는 혁신과 연관된 새로운 유형의 커뮤니케이션에 대한 관심사가 높아져야 한다. 반면에 비즈니스 커뮤니케이션에서는 일상 대화에서 발생하는 커뮤니케이션과는 다르다. 일상 대화에서의 커뮤니케이션은 상대가 누구인지에 따라서 커뮤니케이션은 솔직하고 정직하게 혹은 진실한 커뮤니케이션이 이루어지지 않는 경우가 종종 발생한다. 하지만 비즈니스에서 이루어지는 커뮤니케이션은 개방성(openness), 진실성(honesty), 비즈니스 윤리(business ethics) 혹은 투명성(transparency)이 전제가 되어야 한다(Cardon, 2018: 7-10). 또한 상대방의 입장에서 이해하고 타인을 배려하는 이해관계자 관점의 책임성(accountability)이 동반되어야 한다. 만일 개방적이고 진정한 비즈니스 커뮤니케이션이 이루어지지 않는다면 비즈니스는 지속될 수가 없다. 비즈니스의 참여자가 개방적이고 솔직한 커뮤니케이션을 하게 되면 이러한 비즈니스의 상대방 혹은 파트너도 개방적이고 솔직하게 커뮤니케이션을 하게 된다. 비즈니스 커뮤니케이션의 이러한 특성은 비즈니스가 공정하게 이루어질 수 있도록 한다. 따라서 비즈니스 커뮤니케이션은 다음과 같은 특성을 갖는다.

- 개방적이고 솔직한 커뮤니케이션(open & honest communication)
- 이해관계자 관점의 책임성(stakeholder view of accountability)
- 비즈니스 커뮤니케이션의 공정성(fairness in business communication)

2. 비즈니스 커뮤니케이션의 유형

비즈니스 커뮤니케이션은 개인, 집단 및 조직 차원에서 발생한다.

개인 차원의 경우에 개인이 수행하는 '과업과 연관된 커뮤니케이션(task-related communication)'을 통해서 발생한다. 예를 들어, 개인은 언어적 매체와 비언어적 수단을 통해서 비즈니스와 연관된 상대방에게 업무와 관련된 커뮤니케이션을 한다. 비즈니스 커뮤니케이션에서 언급하는 언어적 커뮤니케이션은 언어와 말을 통해서 의사를 전달하는 것을 의미한다. 이는 개인이 과업을 수행하기 위해서 대면 접촉 혹은 전화나 이메일(e-mail)을 통해서 커뮤니케이션하는 것뿐만 아니라 문서를 통해서 커뮤니케이션을 하기도 한다(박오수, 2015: 384-385).

(1) 언어적 커뮤니케이션

언어적 커뮤니케이션은 비즈니스 커뮤니케이션에서 사용되는 가장 일반적인 방법이다. 언어적 커뮤니케이션은 크게 문서를 통한 커뮤니케이션과 직접 대면과 이메일과 같은 전자 매체를 통한 언어(language)와 말(words)에 의해서 이루어진다. 글로벌 환경에서 세계적인 공통 언어인 영어(English)를 통한 언어적 커뮤니케이션은 비즈니스에서 이루어지는 가장 보편적이면서 일반적인 방법이다.

① 문서상의 커뮤니케이션

비즈니스에서 이루어지는 대화와 커뮤니케이션은 문서화되어야 한다. 비즈니스 계약의 당사자 간에 합의하고 서명한 문서화되어 있는 비즈니스 커뮤니케이션의 내용은 법적인 효력을 갖는다. 문서상의 비즈니스 커뮤니케이션은 상대방과 주고받은 편지, 이메일, 계약서나 합의서와 같은 문서 등에서 찾아 볼 수 있다. 반면에 비즈니스를 위해서 조직 내부에서 이루어지는 문서상의 커뮤니케이션의 형태는 보고서와 업무 매뉴얼, 회의록 등이 있다. 보고서는 일반적으로 프로젝트의 결과나 진행 상태를 간결하게 요약하고, 의사결정에 필요하거나 유용한 정보를 제공한다. 업무 매뉴얼은 직무 및 과업의 수행방법과 절차와 관련된 설명서, 조직의 규율과 정책, 기계조작이나 작동에 대한 설명 등을 상세하게 기록한 문서적 형태의 커뮤니케이션이다.

② 언어와 말에 의한 커뮤니케이션

비즈니스 커뮤니케이션은 언어와 말에 의해서 이루어진다. 언어와 말에 의한 커뮤니케이션은 공식적인 대화 및 비공식적 대화로 이루어진다. 예를 들어, 비즈니스의 프로세스 상에서 발생하는 의사결정을 위해서 이루어지는 커뮤니케이션은 언어와 말에 의해서 이루어진다. 또한 공식적인 프리젠테이션(presentation)을 통해서 비즈니스에 관련된 업무나 프로젝트의 진행상황을 일목요연하게 알리는 방법도 있다. 이러한 언어와 말에 의한 커뮤니케이션은 비즈니스의 참여자와 이해관계자들에게 비즈니스 프로세스 상에서 발생하는 다양한 형태의 의사결정의 과정과 커뮤니케이션의 문제점과 이를 해결하기 위한 과정으로 이해된다. 또한 언어와 말에 의한 커뮤니케이션은 문화적 차이로 인해서 발생하는 상대방과의 갈등이나 오해를 해결하기 위한 수단이 되기도 한다.

(2) 비언어적 커뮤니케이션

비즈니스 커뮤니케이션에서 사용되는 문화적 맥락이나 사회적 맥락을 통한 비언어적 커뮤니케이션은 우리가 사용하는 언어나 말 이외의 다른 요소들을 포함한다. 서양과 마찬가지로 동아시아의 경우에 문화적 맥락에서 이루어지는 비언어적 커뮤니케이션은 중요한 의미를 지닌다. 예를 들어, 비즈니스 커뮤니케이션의 경우에 상대방과의 대화의 단절이나 비즈니스 커뮤니케이션 상에 발생하는 에티켓과 매너는 비즈니스를 성사시키는 데 매우 중요하게 작용할 수도 있다. 반면에 반감을 나타내는 언어상의 표현과 무응답과 같은 비언어적 커뮤니케이션은 대면 접촉 시 알 수 있는 사람들의 표정이나 눈빛처럼 커뮤니케이션에서 담고 있는 메시지나 정보를 이해하는 데 결정적인 역할을 한다. 또한 직접 대면 혹은 인터넷상에서 이루어지는 대화에서 말의 어조나 언어에 의한 표현, 시간 상 급박한 상황을 나타내는 표현 등으로 언어적 커뮤니케이션이 이루어지는 경우에 언어에서 직접적으로 표현되는 메시지 이외에도 상대방에 대한 좋고 나쁨의 감정이나 신뢰 혹은 불신을 표현하는 비언어적 커뮤니케이션은 비즈니스 커뮤니케이션에서 중요한 역할을 한다. 예를 들어, 이러한 비언어적 커뮤니케이션은 의미전달에 있어서 직접적 혹은 간접적인 영향을 미치고 비즈니스가 지속되거나 중단하게 하는 원인이 된다.

제2절 | 비즈니스 커뮤니케이션의 실천

기업에서 이루어지는 비즈니스 커뮤니케이션은 주로 사업계획서(business plan)의 작성, 회의(formal meetings), 보고서(reports)의 작성과 제출과 같은 공식적 커뮤니케이션을 통해서 발생한다. 또한 비즈니스 커뮤니케이션은 공식적 커뮤니케이션과 함께 일상적 대화와 같은 비공식 커뮤니케이션을 통해서 이루어진다(Cardon, 2018).

1. 사업계획서(business plan)의 작성[9)]

비즈니스 커뮤니케이션은 왜 발생하는가? 비즈니스 혹은 사업을 위해서 커뮤니케이션을 하는 것이다. 이러한 비즈니스 커뮤니케이션을 기업 현장 혹은 비즈니스 현장에서 어떻게 실천할 것인가? 제일 먼저 비즈니스 혹은 사업을 계획하는 것에서 출발해야 한다. 즉 비즈니스의 계획서(business plan)를 만드는 것이다. 그러면 사업계획서(business plan)란 무엇인가? 비즈니스 계획 혹은 사업계획서란 마치 여행을 하는 사람들에게 있어서 지도와 같은 역할을 한다. 여행자가 지금 내가 왜 여행을 하는지를 정해서 어느 곳을 여행한다고 가정한다면, 지도가 없이는 내가 원하는 목적지에 도달할 수가 없다. 비즈니스 계획 혹은 사업계획서란 사업을 하고자 하는 원인과 목적, 방법 등을 상세하게 소개한 안내서 혹은 지침서이다. 즉 사업계획서란 비즈니스 혹은 사업이 무엇인지를 명확히 하고 왜 이러한 비즈니스가 필요하며, 어떠한 방법으로 비즈니스를 할 것이며, 이러한 비즈니스를 통해서 얻고자 하는 것이 무엇인지를 명확히 하는 것이다. 또한 사업계획서에는 왜 이러한 비즈니스가 성공할 수 있는지에 대한 설명을 해야 한다(DeThomas and Derammelaere, 2008). 투자자들은 이러한 사업계획서를 보고 자금을 투자할 것인지를 결정하게 된다.

일반적으로 비즈니스 계획과 사업계획서에는 다음과 같은 사항이 포함된다(DeThomas and Derammelaere, 2008: 3-20).

---

9) 비즈니스 계획과 사업계획서에 대한 구체적인 내용은 제Ⅳ부 혁신적 기업경영의 실천, 9장 창업가정신, 기업경영과 사회적 책임, 제2절 기업경영에서 다룸

(1) 경영요약(Executive Summary)

경영요약(executive summary)은 사업계획서의 가장 중요한 핵심 사항을 설명한 부분이다. 경영요약은 비즈니스 계획이 완성된 후에 작성하는 것이 바람직하며, 2~3페이지 이내로 다음과 같은 사항을 위주로 작성하면 좋다(이장우, 2000: 50).

- 제품/서비스에 관한 간단한 설명
- 성공을 위한 회사의 전략과 기회
- 시장분석과 예측
- 경영진 혹은 창업팀
- 재무자료 예측 (예) 5년 평균수익, 총수입 등
- 위험 및 경제성 분석

경영요약을 작성한 후에는 요약에서 간결하게 설명한 비즈니스에 대한 설명과 운영계획, 산업분석, 시장분석, 재무계획을 구체적으로 설명해야 한다.

(2) 비즈니스(사업) 설명(Business Description)

비즈니스(사업) 설명은 회사의 정체성(identification)을 명시하고, 사업의 역사(history)에 대한 내용, 기존 회사의 경우에는 경영진 혹은 창업 기업의 경우에는 창업팀에 대한 설명, 기업에서 제공하는 제품과 서비스에 대한 구체적인 설명이 포함되어야 한다. 물론 비즈니스 성공을 위한 회사의 전략이 무엇이고 어떠한 기회가 있는지를 간결하면서도 상세하게 설명한다.

(3) 운영계획(Fairness in Business Communication)

일반적으로 운영계획은 회사의 지리적 위치(location), 제품 및 서비스의 생산과정(operation procedures), 주요 설비와 작업환경(facilities and layout), 제품의 구매와 판매 및 유통(purchase and distributions), 재고관리와 물류(inventory management and logistics), 품질과 고객 서비스(quality control and customers service)와 관련된 사항을 상세하게 기술한다.

(4) 산업분석(Industry Analysis)

산업분석에서는 기업이 하고자 하는 사업에 대한 현재 상태와 미래 전망을 제시해야 한다. 산업분석에서는 시장 규모, 사업의 성장 추이, 신제품 및 서비스의 출시현황과 개발 현황, 시장과 고객, 새로운 진입 가능성 및 퇴출 기업, 국내의 경제상황, 해외 시장의 진출 가능성 등을 설명해야 한다.

(5) 시장분석(Business Description)

시장분석은 제품과 서비스를 팔기 위한 시장에 대한 구체적인 분석에 대한 설명이다. 시장분석은 시장에 대한 조사를 바탕으로 수집된 정보를 기반으로 이루어진다.

시장분석에는 일반적으로 고객, 시장규모, 경쟁상황, 제품의 수명주기, 시장조사에 대한 내용으로 구성된다(이장우, 2000: 50-57).

① 고객에 관련된 내용

- 제품/서비스의 주요 고객은 누구이며 어디에 있는가?
- 고객들이 제품/서비스를 구입하는 동기와 쉽게 접근할 수 있는

장소는 어디인가?

- 고객들이 제품/서비스를 어떠한 방식과 과정을 통해서 구입하는가?

② 시장규모에 관련된 내용

제품/서비스에 대한 시장규모를 파악하려면 현재의 전체 시장규모에 대한 향후 3~5년간의 자료와 현재의 시장 점유율을 바탕으로 향후 3~5년간의 잠재적인 수익률을 측정할 수 있어야 한다. 또한 산업추세, 사회적·경제적 추세, 정부정책, 인구의 변화와 같은 향후 시장 성장에 영향을 미칠 수 있는 요소들을 파악하고 시장에서의 변화를 미리 예측할 수 있어야 한다.

③ 경쟁상황과 관련된 내용

시장분석에는 현재 혹은 향후 경쟁상황은 어떻게 될 것인지를 설명해야 한다. 이러한 경쟁상황을 고려하여 자신이 제공하는 제품과 서비스에 대한 차별성과 우월성을 제시할 필요가 있다. 이러한 경쟁상황에 대한 간략하고 솔직한 평가는 투자자들에게 비즈니스 계획의 신뢰성을 줄 수 있다.

④ 시장조사와 관련된 내용

시장분석을 위한 자세한 정보는 시장조사(market research)에 의해서 만들어진다. 시장조사와 관련된 주요한 내용은 다음과 같다.

- 고객 혹은 구매자들이 느끼는 제품과 서비스에 대한 반응
- 고객들이 선호하는 제품/서비스
- 고객들이 원하는 구매 방법(예: 제품/서비스의 가격, 온라인 혹

은 오프라인 구매방식, 제품/서비스의 배송방법 등)

(6) 재무계획(Fairness in Business Communication)

모든 사업은 자금이 없이는 불가능하다. 재무계획은 투자자금을 어떻게 사용할 것인지를 일목요연하게 정리한 것이다. 사업계획서의 재무계획은 투자자를 유치하는 데 결정적인 역할을 한다. 재무계획은 비즈니스 계획이 경제적으로 실현가능한지를 평가하는 데 필요한 자료이다. 재무계획에는 일반적으로 제품과 서비스의 예상 판매액, 소요비용, 매년의 현금흐름과 재무제표 등이 나타나 있어야 한다. 재무계획의 작성 목적이 투자자금의 유치를 위한 것이라면 다음과 같은 사항을 고려해야 한다.

- **자금의 용도**: 자금을 어느 부분에 집중적으로 사용할 것인가?
- **자금의 여유분**: 필요한 자금의 설정시 현금흐름상의 약간의 편차가 존재하기 때문에 자금의 여유분을 마련해야 한다.
- **추가적인 자금원 확보**: 신생 기업이라면 자기자본 및 벤처캐피탈(venture capital) 이외에도 신용으로 자금을 확보할 수 있는 은행과의 단기간 자금 융통 사항에 대해서도 설명해야 한다.
- **회사의 자본구조와 자금운영의 효과**: 기존 기업이라면 회사의 자본구조를 설명하고 그 사업을 계획하기 위해서 어떻게 자금을 운영하고 그 효과는 무엇인지를 설명해야 한다. 만일 창업하는 경우라면 자금조달의 방법과 주주들은 누구인지를 설명해야 한다.
- **미래의 필요한 자금**: 향후 추진할 프로젝트와 필요한 자금이 언제 얼마나 필요할 것인지를 기술한다.

2. 회 의

회의는 공식적 커뮤니케이션으로서 비공식적으로 이루어지는 일상적 대화와는 다르다. 회의는 참석자들 간의 의사결정을 위한 의사소통으로 조직계층의 상·하간에 공식적으로 설정된 일자와 장소에서 발생한다. 또한 회의는 미리 정한 일정에 따라 주어진 시간 내에서 이루어지는 것이 보통이다. 일반적으로 회의에서 논의된 사항과 결정된 사항은 회의록의 형태로 만들어져 보관된다. 비즈니스의 경우에 당사자들 사이에 이루어지는 회의는 회의의 성격과 내용에 따라서 회의록으로 기록되거나 계약서의 형태로 문서화된다.

3. 보고서 작성과 제출

기업에서 이루어지는 비즈니스 커뮤니케이션의 대표적인 예는 보고서의 작성과 제출이다. 일반적으로 기업에서 비즈니스의 목적으로 작성되는 보고서에는 핵심 사항을 간결하고 명료하게 작성하는 것이 좋다. 또한 보고서는 누가(who), 무엇을(what), 왜(why), 언제(when), 어디서(where), 어떻게 혹은 방법(how)을 분명하게 설명해야 한다.

제3절 | 비즈니스 커뮤니케이션의 관리

21세기는 기술의 급격한 발전으로 사람들의 생활은 혁신적으로 변화하기 시작하였다. 즉 혁신적인 기술 발전으로 사회가 변화하였고 기업의 경영에도 엄청난 변화가 발생하였다. 이메일, 휴대폰, 페이스북, 트위터, 팩스 등의 출현으로 정보기술(IT) 기반의 온라인 비즈니스 커뮤니케이션은 상용화되었다. 이러한 정보기술의 혁명은 개인의 감성적 표현을 제한하였다. 대면접촉이 없어도 비즈니스 커뮤니케이션은 가능하게 되었지만, 대면접촉시에 느낄 수 있는 개인적 감정, 예를 들어, 얼굴 표정, 음성, 제스처와 같은 신체적인 동작으로 전달되는 비언어적 커뮤니케이션은 점차로 사라지고 있다. 이러한 현상으로 문화적 차이에서 발생하는 문화 상호간 커뮤니케이션(intercultural communication)은 활성화되고 있다. 즉 문화적 관습에 따라서 처음 보는 사람과 악수를 하고 포옹을 하면서 인사를 나누는 것과 같은 신체적 접촉이 없어도 비즈니스 커뮤니케이션은 가능하게 되었다. 즉 정보기술의 혁명으로 문화 상호간 커뮤니케이션은 변화하고 있다. 또한 국경을 초월하여 사회적 네트워킹(social networking)도 가능하게 되었다(Cardon, 2018). 그러나 비즈니즈 커뮤니케이션은 상호간의 신뢰와 믿음이 바탕이 되어 이루어지기 때문에 이종 문화 간의 커뮤니케이션은 오해를 불러일으킬 소지가 크며, 커뮤니케이션이 제대로 이루어지지 않으면 비즈니스는 성사가 되기 어렵다. 따라서 본 절에서 커뮤니케이션의 문제가 발생했을 때 이를 어떻게 해결하고 관리할 것인지에 대해서 논의하고자 한다.

1. 커뮤니케이션 관리(communication management)의 의미

조직구조와 기능주의(Structural-functionalism)의 관점에서 보면, 비즈니스 커뮤니케이션은 조직구조와 사회구조적 맥락에 따라서 개인(individual), 양자관계(dyad), 집단(group) 및 전체 조직

(organization) 차원에서 발생한다. 개인 차원의 커뮤니케이션은 조직 내 개개인들 사이에 커뮤니케이션이 어떻게 발생하는지에 대한 설명이다. 양자관계 차원의 커뮤니케이션은 비즈니스 파트너와 파트너 사이의 커뮤니케이션이 어떻게 발생하는가에 대한 설명이며, 집단 차원의 커뮤니케이션은 조직 내 작업 집단들 사이 혹은 비즈니스 집단과 집단 사이에 발생하는 커뮤니케이션에 대한 설명이다. 조직 차원의 비즈니스 커뮤니케이션은 기업의 최고경영자, 부서장, 혹은 사업본부장들 사이에서 발생하는 커뮤니케이션의 현상과 패턴을 다룬다. 비즈니스 커뮤니케이션의 문제(communication problems)는 개개인의 지각 차이, 비즈니스 파트너의 양자관계, 비즈니스 집단 혹은 조직 사이의 견해의 차이나 이해관계의 차이 등으로 발생한다. 이러한 커뮤니케이션 문제를 이해하고 해결하기 위해서는 커뮤니케이션 관리(communication management)가 필요하다.

2. 커뮤니케이션 관리의 프로세스

비즈니스 커뮤니케이션 상에서 발생하는 문제(problems) 혹은 패턴(patterns)을 이해하고 해결하려면 다음과 같은 커뮤니케이션 관리의 프로세스가 필요하다(Farace, et al., 1977: 248-249).

(1) 커뮤니케이션 문제 혹은 패턴에 대한 이해
(2) 커뮤니케이션 문제의 발생 원인에 대한 규명
(3) 커뮤니케이션 시스템에 대한 이해
(4) 커뮤니케이션 문제의 해결 및 시스템의 변화에 대한 탐색
(5) 커뮤니케이션 문제의 해결 방안의 제시

3. 커뮤니케이션 관리 프로세스의 조직화

시스템 어프로치의 관점에서 보면 커뮤니케이션 문제를 체계적으로 이해하고 이를 관리하려면 조직 내 문화에 대한 분석, 정치적 맥락과 권력관계에 대한 이해 및 논리적인 문제해결 과정이 필요하다(Checkland and Poulter, 2006).

제8장

전략과 성과관리

기업의 경영과 비즈니스를 이해하기 위해서 제5, 6, 7장에서는 기업경영, 비즈니스 문화, 비즈니스 커뮤니케이션에 대해서 다루었다. 본 장에서는 기업의 경영과 비즈니스에서 있어서 기본적이며 핵심 부분인 전략적 사고와 성과관리에 대해서 설명하고자 한다. 기업의 전략은 기업의 방향과 비전, 목표 설정과 연관되어 있다. 오늘날 글로벌 경쟁시대에서는 기업은 혁신과 기술을 통해서 기업과 사회를 발전시킬 수 있는 가치를 창출해야 한다. 혁신기업이 추구하는 목표는 단순히 혁신시키는 것이 아니라 기업의 부가가치를 높일 수 있는 기술을 창출하는 것이다. 이러한 필요성에서 본 장에서는 불확실성에 대비하기 위한 전략적 어프로치, 전략의 개념과 핵심 요소, 전략의 계획화 프로세스, 전략적 어프로치에 의한 기업의 성과를 측정하는 성과관리에 대해서 살펴보고자 한다.

제1절 | 불확실성과 전략적 어프로치

불확실성은 전략적 사고와 밀접한 연관성을 갖고 있다

21세기는 기술의 급격한 발전으로 사람들의 생활은 혁신적으로 변화하기 시작하였다. 즉 기술로 인한 혁신으로 말미암아 사회가 변화하였고 기업의 경영에도 엄청난 변화가 발생하였다. 전략은 기업경영의 가장 기본적이고 핵심적인 부분이다. 기업경영의 성공은 전략을 어떻게 수립하고 실행하느냐에 달려 있다.

1. 전략과 핵심 성공요소

전략은 기업가정신을 바탕으로 혁신을 통한 성과 창출을 위한 의도적인 선택이다. 기업은 환경변화에 대응하기 위해서 환경의 변화를 이해하고 고객의 요구를 충족하기 위해 혁신하여 지속적으로 가치 창출을 할 수 있어야 한다. 기업이 전략을 수립하여 실행하려면 다음과 같은 전략의 핵심 요소가 존재해야 한다(화이트 & 브루톤, 2011).

(1) 비 전

기업이 전략을 수립하고자 할 때 가장 먼저 고려해야 하는 것은 조직의 비전을 설정하는 것이다. 일반적으로 조직의 비전은 조직의 최고경영자가 설정한다. 조직의 비전은 사업을 전개할 방향과 목적이 무엇인지를 분명히 밝히는 것이다. 그리고 이러한 비전이 어떻게 달성할 수 있는지에 대한 설명과 이해가 충분히 포함되어야 한다. 예를 들어,

미국의 기업인 페더럴 익스프레스(Federal Express)의 비전은 다음과 같다. "제품이 포장되면 하룻밤 안에 고객에게 제품이 배달돼야 된다(when a package positively, absolutely has to be there overnignt)." 이러한 패더럴 익스프레스의 비전은 고객들이 패더럴 익스프레스가 신속한 포장배달을 한다는 사실을 누구나가 쉽게 알 수 있도록 한다. 이러한 사례는 기업의 비전이 그 기업의 사업의 핵심이 무엇인지를 분명하게 알게 한다. 기업의 조직구성원들은 비전을 창출하는 데 참여하게 되면, 조직구성원들이 조직의 비전을 공유하게 된다.

(2) 리더십

기업이 혁신하기 위해서 전략적 사고를 바탕으로 조직을 변화시키려면 리더십이 필요하다. 리더십은 개인의 창조성을 자극하고, 조직 내 모험을 장려하고 설사 실패하더라도 이러한 실패를 허용하는 분위기를 조성해야 한다. 오늘날 복잡계 환경에서 생존하려면 조직의 리더십은 필수적이다. 일반적으로 모든 기업에는 기업을 성공으로 이끄는 핵심적인 역할을 하는 리더(leader)가 존재한다. 글로벌 환경으로의 변화로 인해 기업들 간의 경쟁이 치열하기 때문에 리더의 역할과 리더십의 발휘가 매우 중요하다. 현대 리더십의 개념은 과거와는 다르고 리더는 조직의 어느 수준에서도 발견될 수가 있다. 오늘날 기업의 리더는 개방된 분위기에서 구성원들을 지원하고 배려해야 한다. 따라서 조직구성원들은 개방된 조직 분위기 내에서 그들의 의견과 아이디어를 자연스럽게 교환할 수 있게 된다.

(3) 프로세스

기업에서 신제품과 새로운 서비스를 고객에게 제공하기 위해서는 내부의 프로세스가 혁신되어야 한다. 프로세스 혁신(process innovation)의 목적은 조직의 효율성이나 효과성을 증진시키기 위한 것이다(화이트 & 브루톤 2011: 111). 프로세스 혁신의 유형은 리스트럭처링(restructuring), 리엔지니어링(reengineering), 가치 파괴가 있다. 리스트럭처링은 기업을 백지 상태에서 다시 조직화하는 것이다. 혁신 조직에서 가장 흔히 발견되는 리스트럭처링의 기법은 다운사이징(downsizing)과 리엔지니어링이 있다. 다운사이징은 기업이 일부의 사업단위를 다른 기업에게 매각하거나 혹은 종업원을 해고할 때 발생한다. 다운사이징에서 살아남은 직원들은 종종 자신들이 과도하게 업무를 하고 있거나, 다음번에 자신들이 해고될 수 있다고 생각할 수도 있기 때문에, 다운사이징을 한 많은 혁신기업들은 부정적인 결과를 경험하였다. 이러한 결과로 다운사이징을 통한 혁신과 재무적 이득은 큰 효과를 거두지 못하고 있다. 그러므로 경영자는 다운사이징을 위한 목표와 계획을 좀 더 신중하고 명확하게 할 필요가 있다.

리엔지니어링은 전사적 관점에서 새로운 개선을 시도하는 것이다. 구체적으로 리엔지니어링이란 질적 개선을 가져오고 효율성을 높이기 위해 현행 업무 프로세스의 핵심적인 부분을 대폭 수정하는 것이다. 즉 조직 내 업무 프로세스를 근본적인 관점에서 혁신적으로 재설계하는 것이다. 리엔지니어링의 목표는 생산성의 증대를 위해서 불필요하거나 중복되는 기능과 업무를 제거하고 계층을 간소화하는 것이다.

다운사이징과 리엔지니어링을 통한 프로세스 혁신이 가능하기 위해서는 조직구성원들이 이에 대한 충분한 정보를 공유하고 있고 의사결정에 참여해야 한다. 또한 조직 내 경영자와 구성원들 사이에 신뢰하는 분위기가 조성되어야 한다.

(4) 자 원

기업이 수립된 전략을 실행하기 위해서는 충분한 자원이 있어야 한다. 경영자는 조직구성원들에게 충분한 시간, 자원을 제공함으로써 기업운영을 위한 아이디어를 지원해 주어야 한다. 또한 리더는 새로운 아이디어의 개발을 위해서 실용적인 도움이 되는 아이디어를 제공하고 협조를 해야 한다. 설사 새로운 아이디어가 실패하더라도 경영자는 좌절하지 말고 새롭게 도전해야 한다. 이러한 도전이 가능하기 위해서는 조직 내 충분한 자원(인적자원을 포함함)이 있어야 한다.

(5) 전략적 비전의 설정

전략적 비전이란 사업이 무엇에 관한 것인지 명확하게 제시하는 것이다. 앞서 설명하였듯이 기업의 혁신전략은 비전의 설정에서 비롯된다. 전략적 비전은 기업이 '무엇(what)'을 위해서 존재하는지를 설명하는 것이다.

(6) 미션의 설정

기업의 전략적 비전이 설정되면, 이러한 비전이 구체적으로 어떻게 달성될 수 있는지 명문화된 미션을 설정해야 한다. 미션은 조직구성원들이 기업이 왜 혁신하려고 하는 지에 대한 기업의 목표가 무엇인지를 이해할 수 있고, 이러한 목표를 충족시킬 수 있는 방법인 '어떻게(how)'를 성명하는 것이다. 예를 들어, IBM 연차보고서(IBM Annual Report)에 의하면 미국의 IBM 기업의 미션은 다음과 같다.

> 우리는 컴퓨터 시스템, 소프트 웨어, 네트워크 시스템, 저장장치, 마이크로 전자공학과 같은 산업분야의 최첨단 정보기술을 창조, 개발,

제조할 수 있도록 최대한 노력한다. 우리는 전문적 솔루션과 서비스를 고객에게 제공하여 이러한 첨단 기술을 세계 시장의 고객의 가치로 전환시킨다.

이러한 IBM의 미션은 혁신의 역할과 혁신이 조직에 어떻게 적용되는지를 분명히 제시하고, 기업이 노력해야 할 방향을 제시한다.

(7) 목표의 명확화

기업에서 미션을 설정한 후 기업은 자사의 목표를 분명하게 설정해야 한다. 기업의 목표는 기업이 미션을 어떻게 수행할 것인가를 결정할 수 있게 한다. 기업은 장기적인 관점과 단기적인 관점에서 수행해야 할 목표를 명확히 하고, 이러한 목표의 달성을 위해서 필요한 자원을 할당하고 배분할 계획을 세워야 한다. 기업의 목표를 달성하기 위해서는 다양한 형태의 계획화 노력이 뒤따라야 한다. 예를 들어 기업은 목표를 달성하기 위해서 각 사업 단위 혹은 부서와 팀의 핵심 과업을 정하고 제품 관리와 기술혁신에 대한 역할과 책임을 정한다. 이러한 역할과 책임이 정해지면 이러한 역할과 책임에 따른 구체적인 전술과 행동을 할 수 있게 된다.

(8) 구체적인 전술과 행동

기업에서 비전과 미션을 달성하기 위한 구체적인 목표와 목적이 정해지면 이러한 최선의 목표와 목적을 달성하기 위한 구체적인 운영상의 전술과 행동에 대해서 정해야 한다. 예를 들어, 운영수준에서의 변화관리, 마케팅 지원, 신입 사원들에 대한 교육과 훈련의 제공, 관리자급 혹은 팀장급에 대한 리더십 교육과 훈련의 제공 등에 대한 활동을 정하고 이를 행동에 옮기는 것이다.

2. 전략 모델과 분석

(1) 전략과 핵심 성공요소

혁신기업은 변화하는 환경에 적응하는 전략의 수립과 실행을 위해서 핵심 성공요소(Critical Success Factor: CSF)를 찾아내고 이를 정량화하여 지표화할 수 있어야 한다. 또한 전략의 핵심 성공요소와 핵심 성과지표의 연계를 연계하여 조직의 성과에 대한 성과 평가가 이루어져야 한다.

① 전략과 핵심 성공요소: CSF의 도출

오늘날의 환경은 예측하기 어려운 복잡계 환경으로 특징지어진다. 복잡계 환경(complex environment)은 비선형성과 예측 불가능성으로 특징지어진다(유재언, 2018). 기업은 복잡계 환경에 대응하기 위한 전략의 비전과 미션의 설정과 이를 달성하기 위한 핵심 성공요소(Critical Success Factor: CSF)을 찾아내고 이를 지표화할 수 있어야 한다.

② 전략의 핵심 성공요소와 핵심성과 지표의 연계: CSF와 KPI의 연계

기업이 전략을 성공적으로 수행하고 목표를 달성하기 위해 세부 추진 과제 중에서 핵심 성공요소(Critical Success Factor: CSF)를 파악하고 이것을 핵심 성과지표(Key Performance Indicator: KPI)로 계량화시켜야 한다. 기업의 경영자는 핵심 성공요소(CSF)와 핵심 성과지표(KPI)에 기반하여 경영활동을 할 수 있도록 하고 실무자는 성과향상을 위해 역량을 집중할 수 있어야 한다(표 8.1 참조).

표 8.1 전략목표별 CSF & KPI의 예시

전략목표	CSF	관점*	CSF 정의	KPI
신제품 매출 증대	신제품 매출 증대	F	고객의 요구에 부응하는 신제품 개발을 통해 매출증대	• 신제품 매출액 목표달성도 • 신제품 매출액 비율
고객만족도 향상	고객만족도 향상	C	납기, 품질, 가격, 기술측면의 고객가치에 대한 정의 및 고객만족에 대한 사후 모니터링 체계를 확립하여 고객만족도 증가	• 고객만족도 • 납기준수율 • 고객 반응률 • 클레임건수
개발 프로세스 체계화	개발프로젝트 관리 체계화를 통한 연구개발 일정 단축	P	선진화된 개발 프로세스 시스템 도입과 신기술 관련 프로젝트 일정 및 산출물 관리를 통한 개발 일정 단축	• 개발일정 준수율 • 인당 프로젝트 건수 • 전략모델 수주율
인력전문화	우수인력 확보	L	필요한 핵심 인력을 계획적으로 채용함으로써 미래 성장을 주도할 수 있는 성장기반을 사전에 구축함	• 계획 대비 우수 인력 확보수 • 우수인력 유지율

* 균형성과표(Balanced Scorecard: BSC)의 관점에서 본 F: 재무관점, P: 내부 프로세스 관점, C: 고객관점, L: 학습과 성장관점을 의미함(출처: 유재언 2014: 139)

제2절 | 성과평가와 성과관리

1. 기업 내부 혁신의 평가

성과평가의 목적은 조직 차원에서는 기업의 변화 또는 혁신을 지향하는 것이며 개인 차원에서는 조직구성원의 역량 개발에 있다(한태영, 2013). 본 절에서 다루는 성과평가와 성과관리는 조직 차원의 내부 혁신 내지는 조직변화에 중점을 둔다. 기업의 내부 혁신의 평가는 다음 세 가지 핵심 질문으로부터 시작된다(화이트 & 브루톤, 2011: 174).

첫째, 우리가 가고자 하는 곳과 현재 우리의 위치는 어디인가? 기업은 혁신하기 위해서 전략적 비전을 설정하여 가고자 하는 곳을 정한다. 비전은 현재의 위치보다 높은 곳에 위치해 있기 때문에 우리의 위치는 어디인지 파악한다면, 비전과 우리의 위치의 사이에는 갭(gap)이 존재하기 마련이다. 이러한 갭을 줄이기 위해서 내부 혁신의 평가는 우리의 현재의 위치를 아는 데에서 시작된다.

둘째, 우리에게 긍정적인 영향 혹은 부정적인 영향으로 미칠 수 있는 요인은 무엇인가? 기업의 내부 혁신을 평가하는 두 번째 질문은 우리 앞에 놓여 있는 것은 무엇인가를 파악하는 것이다. 우리 앞에 놓여 있는 것이 우리에게 긍정적인 영향을 줄 수도 있지만 반대로 부정적인 영향을 줄 수도 있다. 비록 조직이 혁신적인 내부의 프로세스를 통해서 혁신적이고 새로운 제품과 서비스를 생산했다고 하더라도 제품의 유용성은 시장에서 소비자가 판단하게 된다. 오늘날 기업은 1980년대에 유행하던 워크맨이나 소형의 카세트 플레이어를 훨씬 저렴한 가격으로 고품질의 제품을 만들어 제공할 수 있다. 하지만 요즈음 젊은 세대들은 이러한 제품을 거의 구입하지 않을 것이다. 그럼에도 불구하고 기업들은 미래 동향이나 경쟁사의 동향을 탐색하지 않고 곧 진부하게 될 제품을 만드는 그들이 소유한 기술력에 집착할 수 있다. 이러한 집착은 소비자가 원하는 제품이나 서비스에는 별로 관심을 기울이지 않고 자사의 입장에서 기술이나 프로세스를 개선시키는 데 관심을 두는 경우가 많다. 이러한 경우에 내부 혁신을 평가하는 두 번째 질문인 우리에게 긍정적인 영향을 줄 수 있는 것과 부정적인 영향을 줄 수 있는 것을 판단하여야 한다. 우리에게 부정적인 영향을 줄 수 있는 것은 지양하고 긍정적인 영향을 줄 수 있는 방향으로 내부를 혁신해야 한다.

셋째, 우리가 현재의 경로를 지속해 간다면 우리는 어디에 도달할 것인가?

기업의 내부 혁신을 평가하는 세 번째 질문은 기업이 현재와는 완전히 다른 방향을 고려해야 하는가에 대한 근본적인 질문이다. 만일 현재의 방식대로 우리가 현재의 경로로 계속해서 나아간다면 과연 우리는 어디에 도착할 것인가? 혁신적인 기업이었던 노키아의 경우를 예로 들어 보자. 핀란드 기업인 노키아(Nokia)는 1865년에 목재펄프 회사로 창업되었다. 노키아는 나무를 펄프로 변화시키는 새로운 화학 공정을 개발하였으며, 이를 통해 화학 지식을 축적하고 새로운 화학처리 공법인 가황처리 고무분야로 다양화하여 고품질의 고무장화도 만드는 기업으로 성장하였다. 1960년대 이르러 노키아는 정보설비 분야에 뛰어 들어 세계 처음으로 무선 기술을 이용한 라디오, 전화기를 만들었고, 이러한 혁신적인 기술은 오늘날 이동통신 전화기의 모태가 되었다. 2000년대 초반에는 노키아가 이러한 기술을 바탕으로 핸드폰을 제작하였고 세계적인 기업으로 성장하였다. 하지만 핸드폰의 기술에 너무 집착하여 오늘날 핸드폰과 컴퓨터의 기능을 결합한 스마트폰의 기술 개발에는 관심이 없었고, 급기야는 애플과 삼성 등이 개발한 스마트폰의 출현으로 핸드폰 시장에서도 자취를 감추게 되었다. 이러한 사례는 혁신기업이라 할지라도 진화하는 기술과 혁신을 소홀히 하게 되면 소비자에게 외면당하고 결국은 망할 수 있다는 사실을 입증한다. 따라서 혁신기업에서의 리더와 경영자는 환경변화에 대응할 수 있는 기회를 포착하고 조직을 끊임없이 변화시키는 역할을 해야 한다.

기업의 내부 혁신을 평가하는 핵심 질문에 의해서 기업의 내부 혁신이 성공적으로 이루어진다면 다음 단계는 기업이 내부 혁신을 통제하는 것이다. 기업의 내부 혁신을 통제하는 방법은 다음과 같은 세 가지 유형이 있다(화이트 & 브루톤, 2011: 180).

(1) 재무적 통제

재무적 통제는 바람직한 재무적 성과와 기업에 의해 생산된 실제 성과의 차이에 초점을 맞춘다. 기업의 목표는 장기적일 수도 있고 단기적일 수도 있다. 그리고 기업의 목표는 기간별 기업의 실제 성과와 비교되어야 한다. 이러한 비교를 통해서 기업은 재무적 성과를 직접적으로 향상시킬 수 있는 재무적 통제의 방법을 실행해야 한다. 그러나 일반적으로 재무적 통제만을 사용하는 것은 부적절하다.

(2) 전략적 통제

전략적 통제는 기업의 전략적 목표의 충족에 중점을 둔다. 기업의 전략적 목표의 예는 시장에서 선두 주자가 되거나 혹은 산업에서 가장 혁신적인 기업이 되는 것이다. 그러나 사업의 장기적인 성공을 위해서 전략적 통제는 매우 중요하다. 예를 들어, 산업에서의 선두자리를 지키기보다는 추종자의 입장에서 산업에서의 리더가 하지 못했던 내부 프로세스의 혁신을 통해서 제품의 원가를 낮추어 저가의 제품을 시장에 내 놓음으로써 해당 산업의 리더를 앞지를 수 있다. 이러한 전략적 통제를 통해서 기업은 내부적으로 혁신될 수 있다.

(3) 문화적 통제

문화적 통제는 기술 중심의 혁신기업에 있어서 가장 중요하다. 문화적 통제란 기업이 원하는 방식으로 조직구성원들이 행동하도록 만드는 능력을 말한다. 기업의 리더가 추구하는 혁신적 가치를 구성원들이 이해하여 자발적으로 기업의 혁신에 참여하게 만드는 것도 문화적 통제의 한 예이다.

2. 재무분석에 의한 성과평가

기업의 재무분석은 기업의 경영활동을 이해하기 위해서 기업의 재무상태표와 손익계산서를 작성하고 검토하는 것을 의미한다. 기업의 재무분석의 목적은 다른 기업이나 산업에 비해서 자사의 생산성이 재무적인 관점에서 효율적인지를 검토하는 것이다. 일반적인 재무분석의 방법은 재무적 비율에 근거하여 실행한다. 재무적 비율분석은 주로 수익성 분석, 유동성 분석, 효율성 분석을 사용한다.

(1) 수익성 비율의 분석

수익성 비율은 영업이익을 중심으로 경영의 효율성을 평가한다. 일반적으로 수익성 비율은 다음과 같은 매출총이익률, 매출순이익률, 자산회수율, 자본회수율로 평가한다.

- 매출총이익률 = (매출액 – 매출원가)/매출액
- 매출순이익률 = 당기순이익/매출액
- 자산회수율 = 세금이자 차감전 이익/총자산
- 자본회수율 = 세금 차감후 이익/총자본

(2) 유동성 비율의 분석

유동성 비율은 기업의 부채 청산 능력을 판단하는 데 사용된다. 일반적으로 유동성 비율은 다음과 같은 유동비율, 당좌비율, 부채비율로 평가한다.

- 유동비율 = 유동자산/유동부채
- 당좌비율 = (유동자산 – 재고자산)/유동부채
- 부채비율 = 총부채/총자본

(3) 효율성 비율의 분석

효율성 비율은 재고와 부채 등을 효율적으로 관리하고 있는지를 중심으로 경영의 효율성을 평가한다. 일반적으로 효율성 비율은 다음과 같은 재고회전율, 고정자산회전율 및 부채회전율로 평가한다.

- 재고회전율 = 매출액/평균재고자산
- 고정자산회전율 = 매출액/고정자산
- 부채회전율 = 매출액/부채

3. 균형성과표(BSC)에 의한 성과평가

기업의 목표는 기업의 지속성과 자립성을 추구하기 위해서 필요한 수익 창출과 같은 경제적 측면과 함께, 기업의 미션을 달성하고자 하는 사회적 책임 및 환경적 책임같은 비경제적인 측면을 동시에 갖고 있다. 따라서 기업의 구체적인 목표 달성에 대한 성과평가는 경제적 측면과 비경제적 측면을 모두 측정할 수 있는 도구가 필요하다. 카플란(Kaplan)과 노튼(Norton)이 개발한 균형성과표(Balanced Scorecard: BSC)는 이러한 경제적·비경제적 필요성을 동시에 충족시키는 도구로 개발되었다(Kaplan and Norton, 1996).

(1) 기업의 성과측정: 균형성과표(BSC) 모형

기업은 이윤추구를 위해서 고객에게 제품과 서비스를 제공한다. 사회적 책임의 관점에서는 지역 사회를 위한 일자리 창출, 청년 실업자들을 위한 교육기회의 제공, 지역 사회의 공헌과 같은 기업의 미션과 장기적인 목적을 달성한다. 균형성과표(BSC)는 조직의 전략과 거시적 목표에 부합되는 조직의 재무활동, 운영활동, 마케팅활동, 조직의 성장과 발전과 같은 미시적 측면의 활동을 측정하는 성과관리(Performance Management)의 도구로서 개발되었다(Kaplan and Norton, 1992, 2004). 균형성과표는 조직의 장기적 관점의 목표 달성을 위하여 조직의 일상과 비즈니스 업무가 어떻게 이루어지고 있는지를 알기 위해서, 기업의 성과를 재무적 측정뿐만 아니라 일상 비즈니스 업무, 마케팅 업무, 조직의 학습과 성장 관련 활동과 같은 비재무적 활동에 대한 성과를 성과 측정에 반영시키는 통합 경영성과 지표이다(Kaplan and Norton, 1992). 기업의 경영자는 균형성과표를 통해서 전체 조직의 통합적인 관점에서 조직의 다양한 기능들, 각 업무에 대한 역할과 책임성, 제품과 서비스를 산출하기 위한 투입요소(input)와 산출물(output)의 관계를 체계적으로 이해하고, 조직의 변화를 유도하는 도구로 사용한다(Meadows and Pike, 2010: 133-134). 균형성과표(BSC)는 다음과 같은 네 가지 관점이 있다(Kaplan and Norton, 1992, 1996, 2004).

(2) 균형성과표(BSC)의 네 가지 관점

① 고객 관점(Customer Perspective)

고객 관점에서 보면, 기업의 이윤의 원천인 고객의 요구를 끊임없이 파악하고 고객정보를 획득해야 한다. 균형성과표(BSC)는 기업이 고객만족도, 충성도, 확보율, 유지율, 수익성들의 핵심적인 고객 성과 측정지표가 목표 고객 집단과 세분시장에 적합한지를 판단하게 하는 정보를 제공해 준다. 균형성과표(BSC)에서 제공하는 정보는 다음과 같은 3가지의 고객 가치명제의 구성요인이 있다.

- 제품 및 서비스 속성
- 고객관계
- 기업의 이미지와 평판

② 내부 프로세스 관점(Internal Process Perspective)

내부 프로세스 관점에서 보면 고객에게 제공하는 제품과 서비스의 생산과 관련하여 기업의 내부의 핵심 역량을 갖고 있어야 한다. 내부 프로세스 관점의 필요성은 기업의 목표 수립과 측정지표 설정은 고객의 요구(needs)에 부응하기 위한 것이다. 기업의 이해관계자와 고객의 요구와 목표가 무엇인지를 파악하고 이러한 요구와 목표를 달성하는 데 필요한 기업의 프로세스와 핵심 역량이 무엇니지를 파악하는 것이 필요하다. 균형성과표의 관점에서 보면 사업에는 고객의 가치를 창조하고 고객에게 제품과 서비스를 제공함으로써 기업의 이윤은 창출된다. 이러한 기업의 이윤은 재무적으로 객관적으로 나타난다. 기업에는 고객의 가치를 창조하는 이러한 내부 프로세스들이 존재하며, 내부 프로세스에는 일반 가치사슬 모형이 존재한다.

③ 혁신 및 학습 관점(Innovation and Learning Perspective)

혁신과 학습 관점은 균형성과표(BSC)에서 제시하는 독특한 관점이다. 혁신과 학습의 관점이란 기업이 지속적으로 학습하고 발전하여 새로운 가치를 창출할 수 있는 혁신과 학습적 역량이 확보되고 활용되고 있는지를 판단하는 근거를 제공한다. 혁신과 학습의 관점은 고객관점, 내부 프로세스 관점 및 재무적 관점에서 설정한 목표들을 성취할 수 있는 이론적이고 실무적인 기반을 제공하는 관점이다. 혁신과 학습 관점은 기업의 지속가능성을 위해서 다음과 같은 3가지 역량을 중요시 한다(유재언, 2014: 138).

- **직원의 역량**: 고객에 가장 근접해 있는 일선 직원들의 역량을 키워야 함
- **정보시스템 역량**: 재무, 고객, 내부 프로세스 관점의 목표달성에 기여할 수 있는 정보를 제공해야 함
- **동기부여와 권한 위양**: 일선 직원들에 대한 동기부여와 정책적 의사결정에 대한 참여와 실무적 의사결정에 대한 권한을 부여해야 함

④ 재무적 관점(Financial Perspective)

균형성과표(BSC)의 재무적 관점은 기업의 주요 이해관계자들(stakeholders)에게 기업의 재무적 성과지표를 통해 기업의 성과에 대한 정보를 제공한다. 재무적 관점의 지표들은 기업이 속해 있는 비즈니스의 라이프 사이클(예를 들어, 기업의 성장, 유지, 수확단계)과 세 가지 측면의 전략적 지표를 고려해야 한다(표 8.2 참조). 기업은 그들의 이해관계자들이 원하는 재무적 성과를 제시하기 위해서는 조직의 합리적인 프로세스와 효율적인 자원 활용을 통해 성과를 향상시켜야 한다(유재언, 2014: 138).

표 8.2 카플란 & 노튼(1996)의 재무적 관점에서의 전략적 지표의 측정

	수입 성장과 믹스	원가 절감 / 생산성 향상	자산 활용률 / 투자 전략
성장	• 세분 시장별 매출 성장률 • 새로운 제품, 서비스의 수익이 차지하는 비율	• 직원당 수익	• 투자비율(매출액 대비) • R&D 비율(매출액 대비)
유지	• Target 고객과 시장 점유율 • 교차판매 • 응용제품, 서비스로부터의 수익 비율 • 고객과 제품라인별 수익성	• 경쟁자 대비 원가 • 원가 절감률(매출액 대비) • 간접비 비율(%)	• 운전자본 비율(현금 순환 사이클) • 주요 자산별 투하자본 수익률 • 자산 활용률
수확	• 고객과 제품라인별 수익성 • 수익성 없는 고객비율	• 단위거래(산출단위 및 거래량)	• 현금회수 • 산출량

제Ⅳ부

비즈니스와 혁신경영의 실천

제Ⅳ부에서는 비즈니스와 혁신경영의 실천에 대해서 살펴보고자 한다. 좀 더 구체적으로 설명하면, 기업과 경영, 비즈니스 문화와 비즈니스 커뮤니케이션 및 전략과 성과관리에 대한 이해를 바탕으로 창의적 인재경영, 창업가정신과 기업의 사회적 책임의 의미와 중요성, 혁신과 혁신기업의 이해, 사회변화와 사회적 기업가정신의 의미와 사례에 대해서 살펴보고자 한다.

제9장

창업가정신, 기업경영과 사회적 책임

창업가정신은 자본주의의 원동력으로서 현대 자본주의 사회를 이끌어가는 힘이다. 하지만 2007년 12월 미국발 금융위기(financial crisis)는 전 세계의 자본주의 사회의 위기를 초래하였다. 이러한 자본주의 사회의 위기를 극복하고자 사회에서 기업의 역할이 과연 무엇인가에 대한 근본적인 질문을 하게 되었다. 자본주의 경제에서는 기업의 주된 역할이 주주이익을 극대화하는 것이라는 기존의 믿음에 대한 심각한 도전을 받게 되었다(Posner, 2010). 이러한 심각한 도전에 직면하여 학계와 기업의 경영자들의 사고는 바뀌게 되었다. 이러한 상황과 맥락에서 기업의 사회적 책임(corporate social responsibility)과 사회적 공헌이라는 분야가 출현하였고, 현재는 경영학의 중요한 분야가 되었다(Werther, Jr. and Chandler, 2011).

최근 국내의 상황은 어떤가? 국내의 대표적인 트랜드는 일자리 창출이다. 청년실업이라는 심각한 문제를 해결하기 위해 기업들이 사회공헌의 영역으로 이를 가져오는 추세이다.

"좋은 일자리를 많이 만드는 데 역할을 해주시면 당신을 업어드리겠습니다"

2017년 5월 대통령으로 당선된 후 지난 6월 문재인 대통령이 한 말이다. 문재인 정부는 첫 과제이자 중장기 과제로 '일자리'를 내세웠다. 청와대에는 일자리 상황판이 설치됐고, 각 기업들의 고용 창출을 강하게 독려했다. 이에 따라 한국토지주택공사는(LH)는 올해 기간제 근로자 1,379명 중 91%에 해당하는 1,261명의 정규직 전환을 결정했다. 또한, 지역인제 채용시스템을 갖추는 동시에 우수 일자리를 창출한 협력업체에 대해 입찰 시 가산점을 부여하는 방법도 도입했다.

두 번째 트랜드는 4차 산업혁명이다. 미국의 초등학생의 20%가 난독증을 앓고 있다는 점을 발견한 마이크로소프트사가 인공지능(AI)을 기반으로 디지털북을 만들어 교과서를 만들어 읽을 수 있도록 하는 프로젝트를 진행한 사례가 대표적이다. 포스코는 올해 6월부터 취약계층 청년들을 대상으로 4차 산업혁명의 핵심인 사물인터넷(IoT), 빅데이터, 인공지능(AI) 관련 무료 교육을 실시해 오고 있다. 인공지능 및 빅데이터 분야에서 전문성을 갖춘 포스텍 교수진이 교육과정을 맡고 포스코에서 제반 비용과 교육 장비를 지원하는 형태이다. 이처럼 기업의 사회공헌 활동과 기업의 사회적 책임에 대한 활동은 끊임없이 진화되어 왔고, 또 앞으로도 변화할 것이다. 하지만 대기업을 포함한 국내의 모든 기업이 져야 할 사회적 책임의 무게는 이 같은 변화나 유행과 관계없이 여전히 무겁다. 여전히 대중들은 "기업은 이윤추구를 위해서 존재하는 집단"이라고 생각하는 경향이 짙다. 아직도 국내의 기업들은 부도덕한 경영 행태를 버리지 못하고, 사회 기여의 필요성에 둔감한 기업들도 적지 않다. 기업들은 이 같은 문제들을 본질적으로 해소해야 하고, 이를 위한 신뢰의 구축은 기존 기업들의 사회공헌과 사회적 책임을 다하는 것에서 시작될 것이다. 만일 기존의 기업들이 사회공헌 활동을 소홀히 하고 기업이 져야 할 사회적 책임을 외면한다면, 새로운 변화를 희망하는 수많은 젊은 세대에서는 창업가정신을 발휘해야 한다. 이들을 중심으로 새로운 비전과 새로운 기회를 창출하고 사회를 변화시키는 혁신적인 창업가들이 양성되어야 한다. 이러한 취지에서 본 장에서는 창업가정신과 기업의 사회적 책임에 대해서 살펴보고자 한다.

제1절 | 창업가정신의 개념과 중요성

창업가정신은 무엇이고 왜 필요한가?

창업가정신 혹은 기업가정신은 인류에게 알려진 가장 강력한 경제적 힘이다. 1970년대~80년대를 거치면서 일본과 한국의 눈부신 경제성장은 일본 및 한국의 경제를 세계 수준으로 끌어 올린 마스시타의 마스시타, 도요타의 도요타, 소니의 모리타 아키오와 이부카 마사루, 삼성의 이병철, 현대의 정주영과 같은 훌륭한 창업자들이 있었다. 이 시기에 미국과 영국, 독일, 프랑스를 위시한 선진국에서는 일본, 한국, 대만, 홍콩, 싱가포르 등의 동아시아의 눈부신 경제 성장을 경이롭게 지켜보았다. 1990년대에 들어와서 미국에서는 마이크로 소프트의 빌 게이츠, 애플의 스티브 잡스, 월 마트의 샘 월튼, 델 컴퓨터의 마이클 델, 인텔의 앤디 그로브 등과 같은 뛰어난 창업가들의 등장으로 전 세계의 경제력을 주도하는 세계 최고의 국가의 위치를 지킬 수 있었고 2000년대에서는 구글(Google)의 래리 페이지(Larry Page)와 세스게이 브린(Sergey Brin), 페이스북(Facebook)의 마크 저크버거(Mark Zuckerberg), 아마존(Amazon)의 제프 베조스(Jeff Bezos)와 같은 혁신적인 창업가의 등장으로 세계 경제력을 주도하고 있다. 그렇다면 이러한 세계 경제력을 주도하는 이들이 소유한 창업가의 개념은 무엇이고 창업가정신이란 무엇인가?

창업가 혹은 기업가(entrepreneur)의 개념은 '떠맡다'라는 의미의 프랑스어 'entreprendre'에서 유래되었다. 이러한 의미에서 볼 때, 창업가는 사업을 조직하고 사업의 위험을 떠맡고 리더십을 발휘하여 가치를 창조하는 기업가를 의미한다. 창업가들이 소유한 창업가정신 혹은 기업가정신은 무엇인가?

창업가정신은 기존의 통념과 사고에서 벗어나는 혁신적이고 창의적 사고이다.

따라서 창업가정신은 남다른 사고의 방식, 기회를 포착하는 추론적 논리적 사고와 행동, 시스템적 사고와 접근방식, 가치를 창조하고 가치를 습득하기 위해서 리더십을 발휘하는 정신이다(Spinelli and Adams, 2012: 87)[10]. 그렇다면, 과연 창업가정신은 국내에 어떻게 적용할 수 있는가?

제2절 | 기업경영: 기회 발견과 사업계획

창업가정신을 가진 창업가는 혼란이나 위기로 여기는 곳에서 기회를 발견한다. 그들은 이렇게 말한다. "불확실성으로 여기는 모호한 환경을 경험하고 싶은 사람은 누구든 창업가가 될 수 있다." 21세기의 불확실한 환경으로부터 창업가정신을 갖고 도전하는 사람들은 누구나 창업가가 될 수 있다.

> 창업가정신(entrepreneurship)이란 비전, 변화, 창출의 역동적 과정이다. 창업가정신이란 새로운 아이디어와 창의적인 해결책을 창출하고 실행하기 위해서 뜨거운 열정과 에너지를 갖고 있다. 창업가에게 필요한 요소는 시간, 결단력, 공정성, 혹은 경험의 관점에서 계산된 위험을 감수하려는 의지, 효과적인 팀을 구성하여 운영하는 능력, 필요한 자원을 결집시킬 수 있는 창의성과 기술력, 확실한 사업계획서를 수립할 수 있는 근본적인 지식과 경험이다. 그리고 창업가에게 무엇보다도 중요한 것은 무질서, 모순 그리고 혼돈과 혼란으로 보이는 곳에서 기회를 인지할 수 있는 비전을 갖고 있다는 것이다.

우리는 누구나가 창업가가 될 수 있다. 그러나 우리 모두는 창업가가 아니다. 왜냐 하면, 생각만 하고 실행에 옮기지 않기 때문이다. 창업가는 창업하기 전에 다음과 같이 스스로 자문해 봐야 한다. '나는 창업을 해서 돈을 벌기보다는 사회를 위해서 무언가 가치가 있는 일을

---

10) 영어 원문은 다음과 같음. "Entrepreneurship is a way of thinking, reasoning, and acting that is opportunity obsessed, holistic in approach, and leadership balanced for the purpose of value creation and capture" (Spinelli, Jr. and Adams, 2012: 87).

할 수가 있는가?' '나는 성공해서 돈을 벌기보다는 사업의 실패 경험으로부터 학습할 수 있는가?' '나는 아이디어를 갖고 생각만 하기보다는 실제로 이러한 아이디어를 실행에 옮길 수 있을 것인가?' '나는 스스로 나를 통제하고 나의 욕망에 사로잡혀 일을 그르치지 않을 수 있는가?' '나는 든든한 직장과 사회로부터의 명예를 얻으려는 유혹을 뿌리치고 내가 원하는 일을 위해서 묵묵히 나 자신을 채찍질할 수 있는가?' 이러한 질문에 대해서 만일 그렇다고 대답할 수 있다면, 당신은 창업가정신을 충분히 갖고 있다고 말할 수 있다. 그러면 당신은 창업가정신에 충만해 있고 창업을 할 수 있는 능력을 갖고 있다. 만일 당신이 오늘날 복잡계로 특징지어지는 혼돈과 불확실성의 환경에서 남들이 보지 못하는 기회를 발견했다고 가정하자. 그러면 다음 단계로 당신은 사업계획을 수립해야 한다.

사업계획(business plan)[11] 혹은 사업계획서란 무엇인가? 일반적으로 사업계획서는 창업자가 제안된 사업을 상세하게 설명하는 서면 문서이다. 사업계획서에서는 신규 사업의 현재 상황, 예상되는 요구와 전망을 설명해야 한다. 사업계획서의 작성 목적은 외부의 투자가, 은행, 잠재적인 큰 고객, 컨설턴트 및 공급 업체와 같은 전문가가 사업계획을 검토할 수도 있지만 창업가는 사업계획서를 만들어서 나의 새로운 비즈니스를 위한 성공의 가능성을 검토해 볼 수 있다. 또한 사업계획서를 근거로 기존의 비즈니스의 성과 향상에 대해서 아이디어를 얻을 수도 있다. 또한 사업계획서를 통해서 현재 사업이 과연 향후 몇 년 후에 어느 정도 성장할 수 있는지를 미리 예측할 수가 있다.

11) Business plan은 국내에서는 사업계획서로 번역되기도 한다(도날드 큐레토(이종건 외 번역) 2017: 454).

2010년 기준으로 볼 때 국내 벤처기업들의 수가 8,000개가 넘었고, 중소 벤처기업이 차지하는 비중은 한국 국내총생산(GDP)의 20%를 넘어서고 있다. 현재 정부기관인 중소벤처기업부에서 창업지원 정책을 수립하여 국내 창업을 지원하고 있다. 한국 경제사를 돌이켜보면, 지난 1980년대 중반부터 한국 경제는 열악한 경영환경에도 불구하고 불굴의 도전정신을 가진 기업가와 벤처기업인들의 개척자적인 노력으로 오늘날 세계적으로 역사를 찾아보기 힘든 눈부신 경제발전과 기업들을 탄생시켰다. 하지만 21세기에 들어와서 한국 경제는 예측하기 힘든 글로벌 환경에서 세계의 유수 기업들과 경쟁하여 생존하기도 힘든 상황으로 변화되고 있고, 과거의 성공 경험은 잊어버리고 새로운 각오로 다시 도전을 해야 하는 시기에 이르렀다. 세계 경제 포럼 회장이 크라우스 슈밥이 예견하듯이 21세기는 제4차 산업혁명이 사회를 혁신시키는 시대가 될 것이고, 우리 기업들도 이러한 세계적인 트랜드(trend)를 따라가야 한다. 앞으로도 새로운 환경변화에서 살아남는 기업은 새로운 기회의 발견을 포착하여 사업화시켜 새로운 가치를 소비자에게 제공하는 기업이 될 것이다. 이러한 시대적 상황에서 창업과 체계적인 기업경영이 어느 때보다도 절실하게 되었다.

1. 비즈니스 계획과 사업계획서의 작성

창업을 준비하는 사람이 가장 먼저 준비할 사항은 비즈니스 계획을 체계적으로 하는 것이다. 비즈니스 계획(business plan)을 체계적으로 준비하는 것은 마치 여행을 하는 사람들이 어디로 여행을 갈 것인지, 왜 그곳으로 갈 것인지, 가서 어디에 숙소를 정할 것이고 어떻게 여행지를 구경할 것인지 미리 계획을 짜는 것과 같다. 사업 운영을 위

표 9.1 비즈니스 계획 및 사업계획서의 내용

주요 항목	주요 내용
요약	전체 비즈니스 계획 혹은 사업계획에 대한 요약
회사의 현황 및 산업분석	• 회사의 역사적 배경(과거, 현재, 미래) • 산업분석-산업특성, 경쟁자, 전략
제품 또는 서비스	• 제품 또는 서비스에 대한 핵심적 설명 • 제품 개발 관련 항목 • 제조와 운영 • 품질관리와 서비스 • 규제와 법적 문제
시장조사와 시장 분석	• 전반적인 시장 상황의 파악: 고객, 시장 규모, 경쟁, 제품 수명 주기 • 시장 및 소비자 조사
마케팅 계획	• 제품 및 서비스의 가격 결정 • 판매 촉진: 판매 방법, 판매지원, 광고 및 홍보
생산계획	• 구매, 생산에 대한 계획 • 물류(로지스틱스)와 유통방법
조직계획	• 회사의 핵심 경영진 • 소유구조(거버넌스) • 동업자, 주주, 기타 투자자의 신상명세서
재무계획	• 재무자료의 제시 • 재무비율과 민감도 분석
부록	각종 문서, 시장조사 자료, 계약 관계 등에 관한 서류

한 비즈니스 계획은 경영자 및 관리자와 투자자들을 위한 안내서로서 중요한 역할을 한다. 회사의 최고경영자에게는 회사 운영을 위한 청사진(blue print)의 역할을 하며, 관리자들에게는 회사의 방향과 비전을 제시하고, 회사의 목표를 실행하는 지침을 제공한다. 회사의 투자자들에게는 투자에 대한 의사결정을 하기 위한 필요한 정보를 제공한다.

또한 전략적 제휴를 위한 조인트 벤처(joint venture)의 파트너, 고객, 공급자, 유통업자 등 많은 이해관계자들이 다양한 이유에서 비즈니스 계획 또는 사업계획서를 요구한다. 전통적으로 비즈니스 계획은 20～30페이지 분량으로 작성하며 회사의 비전과 목표, 운영의 자세한 내용과 앞으로의 계획이 잘 드러나는 것이 좋다. 일반적으로 비즈니스 계획과 사업계획서의 내용에는 다음과 같은 사항이 포함된다(이장우, 2000: 49).

2. 비즈니스 프로세스와 성과관리

창업의 비즈니스 프로세스는 창업 준비단계, 실행단계, 성장단계 및 철수단계로 구분된다. 모든 비즈니스는 라이프 사이클을 갖고 있기 때문에 창업을 준비하면서 성장하기까지의 비즈니스 프로세스를 단계별로 구분하여 성과를 측정하고 관리해야 한다. 창업의 비즈니스 프로세스의 단계별 활동을 체계적으로 평가하려면 성과 평가 시스템의 체계를 도입해야 한다. 성과평가시스템(Performance Evaluation System)의 체계는 다음과 같은 세 가지 요소에 의해서 이루어진다.

① 직무 설계와 관리(Job design and management)

- 직무분석과 정원 산정
- 직무평가
- 직무설계

② 성과관리시스템(Performance Management System: PMS)

- 비전 및 미션 수립

• 전략수립
• 개인, 창업팀 및 전체 조직의 업적평가, 개인 및 팀의 역량개발 및 평가, 보상

③ 보상시스템(Compensation systems)

• 개인, 팀 및 조직의 보상시스템
• 개인, 집단 및 팀에 대한 인센티브 제도
• 승진 관리

비즈니스 계획과 사업계획서에 따른 성과관리는 개인의 업적과 역량에 대한 평가와 창업팀의 평가 및 전체 조직에 대한 평가가 동시에 이루어져야 한다(그림 9.1 참조).

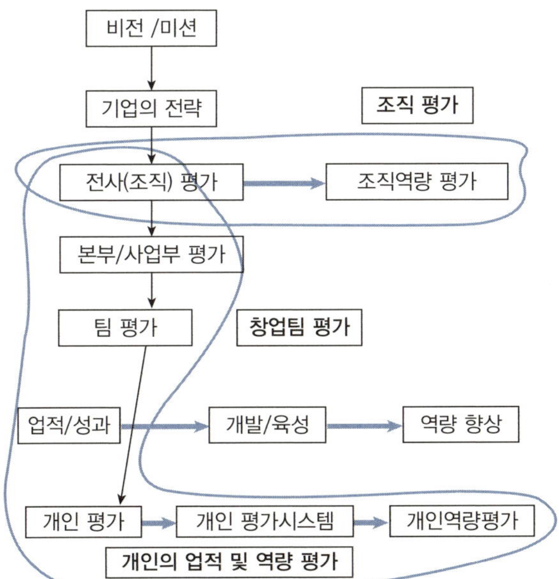

그림 9.1 성과관리시스템(Performance Management System: PMS)의 설계

제3절 | 기업의 사회적 책임

1. 기업의 사회적 책임(CSR)의 개념과 중요성

기업의 사회적 책임(Corporate Social Responsibility: CSR)이란 기업이 사회에서 자신의 역할이 이윤 추구 이상의 것이라는 관념을 의미한다. 예를 들어 기업의 사회적 책임은 윤리적 가치, 투명성, 종업원 관계, 법률 준수, 지역사회에 대한 존중과 지역사회의 발전에 대한 공헌 등을 의미한다(워더 & 챈들러, 2011: 6, 양춘승 옮김). 기업의 사회적 책임(Corporate Social Responsibility: CSR)이라는 용어는 1929년 세계 대공항시기에 미국에서 처음 사용되었다. 이후 기업이 대규모화되면서 경제뿐 아니라 사회·정치적 측면에서의 영향력도 크게 커졌으며, 사회와의 갈등 및 마찰 등이 초래됨에 따라 1960년대부터 CSR에 관한 관심이 본격화되었다. 특히, 기업의 사회적 책임(CSR)은 지속가능경영(sustainable management)이 대두되면서 그 중요성이 더욱 부각되고 있으며, NGO의 활성화와 정보기술의 발전으로 기업에 대한 감시기능이 강화되면서 기업의 사회적 책임(CSR)은 기업의 성장 및 생존과 직결된 주요 사항으로 부상하였다.

그러나 기업의 사회적 책임(CSR)의 개념은 학자들마다 그리고 시대적으로 제시하는 바가 다르다. 2000년대에 이르러 기업의 사회적 책임(CSR)의 중요성이 더욱 강조되면서 그 개념도 더욱 확대되면서 CSR을 더 이상 단순의무가 아니라 전략적 행위라는 주장이 제기되었다. Porter & Kramer(2002)는 기업의 사회적 책임(CSR)을 이행하는데 있어서 특정 이해관계자 집단과는 상생적, 윤리적 책임관계를 잘 유지하면서 사회 공익과 기업의 경제적 이익이 공존하며 수렴할 수 있는 영역을 넓히는 능력이 기업의 경쟁구조를 강화하는데 있어서 핵심 요소이며, 기업의 사회적 책임(CSR)의 통합적, 균형적 접근에 대한 요구를 충족시키는 길이라고 주장하였다.

따라서 기업의 사회적 책임(CSR)은 기업의 중장기적 기업가치 제고에 도움이 되어야 하며, 이를 위해서 기업은 사회와 기업 모두에 이익을 주는 자선행위 영역을 발견하여 기업경영전략과 경영시스템에 접목시킨 '전략적 공헌활동'이 요구된다고 주장하였다. 또한 Bohlander and Snell(2013)은 기업의 사회적 책임(CSR)을 기업이 경영활동과 내부 자원의 기부를 통해 지역사회와 주민들의 이익과 복지를 향상시키는 데 참여하는 것이라고 정의하면서 기업의 사회적 책임(CSR)의 전략적 중요성을 강조하였다. 기업의 사회적 책임(CSR)에 대한 정의 및 개념은 학자에 따라서 시대적 배경에 따라서 다양하게 제시되고 있으며, 이를 종합해보면 기업의 사회적 책임(CSR)이란 '기업이 지속가능한 발전과 성장을 위해 이해관계자의 이익이나 지역사회 전체에 관심을 기울이는 기업의 자발적인 책임 행동'으로 종합적으로 정의내릴 수 있을 것이다.

2. 기업의 사회적 책임(CSR)의 모형

노무라종합연구소의 이부키 에이코는 기업의 사회적 책임(CSR)의 실천을 방해하는 배경에는 사내외의 이해관계자로부터 쏟아지는 '경영적 요청', '사회적 요청'의 딜레마 때문이라고 보았다. 실제로 기업이 경영활동을 하는데 있어 사내외의 이해관계자로부터 매우 다양한 요청을 받고 있는데 경영적 요청은 매출과 이익 향상과 같은 재무적 실적에 관한 요청을 뜻하며 사회적 요청은 기업의 영향력이 확대됨에 따른 지역사회의 기대를 의미한다. 이러한 요청들 사이에서 기업은 딜레마에 이르게 되는데 경영적 요청을 만족시키려면 사회적 요청에 소홀해지고, 사회적 요청을 만족시키려면 경영적 요청에 소홀해져 대응할 수 없게 되는 딜레마가 발생한다.

이부키 에이코는 「경영전략—사회적 책임으로 경쟁력을 강화하기」에서 기업이 기업의 사회적 책임(CSR)의 실천을 통해 지속적으로 발전하기 위해서는 기업의 사회적 책임(CSR)에 대한 기업의 자세를 명확히 하고 경영전략 안에서 기업의 사회적 책임(CSR) 요소를 융합시켜야 할 필요가 있다고 언급했다. 기업이 취해야 할 기업의 사회적 책임(CSR) 영역을 수동적 대응(수비의 윤리)·공격적 대응(공격의 윤리), 사업 내 영역·사업 외 영역 등 두 가지 축을 중심으로 '기업윤리 사회책임 활동', '투자적 사회공헌 활동', '사업 활동을 통한 사회혁신' 등 세 영역으로 나누고 이 세 영역에서 균형 있게 전략적으로 사회와의 관계를 구축해야 한다고 주장했다.

이부키 에이코는 이러한 다양한 활동을 포트폴리오에 따라 기업의 사회적 책임(CSR) 활동이 어떻게 전개되고 있는지 A영역, B영역, C영역으로 나누어 설명하고 있다.

우선 기업윤리 사회책임 영역(A영역)은 수비의 윤리에 해당하는 영역으로 사회의 일원으로 존재하는 이상 기업은 지켜야 할 법령과 완수해야 할 사회적 책임이 있으므로 기업은 이러한 책임을 명확히 규정한 후 실행해야 한다고 보았다. 기업의 불미스런 스캔들은 기업가치에 막대한 영향을 주므로 법령준수나 위기관리 대책은 기업 존립의 중요한 조건이라고 할 수 있겠다.

투자적 사회공헌활동 영역(B영역)은 기업이 사회와 양호한 관계를 유지하기 위한 대응방안이며 사회적 효과와 경영적 효과 모두를 양

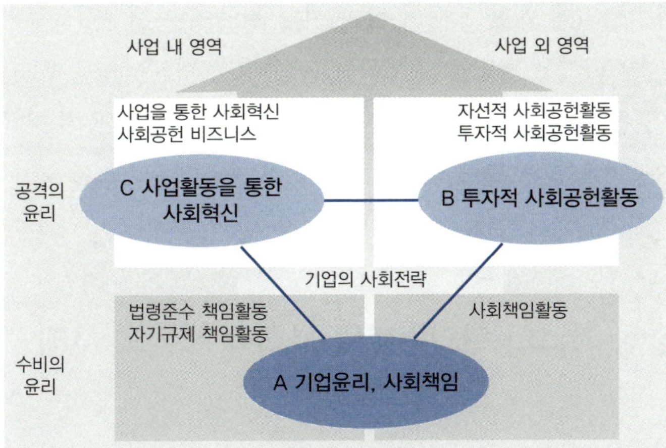

그림 9.2 이부키 에이코의 전략적 기업의 사회적 책임(CSR)의 기본 틀

립시키는 투자적 활동 전략이다. 이 영역은 기업이 사회에 직접 공헌하는 행동이므로 기업의 재량이 크고 전략성이 요구되는 활동영역이라고 보고 있다. 사업 활동을 통한 사회혁신 영역(C영역)은 사업을 전개하는데 있어 이윤추구를 목표로 하는 동시에 사업 활동을 통해 사회를 혁신하고 사회가치를 창조하기 위한 사업 전략을 수립해야 한다고 언급하고 있다. 기업의 사회성은 향후 기업 경쟁력의 중요한 요소가 될 가능성이 크기 때문에 A, B, C 세 영역에서 균형을 유지하면서 사회와의 관계를 구축하는 것이 바람직하다고 주장한다. 따라서 기업의 사회적 책임(CSR)을 실시하는 기업은 어느 영역을 중시하는가에 따라 다음의 세 가지 유형으로 분류된다.

먼저 유형(1) 리스크 회피 중시형(A영역 중시)으로 소극적·수동적으로 기업의 사회적 책임(CSR)을 실시하는 경우이며, 두 번째로 유형(2) 사업 내 활동 중시형(C영역 중시)은 B영역(투자적 사회공헌 활동영역)을 추진하지 않는 기업이나 B2B기업에서 자주 볼 수 있는 유형이며 B영역에 대한 관심이 낮아 사업 활동에 특화시킴으로써 사회성을 높여 나가는 방법을 지향하는 기업이다. 마지막으로 유형(3) 사업 외 활동 중시형(B영역)으로 특히 어느 정도 A영역을 추진함과 동시에 B영역에 많은 투자를 하는 기업이다.

제4절 | 기업의 해외투자와 사회적 책임의 사례

1. 한국 기업의 해외투자

한국 기업의 해외투자는 1980년 중반 이후 대내외 경제여건의 성숙으로 크게 활성화되고 있지만 해외투자의 증가와 더불어 경영실패에 따른 적자누적 등의 이유로 상당수의 해외투자사업이 청산되었다. 즉, 한국 기업의 성급한 해외진출과 국제경영능력의 부족 등으로 인한 경영악화와 특히 1997년 말의 외환위기 등으로 2005년 12월 말 현재 건수 면에서는 총해외투자 건수의 약 7.4%인 2,045건, 금액 면에서는 총 해외투자금액의 약 21.7%인 12,574백만 달러가 철수하였다.

2006년 이후 특히 중국을 중심으로 현지에 진출한 한국 기업들이 급격한 인건비의 상승 등과 외자기업에 대한 각종 우대조치의 축소 또는 철폐 등 중국의 외국인투자정책의 변화로 어려움을 겪고 있으며 그 결과 심지어 야반도주하는 사례들이 발생하여 국가간의 외교문제로까지 비화되고 있는 실정이다. 또한 최근 중국을 중심으로 현지국에서의 CSR에 대한 관심의 증대와 더불어 다국적기업의 사회적 책임(CSR)에 대한 기대수준도 높아지고 있다. 이와 같은 해외진출 한국 기업의 높은 실패성 투자 철수율과 부정적인 한국 기업의 이미지를 개선 및 현지국에서의 다국적기업 사회적 책임(CSR)에 대한 높은 기대에 대응하여 현지국에서의 지속가능한 경영을 실천하기 위해서는 효과적인 기업의 사회적 책임(CSR)전략의 시행이 무엇보다도 필요하다고 할 수가 있다. 즉, 기업의 사회적 책임(CSR) 활동의 후발주자인 국내 기업이 현지국에서 강력한 기업의 사회적 책임(CSR)을 전개하는 선진국 다국적기업을 상대로 살아남기 위해서는 한국 기업의 해외 진출국에서의 기업의 사회적 책임(CSR)활동의 현황을 분석하고 그 개선방안을 제시하는 것이 시급한 실정이라고 할 수가 있다. 하지만 앞에서 살펴본 바와 같이 북미 및 유럽의 거대 다국적기업들이 오래 전부터 기업의 사회적 책임(CSR) 관련 전담부서를 설치하여 전 세계적으로 지속가능한 경영을 추진해 온 것에 비해 최근에야 한국 기업들도 국내외에서의 기업의 사회적 책임(CSR) 활동에 주목하기 시작하였다.

2. 중국에 진출한 현대자동차의 사례

1967년 설립된 현대자동차는 전 세계의 8개 생산공장, 11개 연구소, 6,000여 개의 판매망을 갖춘 글로벌 탑(top) 5의 자동차회사로 2002년 중국 북경에 진출한 이래 2007년 공장을 증축하여 연간 60만 대의 생산체제를 구축하여 중국에 진출한 세계적인 자동차메이커들과 치열한 경쟁을 벌이고 있다.

현대자동차는 기업의 사회적 책임(CSR) 영역을 경제적 책임, 사회적 책임, 환경적 책임 등 세 가지로 나누어 신뢰경영, 환경경영, 사회공헌을 3대 핵심 영역으로 나누어 추진하고 있다. 현대자동차는 글로벌 기업으로서의 기업시민정신을 함양하고 사회구성원으로서 요구되는 사회적 책임 이행에 대한 다양한 이해관계자들의 요구에 부응하기 위해 사회책임위원회(CSR Committee)를 구성하고 그 산하에 해외지역 사회책임위원회를 두고 있으며, 중국 공장의 법인대표도 참여하고 있다. 글로벌 기업의 사회적 책임(CSR)의 관리는 본사와 현지법인 간의 절충형으로 이루어지고 있으며, 별도의 중국어로 된 사회공헌백서와 같은 보고서는 발간하지 않고 있다. 다만 글로벌 기업의 사회적 책임(CSR)을 홍보하기 위해 영어로 볼 수 있는 사회적 책임(CSR)의 홍보사이트(http://csr.hyundai.com)를 운영하고 있다.

현대자동차는 2002년 중국 진출 이후 환경경영, 학교건설 및 교육기자재 지원, 스포츠 문화 분야에 활발한 활동을 전개하고 있으며, 특히 최근 환경에 관한 사회공헌 활동에 중점을 두고 있다.

(1) 환경경영

현대자동차는 자동차기업의 성격상 환경경영을 강조하고 있다. 특히 환경보호의 대표적 사업으로 그린존 프로젝트를 들 수가 있다. 이 사업은 현대자동차는 북경에서 북쪽으로 약 660km 떨어져 위치하고 있는 황사의 발원지로 알려진 내몽고의 쿤산타크 사막 내 차칸노르 지역을 대상으로 2008년부터 2012년까지 사막화 방지 및 생태계복원을 통해 사막을 초지로 바꾸는 사업이며, 지금까지 총 3,800만㎡의 사막을 초지로 바꾸는데 성공하여 크게 주목을 받고 있다. 특히 이 사업은 현대자동차가 환경시민단체, 중국 정부 및 내몽고 자치정부와 함께 협력하여 이 사업을 추진하고 있다는 점에서 좋은 평가를 받고 있다. 그 외 북경지역 산 가꾸기 사업과 더불어 2008년 북경올림픽과 북경시 그린올림픽에 지원하기 위해 중국 상무부 외자사가 주관한 '다국적기업 북경녹색올림픽식목활동'에 참여하였고 북경올림픽공원 녹색사업

성금을 기증하였다.

(2) 교육지원

현대자동차는 학교건설 및 교육 기자재 지원 등 다양한 사업을 통해 교육지원사업을 펼치고 있다.

첫째, 2007년 4월 현대자동차는 중국 산동성 일조직업기술학원 현대차 기술학교를 설립한 후 교육용 자동차, 부품 및 기자재를 기증하였다. 우선 1단계로 완성차 두 대를 포함한 64품목의 343개 부품을 기증하고 2단계로 현대자동차의 완성차 40여 대를 기증하였다.

둘째, 2009년 4월 현대차배 '북경 우수 대학교 경제학과 학생 토론대회'를 협찬·진행하였는데, 북경지역의 북경대학, 청화대학을 포함한 15개 우수 대학교의 학생들이 이번 대회에 참석하였다.

셋째, 2009년 4월 15일부터 북경지역 200여 개 초, 중학교에서 공익 영화 '보이지 않는 날개'의 상영을 지원하였다. 이 영화는 수도지역 초, 중학교 학생들에 대한 인재교육을 강화하고 어렸을 때부터 고난과 역경에 견디는 강한 의지력을 키우며 자기 자신을 정확하게 인식할 수 있는 공익 영화(장애인 관련 영화)이다.

넷째, 활발한 교육기자재 지원사업을 벌여오고 있는데, 2003년 순의구의 석원 초등학교에 최신 컴퓨터 60대를 기증한 이래 '홍색여행'을 통해 빈곤지역 학생들에게 70만 위안 상당의 컴퓨터와 도서, 문방용품 등을 전달하고, 청화대, 북경대 등 중국 전역 주요 대학에 실습용 차량 수십 여 대와 엔진 100여 대를 꾸준히 기증하는 등 교사, 교수들과 학생들이 보다 좋은 환경에서 최신의 교육기자재로 학습할 수 있도록 노력하고 있다.

마지막으로 북경현대장학회(Sailing of Dream)를 설립하여 순의구의 고등학생들과 대학생들을 지원해 오고 있다.

(3) 사회봉사

다양한 사회봉사활동을 전개하고 있으며, 특히 자동차업체의 특성을 살려 재난지역에 방재용 자동차 기증 등의 사업을 펼치고 있다.

첫째, 북경의 순의구 올림픽 자원봉사협회에 차량을 기증, 제7회 중국 화초박람회 행사용 차량 기증, 사천성 삼림무장경찰에 공무용 차량 1대를 기증하였다.

둘째, 2008년 1월 하순부터 2월 초까지 중국 남부지역의 폭설지역에 폭설피해 복구용 차량인 투싼 5대를 기증하고 중국적십자총회에 수재 후원금 100만 위안을 기부하였다.

셋째, 2008년 5월 사천성 대지진피해복구를 지원하기 위해 현대기아차그룹은 산하 독자 및 합자 기업들을 동원하여 중국적십자회를 통해 구호 선금 1622만 위안을 피해지역에 기부하였다.

(4) 문화·스포츠 지원

현대자동차 공장이 있는 북경 순의구 주민들을 초청하여 대규모의 송년 음악회인 '북경현대의 밤' 행사를 매년 개최하고 있으며, 네 손가락 피아니스트로 잘 알려진 이희아 양이 녹내장을 앓고 있는 어린이들을 돕기 위해 베이징에서 연 피아노 연주회를 후원하였다. 그리고 2010년 베이징 마라톤 대회의 공식 스폰서로서 업무용 차량 20대를 지원하였다.

현대자동차는 '현대 그린존 차이나'사업 등 차별화된 활동을 통해 좋은 이미지와 지역에 봉사하는 기업이라는 평가를 듣고 있다. 특히 현대자동차는 그린존 프로젝트를 통해 성공적인 현지 정부, 시민,

NGO와의 협력사례를 남기면서 그 노력을 인정받아 작년 말 한국 기업 최초로 '2010년 중국 CSR활동(사회공헌활동) 대상'을 수상하였다.

3. 중국에 진출한 도요타 기업의 사례

도요타는 기업활동을 통한 지역사회 공헌이라는 기본 이념 하에 기업의 사회적 책임(CSR) 활동을 불가피하게 지불해야 하는 비용이라기보다는 중장기적 관점에서 중국 사회에서 진정한 기업시민이 되기 위한 당연한 의무라는 생각에 기반을 두고 있다. 도요타 중국법인의 기업의 사회적 책임(CSR) 활동은 크게 환경보호, 교통안전, 인재양성 등 세 가지 축을 중심으로 전개되고 있으며, 특히 자사의 제품인 자동차와 직접적인 관련이 있는 분야에서 적극적인 기업의 사회적 책임(CSR) 활동을 하고 있다. 도요타의 기업의 사회적 책임(CSR) 활동은 '자동차를 통해 부를 실현하고, 다시 이를 가지고 사회에 공헌한다'는 창립자의 신념이 반영되어 있다.

(1) 환경보호

첫째, 자동차가 원인이 되는 각종 환경오염의 폐해를 줄이기 위해 중국 전역의 도요타 네트워크를 통한 연합적 환경관리를 하고 있으며, 중국의 환경정책 동향과 사회적 분위기 등을 고려하여 각 영역에서의 환경관련 과제를 가시화하는 역할을 수행하는 중국환경위원회를 설립·운영하고 있다.

둘째, 도요타의 EMS(environment management system)를 준수하고 환경오염을 최소화하기 위해 생산 환경관리를 적극 추진하고 있으며, 13개 공장에 ISO 14001 인증 획득과 직원들에게 환경의식 고취교육 등을 실시하고 있다.

셋째, 하이브리드(Hybrid) 차량 개발 및 보급, 고효율 연비 모터 WT-1의 개발 등 환경오염물질 배출의 제거 및 자원절약 등에 적극 나서고 있다.

넷째, 중국인들의 환경보호의식을 고취시키기 위해 중국 관련 기관과 공동으로 '중국청년 도요타 환경보호상'을 제정하여 환경보호 방면에 뛰어난 공헌을 한 단체나 개인에게 시상하고 있다.

마지막으로 '21세기 중국수도권 환경 녹화 시범기지'건설의 일환으로 허베이성에 중국의 사막화방지를 위한 식수사업을 2001년부터 전개하고 있으며, 2009년 말까지 약 3,000헥타르의 녹지를 조성하였다. 특히 이 사업은 중일 양국 간 국가적인 환경프로젝트로 추진된 것이라서 그 의미가 더욱 크다.

(2) 교통안전

도요타는 중국에서의 자동차 급증 때문에 늘어나는 교통사고 등 교통안전에 자동차 제조업체로서의 책임을 인식하고 이에 대한 활발한 활동을 벌이고 있다. 안전문제에 대해 도요타는 제품개발 및 제작과정 자체 감시기구 설치, 자동차 안전성 시험결과 공개, 교통안전체험 박람회 개최, 육교건설 등 제품 자체의 안정성 확충과 더불어 사회 전체에 안전의식을 고취하는 활동을 하고 있다. 예컨대, 도요타의 합자회사인 쓰촨이치 도요타는 2003년부터 청두시 교통관리국과 공동으로 신문과 방송을 통하여 교통사고 줄이기 캠페인을 지속적으로 벌이고 있으며, 교통안전 공익광고 활동의 일환으로 교육용 책자 2만 2천개, 안전포스터 1만 1천개를 직접 제작하여 청두시 곳곳에 배포하였다.

(3) 인재양성과 인적자원개발

첫째, 도요타 장학금을 중국 서부지역에서 학업이 우수한 저소득층 학생들에게 지급하고 있으며, 2000년부터 쓰촨성과 텐진을 중심으로 초등학교를 신축 및 리모델과 증축을 꾸준히 지원하고 있다.

둘째, 도요타-진베이 기술공업센터를 설립하여 자동차 제조와 관련된 지역사회 전문인력을 양성하고 있으며, T-TEP(Toyota Technical Education Program)학교를 설립하여 A/S전문인력을 양성하고 있다.

셋째, 청화대학교와 연계하여 공공관리대학원 내에 산업발전 및 환경관리 연구센터를 설치운영하고 있으며, 교육부에 자체 개발한 A/S 교육시스템을 기부하여 중국 자동차 운영과 유지, 수리 전문 영역의 직업기술학교에 도입하도록 지원하고 있다.

넷째, 도요타 자동차 회사는 글로벌 기업의 리더 양성과 조직구성원들의 경력개발의 필요성을 인식하고, 조직 내 경력계획 및 경력개발을 위한 제도를 설계하고 시행하고 있다. 즉 조직구성원들 개인의 니즈(need)와 기업의 니즈가 부합되는 접점을 통해 궁극적으로 조직유효성을 증대시키는 것을 목적으로 하고 있다.

(4) 기 타

긴급구호 등 사회적 관심 사안에 대해 적극적으로 활동을 하고 있으며, 재난지역에 구호물품의 제공, 기부금 기부 및 경찰차·구급차 등의 차량을 기부하고 있다. 중국 도요타는 가장 성공적인 기업의 사회적 책임(CSR) 활동을 전개하는 것으로 평가받고 있으며, 특히 자동차와 직접 관련이 있는 분야를 중심으로 환경보호문제, 교통안전, 인재양성 등의 특색 있는 활동을 전개하고 있다.

이와 같이 도요타와 현대자동차의 중국 내 기업의 사회적 책임

(CSR) 사례를 비교·분석한 결과를 종합해 보면 다음과 같다.

첫째, 중국 내에서의 도요타나 현대자동차의 기업의 사회적 책임(CSR) 활동은 법적·윤리적 책임, 이해관계자 책임, 자선적 책임 등의 분야에서 다양한 활동이 전개되고 있다. 다만 활동의 내용 측면에서 현대자동차에 비해 도요타는 자동차와 직접적인 관련이 있는 분야를 중심으로 이루어지고 있으며, 도요타의 경우 현지 소비자, 공급상 등 다양한 이해관계자를 대상으로 균형있는 활동을 전개하는 데에 비해 현대자동차의 경우 상대적으로 도요타에 비해 지역사회에 대한 사회공헌활동(자선활동) 등 공익적 활동에 치우친 감이 있다.

둘째, CSR의 인식단계와 Porter & Kramer의 반응적 CSR과 전략적 기업의 사회적 책임(CSR) 모형(2006) 및 이부키 에이코의 기업의 사회적 책임(CSR) 모형(2006)에 따른 평가 측면에서 현대자동차는 '자발적 관리'와 '성장전략에 통합'의 중간 단계이고 어느 정도 수동적·반응적 기업의 사회적 책임(CSR)에서 벗어나 전략적 기업의 사회적 책임(CSR)이 실시되고 있으나 기업과 사회 공통의 가치를 반영한 가치사슬변형 제품의 생산 측면이나 사업 활동을 통한 사회혁신 영역(C영역)에 대한 활동이 부족하다고 생각된다. 반면에 도요타 자동차는 '성장전략에 통합'의 단계이며 전략적 CSR 측면에서 보다 완벽하다고 할 수가 있다. 즉, 친환경적 연료개발과 하이브리드카의 지속적인 개발 등 기업과 사회 공통의 가치를 반영한 가치사슬변형 제품의 생산 측면이나 사업 활동을 통한 사회혁신 영역(C영역)에 대한 활동도 활발히 전개하고 있다고 볼 수가 있다.

'중국 자동차 산업에 진출한 현대자동차와 도요타의 기업의 사회적 책임(CSR) 사례'를 통한 해외투자전략을 비교하면 다음과 같다.

첫째, 두 회사 모두 다양한 기업의 사회적 책임(CSR) 활동을 전개하고 있으나 현대자동차의 경우 상대적으로 자동차와 관련이 없는 분야의 지역사회에 대한 자선적 사회공헌활동에 치우친 데에 비해 도요타는 자동차와 관련이 있는 분야를 중심으로 현지 소비자, 공급상 등 다양한 이해관계자를 대상으로 균형 있는 활동을 전개하고 있다.

둘째, 기업의 사회적 책임(CSR)의 인식단계나 전략적 측면에서의 기업의 사회적 책임(CSR) 모형 및 이부키 에이코가 주장한 기업의 사회적 책임(CSR) 모형에 따른 평가 측면에서 보면, 현대자동차에 비해 도요타는 보다 전략적 측면에서의 기업의 사회적 책임(CSR) 활동이 이루어지고 있다. 즉 고효율연료의 개발, 하이브리드카에 대한 지속적인 개발 및 투자 등 기업 내 사업과 관련이 있는 분야에서의 CSR활동을 통해 사회공헌과 더불어 기업의 경쟁력을 높여 실질적인 성과를 내는 방향으로 CSR활동이 전개되고 있다. 가령 도요타의 하이브리드카 개발은 차세대 자동차를 만들어 보다 많은 판매량을 올릴 수 있을 뿐만 아니라 동시에 적극적인 환경보호활동이 되므로 그 자체로 전략이 되고 있다.

셋째, 도요타는 전략적 측면에서 지역사회의 전문인력 등의 인재양성과 도요타 현지 직원의 경력개발을 통한 인적자원개발에 주력하고 있다.

현대자동차는 자신의 사업과 직접적 관련이 없는 분야에서의 자선적 기업의 사회적 책임(CSR) 활동, 예컨대 환경보호, 재난구조, 봉사활동 등은 다른 모든 기업들이 이런 자선적 활동을 전개하고 있다는 점에서 차별성이 없을 뿐만 아니라 장기적인 관점에서 기업 이미지 개선 등에 도움이 되지만 기업의 사회적 책임(CSR) 활동을 통해 기업의 경쟁력을 높여 직접적인 재무적인 성과를 가져오지 못한다. 기업의 입장에서는 경제적 동인이 없는 기업의 사회적 책임(CSR) 활동을 할 이

표 9.2 중국에서의 현대자동차와 도요타 기업의 사회적 책임(CSR) 사례 비교

구 분	현대자동차	도요타
CSR활동의 변형된 Carroll모형에 의한 평가	• 다양한 활동 전개 • 상대적으로 지역사회에 대한 사회공헌활동(자선활동)에 더 많은 비중	• 다양한 활동 전개 • 자동차와 직접 관련된 분야에 집중
CSR 인식단계	• '자발적 관리'와 '성장전략에 통합'의 중간 단계	• '성장전략에 통합' 단계
Porter & Kramer의 반응적 CSR과 전략적 CSR모형(2006) 및 이부키 에이코의 CSR모형(2006)에 따른 평가	• 상대적으로 전략적 CSR 미비 • 기업과 사회 공통의 가치를 반영한 가치사슬변형 제품의 생산 측면이나 사업 활동을 통한 사회혁신 영역(C영역)에 대한 활동이 부족	• 보다 완벽한 전략적 CSR • 기업과 사회 공통의 가치를 반영한 가치사슬변형 제품의 생산 측면이나 사업 활동을 통한 사회혁신 영역(C영역)에 대한 활동도 활발함
CSR 차원의 인재양성과 인적자원개발	현지 직원들에 대한 교육과 경력개발 제도가 미비함	현지 지역사회 전문인력의 양성과 도요타 직원들의 경력개발을 통한 기업의 CSR 실천함

유가 없어지게 되며, 기업의 사회적 책임(CSR)에 투입하는 자원을 줄이거나 기업의 사회적 책임(CSR)에 투입한 자원만큼의 효과를 얻지 못하고 기업의 사회적 책임(CSR) 활동이 기업의 부담이 되는 현상이 발생할 위험이 있다는 점을 명심해야 한다.

해외진출기업으로서 사회공헌활동을 하는 것은 초기 전략으로 적절하지만 궁극적으로는 C단계로의 전략전환이 필요하다. 지속적인 성장을 위해서는 사회공헌도 중요하지만 사업 활동을 통한 사회혁신을 통해 직접적인 재무적 성과를 얻는 것이 필요하다. 즉 '성장전략에의

통합'과 '기업과 사회 공통의 가치를 반영한 가치사슬변형 제품의 생산'으로까지 발전하여 기업의 경제적 이윤과 사회적 공헌 간의 불균형을 시정하여 시너지효과를 발생시켜야 할 것이다.

제10장

창의적 인재경영

제1절 | 패러다임의 변화

제5장에서 언급했듯이 1990년대 후반 이후에 정보기술(IT)의 급격한 발달로 세계는 글로벌화된 환경으로 변모하게 되었다. 글로벌화된 환경에서 인공지능(AI), 사물 인터넷(IoT), 빅데이터(Big data), 클라우드 컴퓨팅(cloud computing)과 같은 혁명적인 기술 발달로 인해서 제4차 산업혁명이 시작되었고, 이러한 혁명적인 기술은 전 세계를 네트워킹화 하고 있다. 즉 기업의 혁신경영은 제5세대 혁신경영의 모델로 발전하게 되었다. 제5세대 혁신경영에서는 세계의 환경은 복잡계 환경으로 변모하게 되었다. 제5세대 혁신경영은 비선형형성과 예측 불가능한 환경변화로 특징지어 복잡계 환경에 대비하기 위해서는 전 세계를 연결하는 네트워킹과 통합적 모델로 발전되었다. 제5세대 혁신경영에서는 혁신 기술도 중요하지만 결국은 이러한 혁신 기술

을 사용하여 제4차 산업혁명을 이끌어가는 것은 사람이기 때문에 이러한 혁신 기술을 사용하여 혁신경영을 이루어 내는 것이 관건이다. 결국은 제4차 산업혁명의 성공 여부는 사람에 달려 있다. 전략적인 측면에서 보면, 과거에는 비교적 산업이 안정되어 있어서, 전략을 잘 수립하는 것이 중요하였다. 즉 미래를 잘 예측하고 이러한 미래를 대비하여 효과적인 전략을 수립하는 것이 중요하였다. 최고경영자는 효과적인 전략을 수립하기 위해서 많은 자료를 수집하고 이러한 자료를 분석하여 환경 변화에 적합한 의사결정을 수립하는 데 많은 시간을 투자하였다. 그러나 제5세대 혁신경영에서 다루는 복잡계환경은 비선형적인 특성을 갖고 있어서 미래를 예측하기가 어렵게 되었다. 시장 환경도 급격하게 변화되기 시작하였고 고객은 점차로 변화되기 시작하였다. 또한 경쟁기업의 전략도 급격하게 변하였다. 이러한 시대적 상황에서 경영자가 전략을 수립하는 것은 매우 어려운 과제가 되었다. 종래의 기업에서는 전략기획실이 있어서 전략의 수립만을 전문적으로 담당하는 부서가 있었다. 전략기획실에서 전략을 수립하면 전략의 실천은 다른 부서들이 한다. 이러한 과거의 관행은 최근 많은 비판을 받고 있다. 왜냐 하면, 현장에 있는 사람들이 환경 변화에 가장 민감하고 회사에서 어떤 일을 수행하는 데 가장 잘 알고 있는데 이러한 사람들을 전략을 수립하는 과정에서 배재하기 때문이다. 이것은 경영에 있어서 기존의 패러다임의 입장을 고수하는 과학적 경영과 유사하다. 즉 기업은 전략을 수립할 때 최고경영자를 중심으로 톱다운(top down) 방식의 의사결정을 하는 것이다. 그러나 오늘날 와비파커와 같은 기업에서는 조직의 모든 사람들을 전부 포함시키고 기업의 고객 의견을 반영하여 전략을 수립한다(와비파커의 사례는 제12장 혁신과 혁신기업의 이해, 제4절 미국 혁신기업의 사례를 참조).

제2절 | 창의적 인재란?

1. 창의적 인재의 개념

과거에는 사람을 단순한 노동자로 취급하여 조직의 구성원들을 통제와 감시를 통해서 관리하였다. 21세기 혁신경영의 시대에서는 사람은 단순한 노동자가 아닌 새로운 기술개발을 통해 신제품과 새로운 서비스를 제공할 수 있는 창의적인 인재로 간주한다. 이러한 창의적 인재는 혁신에 있어서 가장 중요한 자원이며 비용의 관점에서 보아서는 안 된다. 종래의 패러다임에서는 사람을 비용으로 보았고, 경영자는 명령하는 사람으로 인식되었다. 이러한 과거의 패러다임에서 종업원은 경영자의 명령에 복종하고 따르는 사람으로 간주되었다. 기업의 대부분 종업원은 명령을 받고 그대로 따르는 것에 익숙하였다. 왜냐 하면, 그렇게 하는 것이 그들의 책임을 경감하고 그들에게 스트레스를 덜 준다고 생각하였기 때문이다. 이러한 분위기에서 종업원은 스스로 생각하고 창의적이고 도전적이지 않고, 단순히 상사의 명령에 따라 업무를 수행하는 수동적인 인간이 되었다. 하지만 이러한 수동적인 인간은 창의적인 인재가 될 수 없다. 오히려 창의적인 인재는 스스로 생각하고 판단하여 일을 처리하여 새로운 환경변화에 적응하기 위한 아이디어를 개발하고 창의적으로 업무를 처리해 나가는 도전적이고 적극적인 사람을 말한다.

2. 직무의 변화와 창의적 인재의 필요성

혁신경영의 시대에서는 직원들이 수행하는 직무 자체도 변하고 있다. 정보기술의 급속한 발전과 인공지능(AI), 사물 인터넷(IoT), 빅데이터(Big data), 클라우드 컴퓨팅(cloud computing)과 같은 혁신 기술로 이루어낸 제4차 산업혁명 시대에서 부서간의 협동 체제의 강화, 이종 산업과 기업들 간의 네트워킹과 통합, 글로벌 경쟁의 확대 등으로 인하여 이제 업무는 단순 반복적인 틀을 벗어나, 창의적이고 가치 중심적인 업무로 바뀌고 있다. 이러한 상황에서 경영자는 직원들을 '관리하는 관리자'가 아닌 직원들의 협조와 참여를 이끌어 내고 이들을 활용하여 창의적인 업무를 만들고 실행하는 '생각하는 경영자'가 되어야 한다. 또한 직원들은 단순히 명령에 의해서 업무를 수행하는 '수동적인 사람'에서 탈피하여 달성할 목표를 향해서 최선의 방법을 스스로 강구하여 업무를 수행하는 '생각하는 사람'이 되어야 한다. 이러한 '생각하는 사람'이 창의적인 인재이다(안영진, 2014: 104).

제3절 | 창의적 인적자원관리

오늘날은 흔히 지식사회라고 부른다. 이러한 지식사회에서 가장 가치가 있는 자산은 창의적인 인재가 갖고 있는 지식이다. 지식사회에서 혁신경영의 본질은 지식을 생산적으로 만드는 과정이며, 이는 경영의 혁신적인 테크닉이나 최신 경영 기법 중심의 기술적인 성격이 아니라, 사회적 기능이 매우 중요하다는 것이다(Drucker, 1993).

창의적인 인재는 경영기법이나 정보기술을 잘 다루기보다는 타인과의 의사소통과 협력을 통해서 일을 성취하는 사회적 기능이 뛰어나며 창의적이고 '생각하는 사람'이다. 이러한 창의적인 인재를 어떻게 개발할 것인가? 창의적 인재를 개발하기 위해서는 새로운 지식생산의 모형에 대해서 이해할 필요가 있다. 전통적인 지식생산의 모형에서는 대학의 상아탑을 중심으로 연구되는 학계에서 정의한 전문분야의 학문적 지식이 생산되는 것이 주류였다. 최근에는 서로 다른 분야의 지식이 융합되거나 통합되어 생산되는 학제적 지식(interdisciplinary knowledge)이거나 지식이 적용되는 곳에서 생산되는 현상을 보이고 있다. 이러한 지식생산 모형의 변화는 〈표 10.1〉에서 정리하였다.

새로운 지식생산의 모형에 의하면 지식의 적용 범위가 기업이나 산업 현장에서 지식생산은 지식 집약적인 분야에 국한되는 것이 아니라 매우 광범위해지고 있다는 것이다. 이러한 변화가 조직에 미치는 영향은 조직구조와 직무설계에 있어서 이미 나타나고 있다. 즉 새로운 정보기술과 통신기술의 발달에 의해서 조직은 수평적인 구조로 변화하고 있으며 직무설계도 어느 한 영역에 국한되기보다는 몇 개의 영역을 통합하는 직무설계가 등장하게 되었다. 기업에서의 창의적 인적자원관리는 조직을 경제적 실체라기보다는 사회적 실체로 보고, 구조 설계를 통해 핵심 과업을 중심으로 설정된 역할과 관계들을 재조명하는 데 초점을 맞추어야 한다(장영철, 2001 : 49).

기업들은 창의적인 인재경영과 인적자원관리를 위해서 '과학적 관리법(scientific management)'에 의해서 인간의 오류를 제거하려는 목

표 10.1 지식생산 모형의 변화

전통적 지식생산의 모형	새로운 지식생산의 모형
전문분야의 학문적 지식 동질성의 강조	학제적 지식의 강조
학계에서 문제들이 정의됨	지식이 적용되는 곳에서 지식이 생산됨
계층적이고 안정적 조직에서 지식생산	비계층적이고 일시적 조직에서 지식생산
눈에 보이지 않는 학파에 의한 질적 통제	지식에 대한 사회적 책임과 성찰과정

출처 : Gibbons, M. *et al*. (1994)

적으로 설계된 기계적인 시스템 접근방법을 초월하여야 한다. 또한 사람을 통제 가능한 비용요소 혹은 대체 가능한 부품으로 보는 시각에서 탈피하여 사람을 진정으로 조직의 자산으로 인정하는 철학이 있어야 한다. 이러한 관점에서 창의적 인재경영과 인적자원관리의 사례로 일본의 마쓰시다(松下) 기업의 정신문화(精神文化)와 인적자원관리를 소개하고자 한다.

제4절 | 창의적 인재경영: 일본 마쓰시다(松下)의 사례

일본의 마쓰시다(松下) 기업은 미국의 하버드 경영대학원(Harvard Graduate School of Business Administration)과 스탠포드 경영대학원(Standford Graduate School of Business)에서 자주 인용되고 있는 일본 기업의 일반적인 경영방식에 의해서만 이루어지지 않은 '혁신경영(innovation management)'의 대표적인 사례이다. 마쓰시다는 일본의 재벌(zaibatsu) 기업이나 계열(keiretsu) 회사의 형태에서 성장하지도 않았으며, 일본 정부의 특별한 경제적 지원과 혜택이나 법적인 보호를 받아 본 적이 없다. 마쓰시다의 '혁신경영'은 동양의 정신문화를 기초로 선진국에서 창안된 경영기법들을 결합하여 고유의 경영방식과 자체의 기업문화를 개발한 데에 그 근원을 찾아 볼 수 있다.

일본의 마쓰시다(松下) 기업은 전기와 전자기기의 제조업체이다. 1993년도에 614억 달러의 매출을 달성하여 경제와 비즈니스 분야의 세계적인 권위가 있는 포춘(Fortune) 지(誌)가 선정한 세계 500대 기업 중 제 8위를 차지한 세계적인 기업이다. 본 절에서 소개하는 일본 마쓰시다 기업의 사례는 미국의 하버드 경영대학원의 아토스(Athos)

교수와 스탠포드 경영대학원의 파스칼리(Pascale) 교수가 공동으로 저술한『일본 경영의 예술(The Art of Japanese Management)』의 내용을 기반으로 번역하고 내용을 수정한 것이다(Pascale and Athos, 1983).『일본 경영의 예술(The Art of Japanese Management)』에서 마쓰시다가 어떻게 세계적인 최우수 기업으로 성장하였고, 창업자인 마쓰시다 고노스케 씨가 어떤 역할을 하였는지를 소개함으로 마쓰시다의 혁신경영과 창의적 인재경영은 전 세계에 알려지게 되었다. 이러한 사례를 살펴봄으로 마쓰시다 정신이라고 불리는 마쓰시다의 경영철학과 기업문화가 인적자원관리에 어떻게 반영되었고, 또한 인적자원관리는 마쓰시다의 경영철학과 기업문화를 어떻게 유지하고 강화하였는지를 소개하고자 한다.

1. 일본 마쓰시다(松下)의 기업문화

일본에서 마쓰시다(松下)는 도요타(豊田)와 히다찌(日立)와 함께 일본을 대표하는 3번째 대기업이다. 창업자 마쓰시다 고노스케 씨는 공식교육도 제대로 받지 못하고 어릴 때부터 자기 아버지의 자전거 가게에서 하루에 300원(25센트)을 버는 조수로 일을 시작하였다. 그 당시 미국의 발명왕이었던 토마스 에디슨(Thomas Edison)의 뛰어난 발명에 대한 소식이 일본에 전해졌을 때, 마쓰시다 고노스케 씨는 감동을 받아서 자기 자신도 새로운 발명과 창업에 큰 관심을 갖게 되었다. 그의 첫 발명품은 복수의 전기 어댑터(double outlet electronic adaptor)였다. 그 당시 일본의 가정에서는 한 개의 전기회선에 한 개의 전구만을 사용하였다. 일본 가정에 복수의 전기 어댑터를 보급하여 일본 가정의 전구 사용을 두 배로 증가시켜서 일본 사회에 커다란 편의를 제공하였다. 그때가 제1차 세계대전이 끝난 해인 1918년이었는 데 그 당시 마쓰시다 고노스케 씨의 나이는 22세였다. 그 후 10년 내에 마쓰시다 회사는 일본의 가전제품 산업을 이끄는 선두 기업이 되었다.

마쓰시다 고노스케 씨가 아버지의 자전거 가게에서 독립하여 본인 소유의 기업을 설립하고 복수의 전기 어댑터를 만들기 시작한 동기에는 그의 경영철학과 가치관을 말해주는 유명한 일화가 있다. 그가 창업 당시 업종과 제품에 대해서 골몰하고 있던 더운 여름날에 오사카의 시내 거리에서 거지 한사람이 길가에서 수돗물을 아주 맛있게 먹고 있는 장면을 보았다. 이러한 장면을 본 마쓰시다 고노스케 씨는 모든 사람들이 아주 긴요하게 사용할 수 있는 값싸고 질좋은 제품을 만들어야 되겠다고 생각하고 복수의 전기 어댑터를 발명하게 되었다고 한다. 이것이 바로 사업은 인류를 위해서 봉사한다는 마쓰시다의 경영철학이 되었고, 기업문화의 핵심인 사업보국(事業報國)의 경영이념이 되었다.

마쓰시다의 기업문화는 마쓰시다의 정신문화에서 비롯되었다. 마쓰시다 회사를 방문한 사람들은 회사의 분위기와 조직구성원들의 일하는 자세에 크게 놀라게 된다. 사내의 업무환경이 매우 깨끗하고 질서정연하며, 사람들의 옷차림과 머리모양도 단정하다. 직원들이 일단 회사에 출근하면 아침 조회시간에서부터 저녁의 퇴근시간까지 모든 일이 조직적이고 체계적으로 이루어지고 구석구석까지 규율이 엄하게 지켜지고 있어서 마치 종교 집단에 온 것 같은 착각을 일으키기도 한다.

마쓰시다의 정신은 사업보국(事業報國), 공명정대(公明正大), 화친일치(和親一致), 역투향상(力鬪向上), 예절겸양(禮節謙讓), 순응동화(順應同化), 보은감사(報恩感謝)의 일곱 가지 가치관으로 구성되어 있다.

2. 마쓰시다(松下)의 정신과 창의적 인적자원관리

본서의 제2장의 제4절 '한국, 중국, 일본 경제와 기업의 비교(3. 일본 기업과 경영의 특성)'에서 언급했듯이 일본에서는 근대화 이후에 유럽의 지주회사를 변형시킨 '재벌(zaibatsu)'이라는 대기업들이 존재하였고, 제2차 세계대전 이후에는 일본의 경제시스템이 변화됨에 따라 재벌은 해체되고 재벌 산하의 각 기업은 기업집단인 '계열(keiretsu)' 회사라는 독특한 조직을 형성하였다. 하지만 마쓰시다는 이러한 재벌 및 계열회사에 속하지 않으면서 독자적인 기업으로서 일본의 '계열'회사와는 차별화되는 독특한 조직 구조와 경영 전략과 기존의 일본 기업과는 다른 창의적인 인적자원관리 시스템을 설계하여 운영하였다.

마쓰시다 창업자인 마쓰시다 고노스케 씨는 공식교육을 제대로 받지 못하고 성장하였고, 어릴 적부터 아버지의 자전거 가게에서 일하면서 스스로 공부하는 습관에 익숙하였다. 이렇게 해서 형성된 마쓰시다의 정신은 사업보국의 이념하에 사회에 대한 봉사와 의미 있는 직장생활을 강조한다. 마쓰시다 고노스케 씨의 다음과 같은 말은 마쓰시다의 정신을 대변한다고 볼 수 있다.

> 기업은 사회에 제공하는 서비스에 기초해서 자립능력을 갖추어야 합니다. 기업의 이익은 기업의 욕심을 반영하는 것이 아니라, 기업이 사회에 제공한 서비스에 대한 가치에 대한 사회의 감사 표시입니다. 기업이 이익을 내지 못했을 때, 기업은 사회에 대한 자원의 낭비이기 때문에 사라져야 합니다. 이념을 떠나서 상식적으로 생각해 볼 때, 사회는 사회의 욕구 충족을 위해 봉사하는 조직을 탄생시키고,

조직이 사회에 제공하는 이러한 봉사에 대해 보상을 해 준다고 할 수 있습니다. 기업에게는 그들이 고용한 사람들의 인간적 성숙과 발전에 대한 피할 수 없는 책임이 있습니다. 이러한 기업의 책임은 기업이 단순히 이익을 위해서 인적자원을 착취할 것이 아니라 기업과 사회 그리고 개인을 연결시키면서, 개인의 생산적인 삶이 사회에 대한 공헌으로 이어질 때, 비로소 기업의 책임이 실현되는 것입니다. 따라서 기업은 구성원들에게 그들의 훈련자로서 역할을 해야 하며, 또한 그들의 개발자로서 책임이 있습니다.

마쓰시다의 정신은 (주)마쓰시다의 제품이나 서비스를 초월하여 마쓰시다의 전 직원에게 어떤 중요한 삶의 의미를 제공해 준다. (주)마쓰시다에서는 매일 아침 8시에 일본의 전역에서 마쓰시다의 전 직원이 함께 윤리 규약(codes of ethics)을 암송하고 사가(社歌)를 합창하면서 하루의 일과를 시작한다. 이러한 행동은 이상하게 보일지도 모르지만 이러한 행동을 통해서 마쓰시다의 직원들은 공동체 의식을 체질화하게 된다.

(1) 채용시스템

마쓰시다는 직원 선발시 일본의 명문대학 졸업생을 선호하지만, 반드시 명문대생 만을 고집하지는 않는다. 마쓰시다 고노스케 씨는 조직을 잘 운영하려면, 소수의 '정예'보다는 수많은 평범한 사람들이 더 필요하다는 신념을 갖고 있다. 마쓰시다의 인적자원관리 부서는 중학교 수준 이상의 모든 사원을 대상으로 심사하여 고용을 결정한다. 또한 대졸자 중에서 각 사업부에서 필요한 2~3명의 유능한 관리자들을 선발하여 인재 풀을 형성하고, 그들의 성과를 주시함으로 인재육성 차원에서 그들을 특별히 관리한다. 마쓰시다는 '평범한 사람으로부터의 탁월한 성과'를 강조한다. 미국의 대기업처럼 명문대학교의 훌륭한 인재들을 확보하기 위해서 노력은 하지만 특별히 그들만을 선호하거나 이러한 엘리트를 확보하기 위해서 특별한 노력을 기울이지 않는다.

(2) 교육훈련시스템

신입사원들이 마쓰시다에 입사하면 철저한 교육, 훈련과 지도를 통해서 마쓰시다의 정신으로 충만한 마쓰시다의 직원으로 탈바꿈하도록 만든다. 또한 마쓰시다의 협력회사에서 일하는 수십만 명의 구성원들도 모두가 이러한 교육훈련을 받게 된다. 마쓰시다의 기술자, 회계사, 영업 및 판매원 등의 전문직 직원, 사무직 직원, 근로자 계층 모두는 현장에 근무하면서 아주 기초적인 업무부터 일을 배우기 시작한다. 특히 신입사원들은 조금의 실수나 오차도 허용하지 않는 마쓰시다 방식(Matsushita's Way)을 배운다.

(3) 직무순환시스템

마쓰시다의 조직구조는 사업부제 조직의 형태로 사업부마다 자율적으로 운영된다. 이러한 사업부제 조직의 폐단은 사업부간의 통합이 어렵다는 것이다. 사업부의 목표를 성취하는 데에는 유용하지만 마쓰시다 전체의 조직 목표를 성취하는 데에는 어려움이 따른다, 이러한 사업부제 조직의 단점을 보완하기 위해서 매년 마쓰시다의 전 직원(경영 관리자와 현장 감독자, 일반 사원을 모두 포함함)의 5%를 한 사업부에서 다른 사업부로 이동시키는 직무순환시스템을 창안하였다. 이러한 직무순환시스템은 마쓰시다의 구성원들이 그들이 속한 사업부의 입장만을 고집하기보다는 회사 전체의 통합적 관점을 키우기 위한 인적자원관리 시스템이다.

(4) 인력배치시스템

마쓰시다의 경영자는 각 조직계층에서 유능하고 잠재력이 있는 직원들을 발굴하여 그들에게 적합한 직무를 맡기는 적재적소의 인력배치 시스템을 운영한다. 이러한 인력배치 시스템의 근본적인 목적은 유능하고 잠재력이 있는 직원들의 장래를 위한 능력개발과 자기개발을 위한 것이다. 인력배치 시스템에 의해서 유능한 직원들이 그들에게 적합한 업무와 부서에 배치되면, 그들의 성과를 평가하여 그들의 성과가 저조할 경우에는 철저한 비판을 통해서 그들의 성과를 철저하게 관리한다.

(5) 승진시스템

마쓰시다의 성과평가시스템은 연령에 관계없이 마쓰시다에서 근무한 기간과 직원들의 능력과 업적에 의하여 직원들의 성과를 평가한다. 마쓰시다의 승진시스템은 모든 직원들이 마쓰시다에서 15년 이상을 근무하면 임원급으로 승진할 수 있는 기회가 주어진다. 또한 임원급으로 승진하면 최고경영자의 위치에 오를 수도 있다. 마쓰시다는 일본의 재벌기업이나 계열회사의 경우와는 다르게 마쓰시다의 혈통에서 최고경영자를 승계하는 것이 아니라 비혈통에서 최고경영자를 선임한다. 마쓰시다 기업의 경영권과 소유권은 철저히 분리되어 있고, (주)마쓰시다의 회장인 마쓰시다 고노스케 씨는 그가 은퇴 후 기업의 경영권을 그의 양자인 다카하시(Takahashi)에게 승계하였다. 이러한 승진시스템은 마쓰시다가 혈통과 연령에 상관없이 능력과 업적을 기준으로 적임자를 임명하는 데에서 기인하였다.

(6) 제안제도시스템

마쓰시다는 회사의 변화와 혁신을 위해서 마쓰시다의 평범한 직원들과 근로자들의 아이디어나 건의를 공식적으로 수용하는 제안제도시스템을 마련하였다. 현장에서 일하는 근로자들이 건의한 아이디어나 건의를 적극적으로 활용하여 작업의 효율을 높이고 제안자들을 포상하고 인정해 준다. 이러한 제안제도시스템은 마쓰시다의 직원들과 근로자들의 주인의식과 참여의식을 활성화시켰다.

(7) 노사관계관리

마쓰시다는 경영에 대한 상황을 항상 노동조합에 투명하게 공개하고 있다. 마쓰시다의 노사관계 관리는 생산성의 향상을 위해서 노동조합의 이해와 적극적인 협력이 필요하다는 것을 전제로 이루어진다. 마쓰시다는 성과 향상을 위해서 노사가 협력하여 합의한 후 성과는 상황에 따라서 공정하게 분배한다.

제11장

창의적 경영: 국내 기업의 사례

제1절 | 서론: 연구의 배경 및 목적

1. 연구의 목적

기업의 경영환경이 글로벌화되고 무한경쟁체제로 전환되면서 기업들은 지속가능한 경쟁 우위를 확보하고 장기적인 발전을 이루기 위해서 정보기술을 첨단화시키고 경영시스템을 첨단화시키고 있다. 오늘날 정보기술은 기업에 있어서 전략적인 도구로서 인식되고 활용되고 있다. 이러한 정보기술을 최대한 활용하기 위해서는 조직 내 시스템을 첨단화하는 것도 중요하지만 기업조직의 특성에 맞게 경영시스템을 설계하고 조직구조와 조직문화의 특성에 적합하게 전략적인 관점에서 조직 내 인적자원과 기술을 활용하는 것이 필요하다. 이러한 전제하에 본 사례 연구의 목적은 (주)SH파워의 회사운영기반 확립을 위해서 내부 경영현황 및 전반적인 프로젝트 경영환경을 분석하고 체계적이고 효율적인 조직 운영을 위한 분석 틀을 개발하는 것이다. 또한 자생체계모형(VSM)의 관점에서, 창의적 조직문화의 창출과 창의적 경영을 위한 방안을 제시하는 것이다.

2. 연구방법론

본 연구의 방법론은 지나친 연역적 이론검증(theory testing) 방식의 한계점을 극복하고자 행동 연구(action research)를 실시하였다. 행동 연구는 현장 연구에 적합한 과학적인 모델을 적용하거나 이론을 도출하는 데에 적합한 방법으로, 연역적 가설을 단순히 검증하는 분석적인 연구와는 차별되는 방식이다. 행동 연구를 위한 시스템 방법으로는 자생체계모형(Viable System Model: VSM)을 사용하였다.

제2절 | 환경 분석, 조직성장이론과 조직변화

1. 경영환경의 분석

복잡계 관점에서의 경영환경분석은 사이버네틱스(Cybernetics)의 관점에서 본 자생체계모형(Viable System Model)을 적용하여 실시한다.

2. 조직성장이론

조직성장이론에서는 조직의 성장 및 발전 과정이 지속적인 진화과정을 거치는 안정기와 경영문제(management problem), 중대한 사건(critical events), 전략적 사건(strategic events) 등으로 설명되는 조직의 변혁기를 반복하면서 발전해 나간다고 보고 있다. 안정기는 주로 조직의 전략, 조직구조, 경영스타일 등 조직의 특성에 의해 설명되고 있으며, 변혁기는 조직이 봉착한 문제에 초점을 두고 있다. 변혁기의 문제는 환경 또는 조직 내부 문제로 인해 발생할 수 있으며, 이때 조직은 문제발생 이전 단계의 조직특성을 면밀히 분석하여 문제를 극복할 수 있다는 것이다. 따라서 조직성장모형은 환경과의 상호작용 하에서 지속적으로 펼쳐지는 조직 활동의 결과가 조직특성으로 표출된다고 보고 이러한 조직 특성을 근거로 조직성장이론에 관한 문헌내용을 요약하면 다음 〈표 11. 1〉과 같다.

표 11.1 조직성장 단계이론의 요약

연구자[년도]	성장단계구분	주요 내용
Lippitt and Schmidt [1967]	생성기, 성장기, 성숙기	• 조직이 고유한 결정적 사건(critical concerns)의 해결을 통해 다음 단계로 성장한다고 제시함. • 결정적 사건은 시스템 창조, 생존, 안정성, 호의적인 평판의 획득, 독특성, 존경과 이해의 획득으로 봄.
Salter[1970]	소규모, 통합, 지역다각화, 제품다각화	• Scott[1973]이 제시한 3단계 이론에서 수직적 통합단계와 제품다각화단계 사이에 지역다각화 전략 단계를, 그리고 기능별 조직구조와 제품별 사업부 조직구조 사이에 지역별 사업부조직(geographical structure)을 추가하여 4단계 이론을 제시함.

연구자[년도]	성장단계구분	주요 내용
Greiner[1972]	창조기, 지시기, 위임기, 조정기, 협력기	• 조직의 성장은 안정기와 변혁기의 반복에 이루어진다고 제시함. • 안정기는 경영스타일로, 변혁기는 경영문제로 특징지어짐. • 경영스타일은 경영초점, 조직구조, 최고경영자의 유형, 경영활동 평가기준, 경영보고의 역점으로 설명되어지고, 경영문제는 리더십 위기, 자율성의 위기, 통제위기, 관료제의 위기로 설명하고 있음.
Scott[1973]	소규모, 통합, 다각화	• 조직의 성장은 역사적인 연속성을 가지면서 소규모에서 출발하여 통합의 형태를 지니다 분화하는 과정을 거친다고 제시함. • 조직의 성장을 단순히 역사적인 변천의 단계가 아니라 서로 다른 관리방법의 여러 단계를 나타낸다고 제시함.
Galbraith and Nathanson [1978]	단순조직, 기능별 조직, 지주회사, 다사업부구조, 범세계적 조직	• Scott[1973]의 3단계에 지주회사 조직과 범세계적 조직을 추가함으로써 5단계 이론을 제시 • 조직성장단계마다 전략, 조직구조, 리더십 및 의사결정, 경력개발, 성과측정기준 등에 있어서 차이가 존재함을 제시함.
Mintzberg [1979]	시작단계, 전문화 및 표준화단계, 제품 및 지역의 혼합단계	• 조직이 성장하는 방향을 그 기업조직이 처한 환경, 기술시스템, 권력, 나이 등의 상황변수와의 관련성 속에서 다양하게 파악할 수 있다고 봄. • 조직이 성장하는 과정에서 요구되는 조직설계의 특징과 방향을 보다 구체적이며 다각적인 상황 속에서 조명함.

연구자[년도]	성장단계구분	주요 내용
Rowe et al. [1982]	기업형의 창조단계, 관료형의 공식화단계, 분권형의 확장단계, 제품그룹의 조정단계, 매트릭스형의 참여단계	• Greiner[1972]의 5단계 이론에 근거하여 4단계설을 주장함. • 조직들은 각 단계에서 지시의 필요성, 자율성 결여, 통제의 결여, 적응 및 대처의 위기를 맞으며, 위기에 맞추어 조직이 변화를 추진하게 되면 위기를 극복하고 다음 단계로 성장할 수 있다고 봄.
Quin and Commeron [1983]	창업기, 공식화 및 통제기, 구조의 정교화기	• 조직의 탄생부터 성숙기 이전까지의 단계만 제시한 것으로 조직수명주기의 초기 단계만 규명한 것임. • 신생조직은 4단계의 성장과정을 순차적으로 거쳐 성숙기에 이르게 되며, 각 단계는 쉽게 역행할 수 없는 계층적 진보로 발전한다는 것을 제시함.

3. 조직변화

(1) 조직변화의 필요성

조직변화의 필요성은 일반적으로 대내적인 조직의 변화 압력으로부터 비롯된다. 대외적으로 보면 21세기는 불확실성과 혼돈의 시대로 특징지어 진다. 즉 21세기는 디지털 경제시대로서 중국과 러시아 시장의 개방으로 인하여 새로운 경제 질서가 출현하고 있고, 인도와 브라질 같은 신흥 경제 국가들의 부상으로 인하여 새로운 시장과 새로운 기업환경의 탄생으로 새로운 경제 질서가 태동되어 발전되고 있다. 이는 곧 기존의 경영방식에서 탈피하여 창의성과 혁신을 강조하는 새로운 사고방식과 경영방식을 요구한다. 이는 기존의 가정, 가치, 철학을 바꾸어야 함을 의미한다. 우리나라의 경우에 1997년 11월 IMF 구제금융으로 인하여 기업의 구조조정이 본격화되면서 관리의 혁신과 의식구조의 개혁이 일어나고 있으며 개개인의 신속성과 창의성이 강조되고 있다. 또한 IMF 구제금융의 영향에 따른 사회적인 분위기와 시민들의 의식변화로 인하여 사회변화가 불가피해졌고 기업의 가치향상과 경쟁적 우위의 확보를 위한 조직의 변화관리에서 한걸음 나아가 인간의 잠재력을 향상시키려는 인본주의(humanisitic value)의 관점에서 조직변화가 일어나고 있다. 이는 행동과학적 측면의 조직변화(예를 들면, 보상과 직무설계, 제도개선 등)뿐만 아니라 인지과학적 측면에서의 조직문화(윤리적 리더십, 구성원의 신뢰와 만족)의 변화를 통해서 전략 차원에서 조직의 장기적 생존을 확보하려는 경향이 강하다고 볼 수 있다. 시스템 이론(systems theory)의 관점에서 보면 조직은 환경과 상호작용하면서 변화하고 진화해가는 개방시스템으로서 인식되며, 조직구성원들 스스로가 상호 공유된 의미와 가치체계를 통해서 스스로 문제해결을 하면서 학습하고 진화하는 살아있는 존재인 것이다. 그러면, 조직변화란 무엇을 의미하는가? 다음에서 조직변화의 개념에 대해서 설명하고자 한다.

(2) 조직변화의 개념

조직변화(organizational transformation)란 환경변화와 관련된 경영혁신과 기술혁신으로 인하여 조직의 구조, 기능, 업무 프로세스 등의 물리적인 변화뿐만 아니라 구성원들의 의식과 태도의 변화로 인한 기업의 거시적인 변화와 전사적인 정체성의 변화까지도 포함한다(Cumming and Worley, 2001). 기업조직은 환경과 끊임없이 상호작용하고 있으며, 환경의 변화에 따른 기업의 변신을 시도해야 할 상황에 직면한다. 그리고 환경의 변화가 없다고 하더라도 조직의 성과 향상과 생존을 위해 스스로의 변화를 추구하는 것이 필요하다. 오늘날 기업이 처한 경영 현실에서 발생하고 있는 현상을 중심으로 조직변화를 크게 두 가지 유형으로 나누기도 한다. 즉 현재 기업들이 주로 시도하는 조직변화는 행동과학적 접근과 인지과학적 접근으로 나누어 볼 수 있다. 이러한 분류를 아래 표로 정리하면 두 가지 접근법의 구체적인 차이점은 다음 표와 같다.

표 11.2 조직변화에 대한 두 가지 접근

구 분	행동과학적 접근	인지과학적 접근
추구하는 경제학적 모델	• 기업의 이윤(profitability) • 기업의 효율성(efficiency)	• 기업의 학습과 성장 (learning & development) • 기업의 지속가능성 (sustainability)
지식경영 추진전략	• 개인적 지식의 문서화 중시 (people-to-document) • 지식을 문서화, 저장, 전파, 공유하고 반복적으로 재활용할 수 있는 전자문서시스템의 개발	• 대인접촉 중시(person-to-person) • 암묵적 지식이 공유될 수 있도록 구성원을 연계시키는 네트워크의 개발
인적자원 채용과 육성전략	• 정보기술을 활용하는 지식의 재활용, 해결안의 신속한 실행 분야 등에서 뛰어난 능력을 보유하고 있는 대졸출신 채용 • 컴퓨터를 활용하는 원격교육으로 집단 학습을 통한 신입사원 교육	• 문제해결 능력과 창의력, 복잡성과 애매성에 대응할 줄 아는 현장기술자 출신 채용 • 1:1 멘터링을 통해 도제식으로 전문성을 전수

구 분	행동과학적 접근	인지과학적 접근
지식노동에 대한 보상과 평가	• 지식공유시스템에 다양한 정보를 문서화시켰거나 축적한 사람에게 높은 보상 부여	• 지식을 다른 사람과 직접 공유한 사람, 가장 많이 도움을 요청 받은 사람에게 높은 보상 부여
대표적 회사	삼성전자	도요타(Toyota)

출처: D'Andrade, 1995(저자의 설명을 추가하여 수정함)

이상과 같은 두 가지 분류의 근본적인 차이점은 행동과학적인 관점에서 보면 조직변화는 외부 환경에서의 변화가 조직에 파급된 후에 조직은 외생적 요인에 의해서 외부 환경변화에 적응하는 형태를 취하는 경우와 달리 인지과학적 측면에서 보면 조직변화는 내부의 내생적 요인에 의해서 조직이 자체적으로 먼저 변화를 시도하여 보다 능동적으로 대응하는 형태가 있다. 조직변화의 정의에서 보여진 것처럼 조직변화에는 조직을 구성하고 있는 개인의 변화와 집단의 변화 그리고 조직 차원의 변화가 있을 수 있다. 개인의 변화는 조직구성원의 태도와 행동, 가치관과 신념, 직무만족과 몰입 등의 변화를 추구하고, 집단의 변화는 소집단의 과정손실을 최소화하고 협력적 시너지효과를 최대화하도록 하여 조직의 생존능력을 증대시키는 것이다. 최근에는 기업들이 외부 환경의 변화압력이 점점 다양해지고 거세짐에 따라서 계획적이고 전략적인 변화를 시도하고 있다.

(3) 조직변화의 대상

조직변화의 대상은 조직의 문화, 구조, 기능, 업무프로세스, 그리고 인간에 대한 변화를 포함한다. 조직에서 일어나고 있는 변화는 주로 조직의 중요한 구성요소인 사람, 문화, 구조, 기술, 과업 중의 하나

또는 그 이상이 변경됨으로써 일어나며, 이러한 구성요소들을 변경시킴으로 해서 조직변화를 촉진시킬 수 있다. 특히 조직문화의 변화에 있어서 관리자의 리더십은 조직 내 가정과 가치, 상징체계를 변화시킴으로써 일으키는 변화를 유발시키는 중요한 요소가 된다. 조직구조의 변화는 전략적인 선택을 통해서 조직의 물리적인 구조를 변경시킴으로써 합리적인 조직변화를 이룰 수가 있다. 기술을 목표로 하는 조직변화는 기술적인 개선이나 혁신을 통해서 효과적인 작업수행과 과업달성을 통해서 가능하다. 인간을 대상으로 하는 조직변화는 조직 내에서 일하는 구성원들의 태도나 행동에 의해서 크게 좌우된다. 즉 구성원들의 조직목표의 달성에 대한 동기가 무엇이고 어느 정도인가에 따라서 그리고 효과적으로 일하는 것에 대한 보상의 정도에 따라서 조직변화가 가능하다(최종태, 1989: 659).

(4) 조직변화의 전략

급변하는 외부의 환경변화에 적응하기 위해서 조직 내 바람직한 변화를 유도하기 위해서는 전략적인 사고와 실행이 필요하다. 조직 내 정치와 권력의 중요성을 강조하고 조직 내에서 의사결정의 과정에서 소외된 자들을 참여시키는 참여적 액션리서치(participatory action research: PAR)를 통해서 조직을 변화시킬 수 있다(Whyte, 1991).

(5) 조직변화의 제 조건과 변화과정

조직 내에서 성공적인 변화과정을 일으키기 위해서는 조직변화의 허용 조건, 가능 조건, 압력조건이 요구된다(김인수, 2002: 473). 조직변화의 허용 조건에 해당되는 것에는 여유자원, 구성원들의 이해, 약한 연결고리가 있고, 조직변화의 가능조건에 해당되는 것에는 환경영역에 대한 포기, 조직과 환경간의 일치가 있으며, 조직변화의 압력 조건에 해당되는 것에는 성장쇠퇴, 이해관계자들의 압력, 위기 상황과 비정상적인 수익이 있다. 이러한 조직변화의 제 조건들에 의해서 조직은 조직의 구조뿐만 아니라 조직시스템에 맞는 문화, 구성원들의 의식과 태도, 기능, 지식까지 바꾸어야 진정한 변화가 실현될 수 있다. 조직의 변화과정은 행동과학적인 측면에서 보면 해빙단계, 변화단계, 결빙단계를 거친다(Lippitt et al. 1958). 조직변화의 과정을 인지과학적 측면에서 보면 다음과 같다 즉, 문제의 인식 및 표출단계, 문제에 대한 자료수집 단계, 문제에 대한 진단 및 분석단계, 문제에 대한 해결책 또는 대안 도출단계, 문제해결에 대한 액션단계, 평가단계이다(Shani & Bushe, 1987).

(6) 조직변화와 체계이론

조직을 목적과 구조를 가진 인간의 집합으로 이해하고 환경과 조직의 상호 작용을 고려할 때 조직의 본질과 조직의 성장과 발달에 관한 이론에는 커다란 변화가 있었다. 학자에 따라서 조직 이론의 분류는 상이하지만, 일반적으로 말해서 1950년대에 시작된 체계이론 또는 시스템 이론관점에서의 조직이론이 등장하였다. 즉 기존의 고전적 조직이론은 시스템 조직론 또는 체계이론의 관점에서 조직론이 등장하였다.

전통적인 조직이론은 조직을 특정 기업의 내부 문제를 취급하여 조직구조를 가장 효율적으로 설정하여 활동력을 최대의 과제로 하고 있다. 이에 반해서 체계이론은 자연과학뿐만 아니라 사회과학의 현상을 공통적으로 설명할 수 있는 근본적인 법칙과 원리를 발견하는 것이었다. 예를 들어, 본 버틀란피(von Bertalanffy)는 그의 저서 '일반 시스템 이론 (General System Theory)'에서 과학현상의 법칙과 원리를 일반적으로 설명할 수 있는 시스템(system)의 개념을 소개하였다. 시스템의 개념은 위너(Wiener)에 의해서 사이버네틱스(cybernetics, 본래의 의미는 오늘날 조직의 관리자 또는 경영관리를 의미하는 steerman, governor, steermanship임)에 적용되기 시작하였고, 초창기 사이버네틱스의 개념('제1차 사이버네틱스'라고 부름)은 1964년 애쉬비(Ashby)에 의해서 컨트롤과 의사소통의 과학으로서 인식되기 시작하였다. 애쉬비(Ashby)는 시스템의 개념을 환경으로부터 원자재, 자본, 지식, 노동 등을 투입하여, 시스템 내부에서 이를 변환시켜서 제품이나 서비스를 산출하는 개방시스템으로 인식하였다. 이러한 시스템의 개념은 1960년대에서 1970년대에 걸쳐서 현대 조직 이론가들인 버나드(Barnard), 챈들러(Chandler), 로런스와 로쉬(Lawrence & Lorsch) 등을 통해서 조직을 환경과 상호작용하는 개방시스템(open systems)으로 인식하기 시작하였다. 영국 맨체스터 대학교 스태포드 비어(Stafford Beer) 교수는 전일주의(全一主義; holisom)에 기초한 조직 사이버네틱스의 원리를 적용하여 자생체계모형(Viable System Model: VSM)을 개발하여, 조직진단과 조직설계에 유용한 개념적 틀을 제공하였다. 자생체계모형(VSM)에서 적용되는 사이버네틱스의 원리란 환경의 불확실성에 대한 조직의 생존가능성은 환경변화를 수용할 수 있는 다양성(variety)의 처리 능력에 의존하는 것을 말한다. 다양성의 처리 능력이란 애쉬비(Ashby, 1966)가 주장한 '필수 다양성의 법칙(Law of Requisite Variety)'에 입각하여 "다양성은 다양성으로 흡수해야 한다(only variety can absorb variety)"라는 원칙을 말한다.

자생체계모형(VSM)이란 필수 다양성(requisite variety)을 보유할 수 있는 능력을 갖고 있으며, 자체 생존성(viability)과 자체 순환성

(self-recursivity)을 갖고 있는 체계이다. 자체 생존성이란 끊임없이 변화하는 환경요인의 특성을 조직이 지속적으로 대처해 나갈 수 있는 성향이다. 다시 말하면 자체 생존성은 VSM이 환경의 조정자(controller)로서 환경의 다양성으로부터 '필요 다양성'을 확보하여 환경변화에 대응할 수 있는 조직의 균형 상태를 유지할 수 있는 능력을 의미한다. 자체 순환성이란 조직의 일부가 완전한 조직을 이루며, 조직의 전체가 더 높은 체계하에서 조직의 일부가 된다는 개념이다. 자생체계모형이 환경과 상호작용을 하면서 자체 생존성을 확보하기 위해서는 다음과 같은 네 가지 특성, 즉 독자적인 정체성(identity)의 유지, 자기자각성(self-awareness), 자체 갱신성(self-repair)의 능력과 자체 순환성(self-recursivity)을 갖는다(Beer, 1985: 4). 이러한 특성을 갖는 VSM은 필수 다양성의 법칙(Law of Requisite Variety)에 따라서 환경과 상호작용을 한다. '필요 다양성의 법칙'에 의하면 일반적으로 시스템의 복합성이 증가함에 따라 불확실성의 다양성이 증가하기 때문에, 조직 내 관리활동의 다양성보다는 조직 내 운영활동의 다양성이 훨씬 더 많으며, 조직의 운영활동의 다양성보다는 환경의 다양성이 훨씬 더 복잡한 것으로 이해된다.

자생체계모형(VSM)의 시각에서 조직을 보면 개념적으로 조직이 어떻게 운영되는지를 '시스템'적으로(혹은 '전체'라는 관점에서) 보다 명확하게 설명하기 때문에 새로운 통찰력을 제공한다. 예측하기 어려운 환경변화에 대응할 수 있는 기업의 생존력은 환경의 다양성(variety)을 효과적으로 처리할 수 있는 능력에 달려 있다. 예를 들면, 오늘날 현대 기업의 생존 여부는 미래 기술의 변화 추이와 다양한 소비자의 기호에 신속하고 효과적으로 대응할 수 있는 부가가치 사업을 개발하고, 이를 전략적으로 육성할 수 있는 효과적인 조직 구조의 설계와 운영에 달려 있다. 자생체계모형의 관점에서 조직 내 부가가치 사업의 개발과 전략에 상응하는 조직구조의 설계는 조직이 환경의 다양성을 효과적으로 대응할 수 있는 '필요 다양성'을 확보하는 것이라고 할 수 있다. 따라서 자생체계모형은 환경과의 상호작용을 통한 '필요 다양성'의 확보를 위해서 실무단위부서의 자율적 경영과 조직 전체의 자체 생존성을 확보하기 위해서 자율적인 실무단위부서 또는 실행단위의 정체성을 유지시키는 자체 순환성에 의해서 조직의 구조를 설계하기 때문에 변화하는 환경에 적합하다. 하지만 제1차 사이버네틱스의 관점에서 자생체계모형(VSM)은 조직과 환경의 상호작용에 의한 '필수 다양성의 법칙'을 강조하기 때문에 인간적인 관점, 즉 사람들의 신념과 가치관, 도덕적·윤리적 규범이 작용하는 조직문화의 특성을 조직설계에 반영하지 못하는 단점이 있다. 이러한 단점을 극복하고자 에스페조(Espejo)는 제2차 사이버네틱스의 관점에서의 사회시스템, 즉 사람들로 구성된 조직사회에 적용할 수 있는 해석학적 관점의 자생체계모형의 활용방안을 제안하였다.

1975년 본 포에스터(von Foerster)는 관측자(observer)가 그 자신의 목적을 스스로 정하고 시스템의 운영활동에 대해 자기성찰(self-reflection)할 수 있는 사회시스템의 개념을 사이버네틱스의 영역에 적용하였다. 다시 말하면, "체계를 관측하는 사이버네틱스(cybernetics of observing systems)"라는 '제2차 사이버네틱스'의 개념을 개발하였다. 이러한 제2차 사이버네틱스의 관점에서 본 조직 또는 사회시스템은 조직의 기본 가정이나 철학, 신념, 가치에 의문을 제기하고 자기성찰을 통해서 이중 순환의 학습(double-loop learning)을 하는 학습 메커니즘으로 이해된다.

1990년대 에스페조(Espejo)는 이러한 제2차 사이버네틱스의 관점을 자생체계모형(VSM)에 적용시켜 자생체계모형(VSM)을 적용하여 조직구조를 설명하는 일반적인 틀 내지는 방법론을 창안하였다. 이를 에스페조는 'Viplan 방법론'이라고 부른다(Espejo, et al. 1991). 에스페조에 의하면, 자생체계모형이 지향하는 궁극적인 목표는 조직구성원들의 대화에 의한 상호작용에 의해서 형성되는 독자적인 생존 가능성(viability)이며, 이러한 자체 생존성은 조직구성원들의 자발적인 상호작용에 의해서 창출되는 자율성(autonomy)과 정체성(identity)으로 이루어진다. VSM 내에서 자생체계(Viable System)는 조직의 '필수활동(primary activities)'으로 나타나며, 자율성은 전체 시스템의 목적과 부합되는 조직 내 개개인들의 능력으로 표현되고, 정체성은 조직 내 구성원들 사이의 자연스러운 대화를 통해서 자체적으로 구성되는 것이다. 따라서 조직의 정체성은 조직을 하나의 통합된 전체를 형성하는 조직구성원들간의 상호관계들의 집합이라고 정의할 수 있다. 다시 말하면, 조직구성원들간의 상호작용을 통해서 이루어지는 조직 내 의미 창조의 프로세스가 조직의 거시적인 목적(purpose)에 부합될 때, 조직의 정체성이 창출된다. 이는 조직의 정체성이 최고의사결정자에 의해서 결정되기보다는 조직 내 구성원들의 자발적인 참여를 통하여 자기조직화가 일어나고, 이러한 자기조직화에 의한 의사소통과정과 자기성찰의 상호작용을 통해서 이루어지는 것을 의미한다.

제3절 | 창의적 조직문화의 창출

1. 조직문화의 개념과 필요성

조직문화의 개념은 학자들에 따라서 상이하다. 조직문화는 관습화 또는 제도화(institutionalization)에서 유래했다. 조직이 관습화 또는 제도화되면 조직 자체는 생명체처럼 일생(life)을 갖는다. 관습화(제도화)란 조직구성원의 행동과는 독립적으로 형성되는 그 자체로서 생명력을 갖고 지속된다. 예를 들면, 미국의 소아마비 치료기관(March of Dimes)은 소아마비를 퇴치하기 위해서 설립되어 1950년대까지 소아마비의 퇴치를 위해서 봉사하다가 소아마비가 근절된 후에는 출산율의 저하와 유아 사망자의 급증과 같은 사회적 현상을 연구하고 해결하기 위한 단체로 변모하였다. 위의 예에서 보듯이 사회를 위해서 '의미 있는 행동'을 하기 위해서 사회적 병리현상을 연구하고 해결하려는 정신과 이러한 정신을 구현하는 관습과 제도는 오늘날 조직문화의 모태가 되었다. 1970년대 후반에 들어와서 기업문화(corporate culture)가 학문적인 용어로 등장하였고, 1980년대부터 조직이론의 분야로 본격적으로 연구되기 시작하였다. 조직문화 혹은 기업문화는 상징, 언어, 신념체계, 의식과 전통 등 조직체 개념의 총체적인 원천으로 본다(Schermerhorn, et al., 2011: 366). 딜과 케네디(Deal and Kennedy, 1982)는 조직문화를 다양한 조직체 상황에서 구성원들이 어떻게 행동해야 할지를 명시해 주는 비공식적 지침이며, 조직문화의 형성에 영향을 미치는 중요한 요소로 환경, 중심인물, 의식과 관례, 문화의 사회적 맥락을 들고 있다. 샤인(Schein, 1983)은 조직문화를 내적 환경과의 적응 및 통합과정에 적용하는 기본 전제로서, 종업원의 가치관과 사고방식 및 행동을 지배하는 근본 요소로 정의한다. 신유근(1992)은 조직문화를 특정 국가의 일반 사회문화의 영향을 받아 기업조직에 형성된 것이며, 최고경영자와 조직구성원 모두를 포함하는 조직의 전체 구성원들이 공유하고 있는 가치체계와 행동방식, 조직 차원에서 표출된 관리관행과 상징적인 특성으로 정의한다. Hatch(1997)는 영국 사회학자인 테일러(E. B. Tylor)가 주장하는 문화은유(the culture metaphor)의 관점에서 조직문화는 조직 내부에서 개인들과 집단의 행동을 이해하는 시각이라고 보고, 조직문화는 일반적으로 사회를 구성하고 있는 사람들이 공동으로 소유하고 있는 가치관과 신념, 이념과 관습 그리고 지식과 기술을 포함한 거시적이고 종합적인 개념으로서 사회문화(societal culture)의 하위 개념으로 본다. 즉 문화는 "사회인에 의해서 습득되는 지식, 신념, 예술, 도덕, 법, 관습, 습관, 능력을 포함하는 복합체"이다. 따라서 조직문화의 개념은 언어, 상징물, 이데올로기 또는 신념체계, 삶의 방식을 포함하며, 상징물에 기초한 역사적 부산물이며, 조직문화는 시대와 사회에 따라서 변화한다고 본다. 이세비치와 마티슨(Ivancevich and Matteson, 2002)은 "조직문화는 조직 내 집단에서 공유하는 기대치, 가치와 태도로서 조직구성원들과 조직 프로세스에 영향을 미치는 것"이라고 정의한다.

기업의 입장에서 보면, 조직문화는 외부 환경의 요소에 영향을 받아서 구성원의 태도와 행동 및 정체성(identity)과 관련되며 기업의 효과성을 결정하고 조직의 존재 가능성(viability)에 영향을 준다. 따라서 조직문화는 구성원의 충성도, 조직몰입(commitment), 조직 내 의사소통과 의사결정 프로세스에 영향을 주며, 기업의 생산성에 영향을 주기 때문에 조직문화는 조직 구조나 프로세스와 함께 연구되어야 한다.

2. 한국 기업문화의 특징

국내 연구에 의하면 우리나라 기업문화의 특징은 크게 경영자 문화와 종업원(또는 노동자) 문화로 대별된다. 경영자 문화의 특징은 타율적이고 집단주의(혹은 집합주의)적 특성을 갖고 있으며, 종업원 문화는 자율적이고 개인적인 성격이 강하다(박동준, 1994: 153).

3. 새로운 조직문화의 창출 단계

기업이 새로운 환경에 적응하려면, 구성원들이 그들이 갖고 있는 인간의 감성적 측면과 인지적 측면의 복합적인 상호 작용의 과정을 이해하고 이러한 상호 작용을 거쳐서 이루어지는 조직 내 대인관계의 내용이나 패턴을 개선해 나가는 능력이 필요하다. 즉, 조직 내 리더들(또는 구성원)은 그들이 맺고 있는 다른 구성원들과의 관계를 개선하여 환경에 적합한 새로운 조직문화를 창조하여 이러한 문화를 유지하고 발전시켜 나가야 한다. 베넷(Bennett, 1998)은 '문화간 감수성의 발전모델(Development Model of Intercultural Sensitivity)'을 개발하여 새로운 환경변화 속에 적합한 새로운 문화에 적응하는 단계를 다음과 같은 6단계의 프로세스를 구분하였다.

(1) 제1단계: 거부단계(denial stage)

이종 문화 간 감수성의 발전모델의 제1단계는 조직 내 개개인들이 유비쿼터스(ubiquitous) 환경과 기존 시스템 환경간의 문화 차이를 인식하지 못하는 단계이다. 즉, 조직구성원들이 새로운 유비쿼터스 환경에 적응하지 못하고 이를 거부하는 단계이다. 새로운 환경에 적응하지 못하는 구성원들은 유비쿼터스 시스템의 사용을 거부하고 기존의 IT 시스템을 사용하는 데 머물러 있게 된다.

(2) 제2단계: 방어단계(defensive stage)

문화간 감수성의 발전모델의 제2단계에서는 제1단계를 거치면서 기존의 IT 시스템의 사용에만 머무르지 않고 유비쿼터스 환경의 새로운 변화에 영향을 받는 상황에서 유비쿼터스의 새로운 변화를 수용하지 않고, 기존의 문화를 스스로 방어하는 단계이다. 예를 들어, 프랑스 기업인 경우에 조직구성원들은 수직적이고 위계적인 조직구조와 문화에 익숙하기 때문에, 영국 또는 미국의 기업문화에 동화되지 않고 프랑스 기업의 문화를 방어하게 된다. 위의 예에서 보듯이, 기존의 문화와 시스템에 익숙해진 사람들은 새로운 문화와 시스템의 환경을 별로 좋아하지 않고 기존의 문화에서 관습과 제도, 삶의 방식과 가치체계를 유지하게 된다.

(3) 제3단계: 최소화단계(minimization stage)

이종 문화 간 감수성의 발전모델의 제3단계에서는 조직구성원들이 새로운 환경에 대응하기 위해서 기존 문화의 방어 단계를 극복하기 시작하는 단계이다. 환경변화에 적응하기 위한 새로운 기업문화는 구성원들과 사용자의 삶의 질적 변화와 휴머니즘을 추구하는 문화이다. 이러한 기업문화에 적응하려면 기존 문화의 가치와 시스템의 장점을 최소화하고 기존 시스템의 한계점을 부각시키고 이러한 한계점을 극복하는 수단으로서 시스템의 유용성을 인식하는 단계이다. 이러한 시스템의 유용성을 극대화시키기 위해서는 휴머니즘과 구성원들과 사용자의 삶의 질적 향상을 전제로 하는 새로운 문화의 중요성을 부각시켜야 한다. 변화하는 환경에서 새로운 문화적 정체성은 인간의 정신적 산물이며, 새로운 삶의 방식과 습관을 의미하기 때문에 기존 문화에서 인정되는 삶의 가치와 업무 방식의 중요성을 최소화하고 새로운 환경에서 요구되는 새로운 가치와 삶의 방식, 업무 프로세스와 수평적이고 참여적인 조직구조와 개방적이고 진취적인 문화를 인정하는 태도가 요구된다.

(4) 제4단계: 수용단계(acceptance stage)

문화간 감수성의 발전모델의 제4단계에서는 조직이 속한 사회 환경(societal culture)은 근본적으로 복잡계(complex world or complex systems)라고 전제한다. 이러한 복잡계 환경에서는 근본적으로 이질적인 異문화가 상존하기 때문에, 이러한 이문화를 포용하여 조직 내에 새로운 가치와 다양한 삶의 방식을 수용하는 단계이다.

(5) 제5단계: 적응단계(adaptation stage)

새로운 문화를 수용하려면 동일한 사물과 기존의 관습, 가치와 신념을 새로운 각도에서 재조명하여 새로운 관점 또는 상이한 시각으로 보는 것이 필요하다. 예를 들면, 기존의 정보기술의 역할과 정보시스템의 기능을 효율적인 운영측면에서만 보는 것이 아니라 IT를 통해서 새로운 문화의 창조를 가능하게 하는 도구로서 보는 시각도 필요하다. 경영자는 IT를 활용하여 조직 내 효율성만을 추구할 것이 아니라 조직 내 대화의 활성화, 사용자와 고객간의 원활한 커뮤니케이션을 통한 새로운 삶의 방식 창조 등 다양한 방식으로 IT 기술을 활용할 수가 있다. 이러한 창의적이고 새로운 시각에서 IT 기술을 활용한다면 시스템이 제공하는 새로운 서비스 경영환경의 창조가 가능하게 되고 시스템이 최대한 활용될 수 있는 조직구조와 조직문화에 적응할 수 있다.

(6) 제6단계: 통합단계(integration stage)

이종 문화 간 감수성의 발전모델의 제6단계에서는 기존의 조직문화가 이문화(異文化) 또는 새로운 조직문화에 완전히 통합하는 단계이다. 만일, 제5단계에서 구성원과 사용자가 이질적인 조직문화에 적응하는 것이 성공적으로 이루어진다면, 한 단계 더 나아가서 기존의 문화를 이문화의 틀 속에서 충분히 소화하여 기존 문화와는 전혀 다른 새로운 문화를 창조해 낼 수 있다. 즉, 새로운 환경 하에서 기존의 조직문화에서 인정되는 삶의 방식과 가치체계, 관습이나 절차를 포기하고, 새로운 환경에 적응할 수 있는 새로운 신념체계와 가치와 규범을 발전시켜 이를 제도화시키고 체질화하는 단계이다. 통합단계에서는 조직 내 구성원들 사이에 자연스러운 담화나 커뮤니케이션이 활성화되어야 기존 문화와 이문화가 조화를 이루면서 자연스럽게 상존할 수 있고, 기존 문화와 이문화의 통합으로 새로운 환경에 적합한 새로운 문화가 출현할 수 있다. 통합단계에서는 구성원들과 사용자들 간의 직업윤리나 정보 보호와 같은 정보윤리가 기업문화에 스며들어 조직 내 체질화되어야 한다.

4. 창의적 경영을 위한 자생체계모형의 적용

(1) 개 요

저자는 사례 기업인 (주)SH파워[12]를 2007년 11월부터 2008년 3월

12) 정보보안상 가명을 사용하였음.

까지 약 5개월 동안 회사를 직접 방문하고, 7차에 걸친 워크숍과 관계자들과의 심층 면접을 통해서 자생체계모형(VSM)의 관점에서 경영환경 변화와 상황 분석을 하는 방법을 통해서 이루어 졌다.

(2) 자생체계모형(VSM)의 적용 프로세스

자생체계모형(VSM) 관점에서 학습조직의 목표는 자체적인 존재가능성 또는 생존 역량을 확보하는 것이다. 조직이 생존 역량을 갖고 환경변화에 적응하여 진화하기 위해서 가장 우선적으로 해야 하는 것은 환경을 이해하는 것이 선행되어야 한다. 조직은 개방시스템으로서 환경을 크게 사업환경(이를 외부 환경이라고도 부름), 과업환경(또는 이해관계자 환경), 조직을 구성하는 환경(조직문화, 물리적 구조, 사회적 구조, 기술과 지식)으로 나누어 볼 수 있다.

조직에 직접적으로 영향을 주는 사업환경과 과업환경을 살펴보면 다음과 같다. 사업환경은 크게 물리적 환경, 경제적 환경, 법적/정치적 환경, 기업이 속한 어느 특정 사회의 문화적, 지역적 환경으로서 기업의 비즈니스 환경에 영향을 주는 사회적 환경, 기업의 비즈니스에 영향을 주는 기술적 환경 등이 있다. 과업환경으로는 회사의 주인인 주주, 기업의 관리자와 구성원들을 포함하는 고용인, 고객 또는 소비자, 공급자, 경쟁사, 노동조합, 정부기관, 금융기관, 사회 활동단체 등이 있다. 외부 환경은 수시로 변화하고 환경변화는 다양성의 변화로 인식되기 때문에 조직이 이러한 환경변화를 수용할 수 있으려면 "다양성은 다양성으로 대처해야 한다"('필수 다양성 법칙'에 근거함). 즉, 조직은 생존에 필요한 충분한 정보가 확보되어야 한다. 이러한 정보는 기업의 생존 가능성을 높이는 조직 내부의 효율성과 효과성, 조직의 사회적 역할에 대한 정당성에 관련된 정보라야 한다.

(제1단계) 자생체계모형(VSM)관점에서 '대상 시스템'을 결정함.

자생체계모형(VSM)의 적용절차의 제1단계에서는 자생체계모형(VSM)의 논리적인 자체 순환성에 따라서 대상 조직이 결정된 후 '대상 시스템'이 결정되어야 한다. 대상조직은 (주)SH파워로 정한다.

(제2단계) 자생체계모형(VSM)과 필수 다양성의 법칙을 연구함.

자생체계모형의 적용절차의 제 2단계에서는 필수 다양성의 법칙에 따라서 대상 시스템이 어떻게 '필수 다양성'을 확보하는지를 연구한다. 이는 고객의 환경과 대상 시스템이 상호 작용하는 관계를 연구하는 것이다. 이를 자생체계모형의 필수기능(또는 시스템)별로 설명하면 다음과 같다.

시스템 1(실행기능)

자생체계모형(VSM)내에서 시스템 1은 조직 내에서 부가가치를 창출하는 활동에 해당한다. 예를 들면, 대상 조직이 고객에게 제공하는 제품과 서비스 활동에 대한 업무가 시스템 1의 실행기능이다. 시스템 1에서는 고객과의 직접적인 접촉을 통해서 제조 업무에 필요한 '필수 다양성'을 확보하는 과정이 일어나고 있다. 자생체계모형(VSM)의 관점에서 보면, 전력 산업의 특성상 급변하는 외부 환경의 변화에 대응하기 위해서는 시스템 1의 실행기능은 현재의 시스템 운영에 대한 제조 업무에만 머물러 있어서는 안 된다. 다시 말하면, 급변하고 예측하기 어려운 환경변화에 대응하여 시스템 1이 필수 다양성을 확보하려면 향후 부가가치를 창출하는 수익사업에 대한 타당성 검토가 필요하다. 이러한 수익사업의 타당성은 (주)SH파워가 아직 설립단계라는 것을 감안하면 단기적으로 이루어지기에는 어려운 것이 현실이다. 따라서 현실적으로는 현재 이루어지고 있는 건설 현장의 효율성과 관리본부의 체계화를 통해서 '필수 다양성'을 확보해야 한다.

(주)SH파워가 '필수 다양성'을 확보하여 학습조직으로 발전하여 지식경영을 실천하려면, 조직 내 부서 내 또는 부서간을 거시적으로 연결하고 통합할 수 있는 커뮤니티나 조직체(실무공동체가 아닌 전략적인 차원에서 회사 전체적 차원의 지식경영을 이끌어 가는 조직체)가 구성되어야 한다. 또한 지식경영을 실천하기 위한 실행공동체(community of practice)가 형성되고 이러한 실행공동체는 조직 내 공식적인 의사소통의 경로를 통해서 지식을 창출, 공유, 확산하여 조직변화를 위한 실천으로 이어져야 한다. 조직 내 인터넷을 통한 자유로운 대화가 사이버 공간 내에서 활성화되어야 한다. 이러한 온라인상의 자유로운 대화가 오프라인(off-line) 상에서 실질적인 자기 조직화(self-organization)로 이어지고 이를 기반으로 전사적인 학습 공동체로 발전되어야 한다.

이러한 현안에 대해 실무자 A, B, C는 다음과 같이 지적하고 있다.

> "현재 회사 전체적인 차원의 지식경영을 이끌어 갈 수 있는 조직체나 커뮤니티 또는 시스템이 구성되어야 한다"

"현재 회사 내에서 본부간 팀간 지식과 정보를 나누지 못하고 있다. 즉 우리가 관심을 갖고 있는 것을 서로 말하지 않는다. 무엇인가를 말하고는 있지만, 때로는 투명하게 말하지 않는다"

"현대 그린파워가 자율적으로 일을 할 수 있는 분위기를 조성해 주면 어떤가? (주)SH파워의 직원들이 상호 협력해서 업무를 잘하기 위해서는 경영자는 직원들과 상의하고 협의해서 맺힌 부분을 풀어주어야 한다"

시스템 2(조정 및 규제 기능)

시스템 2는 시스템 1의 활동에 대한 조정 및 규제 기능이다. 현재의 '조정 및 규제' 기능에 해당하는 활동은 실무자들이 업무를 분담하고 조정하는 것을 통해서 이루어진다. 현재 업무량에 비례한 적정 인력배치기준을 만들고 내부 인력자원의 효율적인 관리를 통해 팀간의 인력 배분이 골고루 이루어져야 한다. 구성원들 간의 업무상 갈등을 해소하는 공식적인 방법은 체계적으로 마련되어 있지 않다. 다음은 실무자 D, F의 의견이다.

"실무공동체에서 나오는 자료, 정보를 관리하기 위한 사업관리시스템을 구축하려 했으나 포기했다. 지금은 전통적인 수기방식으로 하고 있다. 인원이 부족한 문제가 있다."

"어떤 자료는 발전소가 없어질 때까지 계속 보존되어야 하는데, 지금은 그런 자료가 처박히고, 사라지는 리스크가 있다. 누구든지 자신 편의의 입장에서 구자료는 폐기하게 된다. 이런 유용한 자료를 관리할 시스템이 없다."

시스템 3(운영 컨트롤 기능)

시스템 3은 '운영 컨트롤' 기능으로서 조직의 목표를 설정하고 관리하는 기능이다. (주)SH파워의 경영이념과 전략을 바탕으로 한 내부 실행안을 제정하여 조직의 안정성을 유지하고 있다. 내부 실행안은 업무상 프로세스의 효율화, 사내 규정, 본부장 의결사항, 팀장급 의결사항, 본사 지침 등으로 구성되어 있다. 현재 회사의 중장기 전략을 계획하고 실행하는 공식적인 조직이 없다.

"기획커뮤니티, 지식경영 담당 조직을 신설하는 것과 잘 되느냐는 또 다른 문제. 팀이 만들어져서 이끌어나가면 좋겠다. 중장기 전략을 수립하고 향후 미래상을 구상하며 실무에서 나오는 정보를 공유, 활용하는 방안을 구축할 수 있는 팀이 필요하다. 정보 접근 권한에 제한이 필요할 수도 있겠다."

"지식경영과 정보제한은 맞지 않는다. 일체를 다 알고 공유하는 것이 지식경영이다. 나에게 손해된다고 정보를 감추는 것은 지식경영이 아니다. Open-mind가 필요하다"

(주)SH파워가 학습조직으로 변화하기 위해서는 환경변화에 따른 위기 조성과 이로 인한 구성원들의 자발적인 학습을 유도해야 한다.

자생체계모형의 관점에서는 민주적이고 관계 지향적 리더십을 바탕으로 개방적이고 참여적인 조직문화의 형성을 시스템 3이 담당해야 한다. 즉 각 부서의 팀장은 리더십을 발휘하여 조직구성원 또는 팀원들로 하여금 학습을 위한 공동의 목표 아래 일체감을 갖게 하고 조직 내 자유스러운 대화 분위기를 조성하여 변화에 적응할 수 있는 조직문화의 창조를 위한 노력이 요구된다. 또한 시스템 3의 개인별, 팀별 업무성과에 대한 통제기준과 목표가 무엇인지 시스템 1이 구체적이고 명확하고 일관되게 알고 있도록 서비스 업무의 성과 기준과 지표를 만들어야 한다. 통제의 지표가 불명확할 때, 시스템 3은 학습을 유발시키는 것이 아닌 학습을 저해하는 분위기를 조성하게 된다.

시스템 4(지능 기능)

시스템 4의 기능은 현재와 미래의 환경변화를 감지하는 역할을 한다. (주)SH파워의 경우에 전체 환경 및 미래 환경에 대한 정보를 수집하는 기능과 조직체는 없다. 건설 현장에서 근무하는 실무자가 현장에서 수집한 정보나 아이디어를 정리하고 체계적으로 보관하여 향후 전략 수립과 업무 필요시에 제공할 수 있어야 한다. 이러한 자료수집과 정보 제공은 향후 환경변화를 예측하고 새로운 사업기회를 포착하고 환경 변화에 대비한 전사적 전략을 수립하는 데에 근거자료로 제시될 수 있다.

> "중부발전을 비롯하여 다른 기업에는 스스로의 조직을 평가하는 내부 진단 조직이 있다. 내부 진단은 냉철해야 한다. 껍데기가 아닌 알

몸 모습을 보여줘야 한다. 보고서에서 장점이 커나가지 못하는 위험 요인도 잘 보여주고 대책을 강구하게 해야 한다. 그리고 성장 동력을 분석해서 5년, 10년 뒤에 더 많은 배당 가능성을 주주들에게 보여주면 그들도 내 놓을 수 있을 것이다. 다시 미시적 측면으로 돌아오면 중부는 예전에 각각 따로 발전소 건설이 되면서 문서이관이 잘 안되었다. 건설조직이 건설 끝나기 전, 다른 곳으로 이동하면서 자료를 가지고 가거나 관리를 잘하지 않았다. 문서관리 중요성은 피부로 느낀다. 문서량이 적을 때 관리해야, 시간 지나면 더 어려워진다. 전산시스템이 없어도 문서관리체계를 만들어 운영해야 한다. 각개 모듈로 하다 나중에 통합할 수 있게 관리해야 한다"

시스템 5(정책 기능)

시스템 5는 회사의 지침, 현대제철과 중부발전의 임원들로 구성된 집행위원회가 최고의사결정기구로서 기능하고 있다. 시스템 5는 시스템 4가 제공한 미래 환경변화에 따른 새로운 사업기회를 포착할 것인가, 아니면 현재 회사의 정책에 따라서 현재의 상태를 유지할 것인가를 결정해야 하는 기능도 있는데 이러한 기능은 현재 없다. 학습조직의 설계관점에서 보면, 시스템 5는 향후 기업의 방향과 진로를 결정하는 최고의 의사결정기구이다. 즉 지식경영의 최고책임자의 위치로서 역할을 다해야 한다. 자생체계모형(VSM)의 관점에서 보면, 조직 내 '필수 다양성'을 확보하기 위해서 현재지향적인, 현재의 조직문화를 유지하려고 하는 시스템 3의 입장과 미래지향적인, 새로운 지식의 획득과 생성하려고 하는 시스템 4의 입장을 조정하고 균형을 유지하는 역할을 해야 한다.

(주)SH파워는 향후 새로운 기업문화의 조성이 시급히 요구된다. 우리나라 기업은 일반적으로 이문화 또는 타문화에 적응하는 것이 약하다는 문제에 대해서는 직원들도 인정하고 있다.

> "일반적으로 우리나라 기업의 마인드 자체가 상호 신뢰하고 협력할 수 있는 문화는 아직도 멀었다고 본다. 중부와 현대제철이라는 관계 정립이 중요하다. 대부분의 마찰이 여기서 발생한다."
>
> "국제 변화에 걸맞은 문화의 형성을 위해서 누군가 계속 기업문화에 모티브를 주고 새로운 방향을 제시하고 계속 추진해야 한다."

(제3단계) 자생체계모형(VSM) 관점에서 본 조직의 현황과 문제점

자생체계모형의 적용절차의 제3단계에서는 자생체계모형을 적용하여 대상조직의 현황과 문제점을 파악한다. (주)SH파워가 향후 환경변화에 적응할 수 있는 '자율적이고 독자적인 책임단위'로 발전하기 위해서는 다음과 같은 문제점들에 대한 시정조치가 요구된다.

5. 창의적 경영을 위한 조직문화의 재창출 방법

21세기는 "지식사회"와 "정보(또는 디지털) 시대"라고 불린다. 이는 1990년대 이후에 정보기술과 커뮤니케이션 기술이 급격하게 발전하여 현대 사회의 모습을 완전히 바꾸어 놓고 있는 것을 의미한다. 국내외 기업경영 현실에서는 다음과 같은 두 가지의 창의적 경영의 전략적 사고가 필요하다. 지식경영의 첫 번째 창의적 경영의 전략은 정보기술 또는 커뮤니케이션 기술이 중심이 되어 조직 내 구성원들 간의 지식 공유를 향상시키는 것이다. 창의적 경영의 두 번째 전략은 조직 내 프로세스에 초점을 맞추어서 새로운 지식을 창출하는 것이다. 이러한 창의적 경영의 전략은 정보기술과 과학적 기술을 우선으로 할 것인지, 아니면 인간과 조직문화를 중심으로 할 것인지를 선택하여야 한다. 현재 한국기업들이 주로 시도하는 창의적 경영은 제4차 산업혁명 대비 스마트화 전략 혹는 정보기술(IT) 중심의 비즈니스 모형으로 볼 수 있다. 이러한 상황으로 볼 때 창의적 경영의 성공조건으로 개방적이고 참여적인 조직문화가 선행되어야 함에도 불구하고 우리나라의 대부분의 기업에서는 신뢰와 협력을 바탕으로 하는 창의적 경영의 두 번째 전략을 간과하고 있고, 따라서 창의적 경영을 실천하기 위한 조직문화의 재형성이 시급히 요청된다.

(주)SH파워의 기업문화는 현대의 기업문화와 한국전력공사의 공기업문화가 공존하고 있는 독특한 상황이다. 이러한 상황에서 상이하고 이질적인 기업의 문화가 공존하고 상생하는 조직문화를 창출하려면 조직 내 프로세스를 체계적으로 이해하고 새로운 지식을 창출하는 데에 전 직원이 신뢰하고 협력하는 분위기가 조성되어야 한다. 조직 내 프로세스를 체계적이고 과학적으로 이해하기 위해서는 앞에서 설명한 자생체계모형(VSM)의 관점에서 조직은 마치 한 몸처럼 기능하는 시스템으로 인식해야 한다. 자생체계모형은 환경의 다양성에 대처하는 다양성(variety)을 확보하여 장기적으로 생존하고 진화하는 자생체계(viable system) 혹은 인간체계(human system) 이다. 기업이 장

표 11.3 자생체계모형(VSM)의 관점에서 본 (주)SH파워의 현황

VSM	일반 개념	지식과 관련된 내용	현황 및 문제점
실행 기능	시스템 1 • 부가가치 창출 활동 • 제품 및 서비스의 생산 및 제공	• 고객에 대한 지식(가격, 선호도, 고객의 불평/불만) • 외부 환경에 대한 지식(시장 선호도, 지리적 여건) • 합작투자에 대한 정보	• 현재의 업무는 잘되고 있으나 회사가 자생력을 갖기 위해서는 선진 기업과 네트워크를 형성하여 선진화된 기술력을 습득하고, 장기적인 관점에서 전략적인 지식경영을 실천할 수 있는 조직체가 시급히 요구됨
조정 기능	시스템 2 • 부가가치 창출 활동에 대한 조정과 규제활동 • 제품과 서비스활동에 대한 정보 수집	• 지식경영을 위한 인프라스트럭처(문서관리체계 등) • 웹사이트 신설과 운영방안 • 의사소통에 대한 팩키지의 활용과 인적자원 및 지적자원의 활용	• 조직 내 지식의 활용에 대한 조정기능이 미약함 • 본부별 문서관리체계가 미비함
운영 컨트롤 기능	시스템 3 • 경영관리활동(재무관리, 인사관리, 마케팅 관리, 생산관리) • 감사 및 모니터링 기능	• 지적자산에 대한 관리체계 • 여유자금 확보와 효율적인 운영 • 정부의 법과 규제에 대한 경영진의 선택과 의사결정(예: 특허권, 저작권 등록, 로열티의 설정과 지급) • 지식경영에 대한 감사 기능	• 경영관리활동, 예를 들면, 예산의 확보와 집행, 인적자원관리, 마케팅 활동의 독자적인 운영계획의 수립과 실행이 요구됨 • 객관적인 팀별 평가가 문서상으로 이루어지지 않음 • 내부 감사와 모니터링 기능이 없음

VSM	일반 개념	지식과 관련된 내용	현황 및 문제점
지능 기능	시스템 4 • 외부 환경에 대한 정보수집, 내부환경에 대한 정보수집, 연구개발 기능, 전사적 전략 수립	• 미래지향적 지적자산의 관리 • 학습과 개발에 대한 전략수립 • 신기술과 지식에 대한 연구개발 활동	• 미래 환경변화에 대비하는 정보수집, 분석, 전달기능의 신설과 거시적인 마케팅 전략 수립이 요구됨
정책 기능	시스템 5 • 최고의사결정기구 • 조직의 정체성 확립 • 조직의 비전과 사명	• 조직의 사명과 비전 수립 • 새로운 조직문화와 정체성 확립 • 보상 정책	• 지식경영의 관점에서 팀별, 개인별 성과에 대한 보상정책의 수립이 시급함 • 미래 투자에 대한 최고의사결정기구에 대한 검토가 요구됨 • 참여적이고 능동적이고 투명한 조직문화의 형성이 요구됨

기적인 관점에서 생존하고 발전하려면, 기업은 환경변화에 적합하고 환경변화에 신속하며 적극적으로 문화를 재창조하는 능력이 있어야 한다. 시스템 사고의 관점에서 볼 때, 전체는 부분들의 결합으로 구성되며, 전체는 부분들 각각에게 영향을 미치며, 부분 또한 전체에 영향을 미치게 된다. 이러한 관점에서 보면, (주)SH파워의 기업문화는 우리나라 사회와 전력산업이라고 하는 상위 시스템으로부터 많은 영향을 받게 된다. 특히 우리나라 사회의 전통적인 관습과 문화는 (주)SH파워의 기업문화에 직접적인 영향을 미치면서 동시에 우리나라 전력산업 문화에도 영향을 미친다. 우리나라 사회의 문화는 후기 산업사회의 출현과 더불어 근본적으로 변화하고 있다. 즉 과거 산업혁명 이후

지속되어 온 단일사회(경제적 목적이 主가 되는 사회)에서 경제적 목적과 함께 비경제적 목적(윤리, 정치, 제도, 법, 다양한 문화적 요소가 포함됨)도 중요시되는 다원사회로 이행하고 있다(박동준 1994). 이러한 다원사회에서는 효용성, 혁신, 창조와 같은 경제적 가치 이외에도 자율성, 책임, 조화와 같은 사회적이고 인간적인 가치도 포용하는 방향으로 가고 있다. 즉 자본주의 이념의 질적 변화가 일어나고 있으며, 이러한 자본주의 이념의 질적 변화 속에서 한국 사회는 보다 발전된 자본주의와 권력이 분산된 다원주의를 지향하고 있다. 이러한 사회적 변화에 발맞추어서 기업은 규범적인 의미에서 변화하는 사회의 지배적인 이데올로기를 공유해야 되고, 사회를 변화시켜 나가는 데에 있어서 견인차의 역할을 해야 한다. 그러나 우리나라 전통적인 기업문화는 소위 '경영자 문화'로 특징지어지는 가풍적이고 봉건적인 문화로 전통적인 권위주의에 바탕을 둔 폐쇄적이고 비공식적인 관계에 의해서 이루어지고 있다. 향후 다원주의 사회에 적합한 기업문화는 권위적이고 폐쇄적이기보다는 생활 공동체 의식('우리')을 기반으로 하되 개인의 자율성('나')이 존중되는 기업문화로 발전되어야 한다(박동준, 1994, pp. 153-154). (주)SH파워 내에서 이러한 기업문화가 조성되려면, 기업의 최고 의사결정자가 현대 사회의 질적 변화를 정확히 인식하고, 기업의 내적 영향요소가 결정적인 역할을 함을 명심해야 한다. 즉, 투자자의 개인적인 기준과 사고방식, 철학이 종업원의 심리적 요소에 직접적으로 영향을 끼치며 현대와 한국중부발전 경영층의 자발적 후원 및 갈등해결에 따라 (주)SH파워에 대한 전반적인 분위기와 회사의 비전과 향후 방향을 제시하게 된다. 또한, 이러한 요소들이 결국 (주)SH파워의 새로운 기업문화를 조성하는 데에 결정적인 역할을 하게 된다는 것을 명심해야 한다.

6. 결 론

본 사례는 글로벌 환경변화에서의 조직구조에 대한 이론적 연구를 바탕으로 시스템 방법론인 자생체계모형(VSM)의 관점에서 조직의 현재 상황을 파악하고 향후 변화의 방향에 대해서 논의하였다. 또한 (주)SH파워의 현재 경영환경의 관리 중심의 경영 체계가 지식경영과 학습조직의 관점에서의 경영체계와 조직구조로 전환되어야 할 필요성에 대해서 논의하였다. 이러한 필요성에 따라서 향후 변화하는 경영환경하에서 조직구조는 부가가치를 창출할 수 있는 업무나 최우선 과업을 중심으로 구성된 자생체계모형(VSM)의 원리와 개념적 틀을 적용하였다. 자생체계모형은 환경변화에 적응하기 위해서 '필수 다양성의 법칙'에 따라서 조직이 어떻게 학습 네트워크 형태로 바뀌어야 하는지를 개념화시킨다. 결론적으로, 본 사례 연구는 복잡계 경영환경에 적합한 조직형태로서 자생체계모형의 다섯 가지의 필수 기능(예를 들어, 실행기능, 조정기능, 운영 컨트롤 기능, 지능 기능 및 정책기능)을 제시함으로 (주)SH파워의 중장기 성장목표와 전략을 실무 부서를 중심으로 수립하고 이러한 중장기 목표를 달성하기 위한 방향과 방법을 제시하였다. 이러한 자생체계모형에 의한 조직의 변화방향은 (주)SH파워가 환경변화에 대응하기 위한 '필수 다양성'의 확보차원에서 핵심성과 업무와 경영의 효율성 제고를 위한 조직구조의 재설계 및 이러한 구조를 통한 혁신경영을 제시한다. 또한 창의적 경영을 지속적으로 추진하기 위한 개방적이고 투명한 조직문화로의 변화와 이를 실천하는 방안을 제시하였다.

제12장

혁신과 혁신기업의 이해

제1절 | 혁신의 개념

혁신(革新)의 사전적 의미는 "묵은 풍속, 관습, 조직, 방법 따위를 완전히 바꾸어서 새롭게 함"이다. 혁신 이론의 관점에서 보면, 혁신이란 새로운 관점과 사고방식으로 신제품을 만들거나 기존에 없던 프로세스의 변화 및 새로운 서비스의 창조를 통해서 새로운 시장을 개척하고 고객에게 새로운 가치를 제공하는 것을 의미한다. 또한 혁신은 조직 내 지속되는 과정이기 때문에, 지식의 창출과 공유와 연관된 학습의 과정이기도 하다. 따라서 혁신은 제품, 프로세스, 서비스와 관련하여 새로운 것을 만드는 과정이면서, 조직의 변화를 일으키는 과정이고, 조직의 지식 창출과 공유에 기여하는 학습의 과정이다(O'Sullivan and Dooley, 2009: 5).[13] 일반적으로 혁신은 기업가정신(entrepreneurship)과 밀접한 연관성이 있다. 기업가정신은 기술적 혁신(technological innovation)을 통해서 신제품이나 새로운 서비스를 고객에게 제공한다. 기업가정신은 기업을 지속가능하게 하기 위해서 조직적 혁신(organizational innovation)을 통해서 조직을 변화시키기도 한다. 혁신의 유형은 관점에 따라서 다양하게 정의될 수 있다. 경제적 가치의 관점에서 보면 기술적 혁신 및 서비스 혁신으로 분류할 수 있다. 사회적 가치와 경제적 가치의 관점에서 보면 경영 패러다임의 변화에 의한 새로운 사회적 혁신과 조직적 혁신으로도 분류할 수 있다.

우리는 왜 혁신해야 하는가? 세계경제포럼 회장인 클라우스 슈밥이 2016년 스위스 다보스에서 열린 국제경제포럼에서 언급했듯이 전 세계에는 제4차 산업혁명이라는 거대한 물결이 밀려오고 있다. 만일 우리가 혁신하지 않는다면, 어느 날 갑자기 우리에게 '위기'가 거대한 재앙처럼 다가올지도 모른다. 그렇다면 우리는 어떻게 준비해야 하고 혁신해야 하는가? 현재 우리의 상황을 어떻게 이해해야 하는가? 한마디로 우리는 혁신 성장을 해야 한다. 다음 글은 우리나라의 위기 극복을 위해서 혁신 성장이 필요함을 잘 설명하고 있다.

『한국의 위기극복과 혁신성장을 위하여』

제4차 산업혁명으로 국내에서는 한국의 위기가 찾아왔다고 한다.
혁신성장을 위한 우리나라의 과학기술의 경쟁력은 충분하다.
최근의 연구 결과에 의하면
우리나라의 국내총생산(GDP) 대비 연구개발에 대한 투자는
세계 1위이고,
과학기술에의 투자가 이미 세계 수위에 있을 만큼
양적 결과를 이미 이루어내었다는 점이었다.

하지만 누군가가 이야기했지 않나
'나라에 돈이 없는게 아니라 도둑이 많아서'라고
마치 이러한 말을 입증하듯
우리나라의 과학기술에의 투자는
양적인 것에 매몰되어
헬리콥터에서 돈을 뿌려대는 식의
무분별한 투자가 많았다.

앞으로도 결국은 사람이 경쟁력인데
사람에 투자하지 않는
공장식의 하청연구의 관행 속에서
그저 일용직 과학자만을
길러낸 듯한 현실이
통계는 여실히 보여주고 있었다.

그러함에도 일구어낸 결과는
일부 기업이 독식하게 되는
대한민국에서는 '당연하지만' 기형적인 현상
마치 이익은 사유화하고
리스크는 사회화한다는
지독스레 나쁜 우리 사회의 '한국적 자본주의'의 시스템이
여기에도 뿌리내려져 있다고 할까

그러나 여기에도 해답은 있었다
철학의 부재였고, 의지의 박약이 문제였기에

해답은 지극히 철학이 깃든 과학에 있었고,
의지가 충만한 정치에 답이 있었기 때문이다.

그런 점에서 대한민국은
여전히 희망이 있는 듯 보였다

자기희생에
익숙한 국민이지만
사회 정의를 위해서 혹은 불의 앞에서는
하나로 뭉칠 줄 아는 근성

"겨울이 온다(winter is coming)"라는
유명한 마가렛 미드의 대사처럼
4차 산업혁명은 이미 우리에게 와 있는지도 모른다

4차 산업혁명을 대비하여
일본은 대학 입시를 완전히 서술형으로 바뀌어 버렸는데도
우리의 대학 입시와 교육은 아직도 암기 위주의 단답형에 익숙해
있기에 진정한 교육자와 대학생들은 어디로 가야 하는지……
가야 할 곳이 분명하지 않기에
현실에 안주하는 것이 최선일지도 모른다
그러나 우리 사회에서 백년기업은 커녕 십년기업도 찾기 힘든
불확실성의 시대가 이미 우리의 현실이 아닐까?

하지만 과학이 철학을 가지고 있고
그 과실에의 배분에 선한 정치에의 의지가 있다면

비단 4차 산업혁명은 축복이 될 수 있지 않을까?

기계를 지배하는 시대에서
기계에 대체 당하는 시대로
그 막연한 두려움에 대한 해답이
어쩌면 너무 뻔해 실망일지라도
그 나아감을 주저해서는 안된다는
과학자 박기영[13)]의 설명이 그래서 반갑지만 매우 안타깝기만 하다.

2016년부터 문재인 정부가 추진하고 있는 민·관·산·학의 연합체가 동시에 협력하여 추진하는 경제정책의 일환으로서 혁신성장은 기존의 대한민국 정부가 추진해 온 정부주도형 경제정책에서 민간 중심의 경제정책으로 전환한 경제정책이다. 혁신이 새로움을 추구하는 것이라면 이전의 것과는 전혀 다른 것이다. 혁신성장의 개념도 기존 정부의 경제정책과는 근본적으로 차이가 있다. 과거의 정부는 정부주도형 경제정책을 수립하고 대기업 중심 혹은 재벌기업의 국제 경쟁력을 강화하여 대한민국의 경제 수준을 끌어 올렸다. 하지만 삼성, 현대, LG, SK, 포스코 등의 대기업 위주의 정부주도형 경제정책은 서민 경제의 기반을 흔들어 놓았다. 더욱이 1997년 발생한 외환위기 직후에는 한국의 재벌기업이 경제 발전을 촉진하는 데 도움이 되었지만 한국 경제의 몰락에 책임이 있다는 견해가 지배적이다(장세진, 2003). 또한 일반 서민에게는 글로벌 기업으로 성장한 재벌기업의 회장들과 종업원들이 선망의 대상으로 보이지만, 이면에서는 이러한 재벌은 두려움,

13) 『제4차 산업혁명과 과학기술 경쟁력: 한국의 위기극복과 포용적 혁신성장을 위하여』(2017: 한울)의 저자.

경멸, 분노의 대상이기도 했다. 특히 2016년 삼성그룹의 이재용 부회장이 박근혜 대통령의 뇌물 수수사건에 연루되면서 시민들의 분노는 극에 달하였고 결국, 이재용 부회장은 뇌물죄 등의 혐의로 범죄자의 신분으로 처벌 대상이 되었다.

2017년 1월 10일 문재인 대통령은 신년 기자회견을 하였다. 신년 기자회견에서 밝혔듯이 정부는 미래 성장 동력이 되는 사업을 발굴하기 위해서 '13개 혁신성장 동력'을 선정하였다. 이 분야에 2022년까지 총 796조원을 투자하여 5년 내에 상용화가 가능한 분야를 국내 산업기반과 민간 투자 비중에 따라서 '여건조성' 분야(자율주행차, 빅데이터, 맞춤형 헬스케어), '시장접근' 분야(스마트 시티, 가상/ 증강 현실, 신재생 에너지), '수요 창출' 분야(지능형 로봇, 드론)로 구분하여 이러한 분야에 집중 투자한다고 발표하였다(표 12.1).[14]

2016년 11월 28일 문재인 대통령이 청와대 영빈관에서 국무총리를 비롯한 당·정·청·위원 인사 80여 명과 '2017년 대한민국 혁신성장 전략회의'를 개최하였다. 이 회의에서 한국 경제의 지속가능한 성장을 위해서 혁신성장형 경제 구조로 체질을 바꾸어야 한다는 공감대가 형성되었다. 이러한 공감대를 통해서 정부는 혁신성장의 경제정책을 국가의 경제정책으로 선택하였다.[15]

혁신성장의 경제정책의 필요성과 특성은 다음과 같다.

첫째, 혁신성장의 필요성은 제4차 산업혁명으로 인해서 규모의 경제와 같은 대기업의 장점이 사라지고 있는 현실에서 혁신적인 소기업을 육성하여 대한민국의 혁신성장 동력을 만들어야 된다는 것이다. 또

---

14) http://smilefamily.net/221174749269 에서 인용함.

15) https://blog.naver.com/infoswadcom/221176221018 에서 인용함.

표 12.1 제4차 산업혁명 관련 13개 혁신성장 동력의 분야

제4차 산업혁명 관련 산업	혁신성장 분야
지능화 인프라	빅데이터, 차세대 통신, 인공지능
스마트 이동체	자율주행차, 드론(무인 비행기)
융합 서비스	맞춤형 헬스 케어, 스마트 시티, 가상증강현실, 지능형 로봇
산업기반	지능형 반도체, 첨단소재(항공 부품, 자동차 경량화), 혁신 신약(후보물질 100개 개발), 신재생 에너지(발전비중 확대, 2017년 7%에서 2030년 20%)

한 사회적으로 양극화된 경제 구조와 저성장에 직면한 한국 경제에서는 혁신성장이 반드시 필요하다는 것이다. 다음의 인용문은 이러한 주장을 뒷받침한다(https://blog.naver.com/infoswadcom/221176221018에서 인용).

저성장과 양극화에 직면한 한국 경제, 혁신적 결단이 절실

현 정부의 '혁신성장 전도사'를 자임하는 김동연 경제부총리 겸 기획재정부 장관은 이날 회의에서 혁신성장의 의미와 방향, 과제 등을 설명했다. 스토리텔링의 달인답게 감각적인 프레젠테이션으로 혁신을 '캥거루 출발법'에 빗대 소개했다. 캥거루 출발법은 단거리 육상 경기의 크라우치 스타트(crouch start)를 말한다. 모양새가 캥거루를 닮아 붙여진 이름이다. 1896년 미국의 토머스 버크가 이 자세로 금메달을 목에 걸었다. 당시에는 스탠딩 스타트가 대세였다. 우스꽝스럽고 낯선 길을 택한 버크의 판단이 결국 옳았던 셈이다. 김 부총리는 "이런 게 혁신"이라고 설명했다.

저성장과 양극화라는 도전 과제에 직면한 한국 경제는 지금 버크와

같은 혁신적 결단이 절실하다. 경제정책의 패러다임을 바꿔 가보지 않은 길에 첫걸음을 내디뎌야 한다. 돌아보면 우리에게도 혁신의 DNA는 면면히 흐르고 있다. "이봐, 해봤어?"라던 정주영 전 현대그룹 명예회장의 도전정신, 계란으로 바위치기라는 비아냥을 무릅쓰고 반도체 투자를 이끈 이병철 전 삼성그룹 회장의 뚝심은 혁신의 다른 이름이다. "여전히 배고프다"던 애플의 전 최고경영자(CEO) 스티브 잡스와 그 결이 다르지 않다. 1997년 외환위기를 극복한 원동력 중 하나도 혁신 벤처기업의 출현이었다. 혁신의 성공 경험을 간직하고 있기에 우리에게는 새로운 여정이 그리 험난하지 않을 수 있다는 뜻이다.

문재인 정부의 혁신성장은 '네 바퀴 성장론'의 한축으로서 기능한다. 일자리 성장과 소득주도 성장, 공정경제와 맞물려 돌아갈 때 제대로 기능하도록 설계됐다. 이전 보수 정부의 정책 흐름과 궤를 달리 하는 것이어서 시장에서는 '김동연표' 혁신성장에 대한 기대와 궁금증이 커지고 있다. 김 부총리도 이를 의식해 기자간담회와 국회 답변 등에서 기회가 있을 때마다 성과 있는 혁신을 강조하곤 한다. 김 부총리는 12월 11일 판교 제2테크노밸리 기업지원허브에서 확대경제관계장관회의를 주재하며 "혁신성장은 거창한 담론보다 작더라도 국민 손에 잡히는 가시적인 성과가 중요하다"고 밝혔다. 혁신성장과 과거 성장전략의 차이점을 가시적 성과 창출에 두고 있는 것이다. 더불어 아래에서 위로 올라가는 상향식(bottom up) 방식으로 민간이 주도하고 정부는 뒷받침하는 역할을 하겠다는 것이 그의 구상이다.

둘째, 혁신성장의 개념은, 과학기술 주도의 경제성장보다는 사람을 중심으로 한 과학기술의 정책중심의 패러다임의 전환을 의미한다.

'사람 중심'의 과학기술정책으로 패러다임 전환

1960년대 중반 한국과학기술연구원 및 과학기술처 설립으로 본격 시작된 우리나라 과학기술정책은 크게 보면 경제발전 전략의 일환으로 태동·발전돼왔다고 할 수 있다. 정부는 국가 차원의 기술드라이브정책에 따라 핵심 전략기술 개발과 자립화를 위해 분야별 투자사업과 국가 R&D사업을 발족했으며, 선택과 집중의 원칙 아래 한정된 과학기술자원을 전략 분야에 집중하고 정부 주도의 대형 연구개발 프로젝트 중심으로 운영했다.

이러한 노력과 과학기술자원의 투입을 바탕으로 우리나라 과학기술은 전반적인 기술 수준이나 논문발표 수 및 특허출원 수 등에서 세계 과학기술 리더국가들과 어느 정도 필적할 만한 역량과 성과를 보여주고 있다.

그러나 국가 혁신생태계가 복잡해지고 있고 창의성과 융합, 그리고 파괴적 혁신을 통한 과학기술기반 혁신성장 역량이 그 어느 때보다 중요시되는 4차 산업혁명 시대에 기존 정부 주도의 추격형 대형 국가R&D프로젝트 중심의 운영방식은 그 한계에 다다르게 됐다. 혁신요인들이 복잡하고 과학기술혁신과 융합이 예측할 수 없이 빠른 속도로 진행되는 상황에서는 연구자가 중심이 돼 창의력을 마음껏 발휘해 도전적으로 연구하고, 이러한 연구자의 역량과 연구결과가 결국 지속가능한 혁신역량으로 축적되는 '사람'에 투자하는 '사람 중심'의 과학기술정책 패러다임으로의 과감한 전환이 필요한 시점이다.

셋째, 혁신성장은 대기업 중심의 관리경제에 의해서 이끌어 지는 것이 아닌, 창업가정신을 가진 벤처 사업과 창업가정신을 가진 소규모

인재들의 창업을 통해서 가능하다.

관리경제에서 기업가경제로…
기업가정신 갖춘 혁신가 필요

경제성장의 논의에서 '혁신'의 개념이 도입된 것은 불과 한 세기에 지나지 않는다. 이윤만을 추구하는 자본가와 구분해 기업가정신을 원동력으로 자본주의가 진화한다는 슘페터의 이론이 오히려 현재에 와서 사회 · 경제 분야에서 가장 설득력 있는 프레임으로 주목받고 있다.

슘페터 모형(Schumpeterian Model)은 기업가정신, 기업을 중심축으로 경제성장을 논한다. 기존 기술의 진부화와 시장에 진입하려는 신기술 사이에서 발생하는 창조적 파괴, 이로 인한 시장 내 자원의 재배치 과정에서 발생하는 동력이 경제성장의 원동력이 된다. 즉 내생적인 성장에 있어 '기업가정신'에 입각한 혁신의 추구를 핵심으로 하고 있으며, 정부의 역할도 기업의 혁신에 대한 동기부여로 보고 있다.

한편 슘페터가 성장의 중심축으로 제시한 '기업'은 연구개발 역량이 갖춰져 있고 조직 내에서 규모의 경제를 달성할 수 있는 대기업이었다. 하지만 1990년대에 들어서면서 혁신적인 소기업이 시장에 진입해 대기업으로 성장하고, 지속적으로 창업과 중소기업이 증가함에 따라 경제성장의 주체로서 중소기업이 부각됐다. 실제로 글로벌화에 따른 경쟁의 심화, 경기의 불확실성 증대, 유연생산 방식의 도입에 따른 조직 내에서의 규모의 경제효과가 적어졌다는 점에서 대기업의 장점은 사라지고 있다.

넷째, 복잡계 이론에서 언급하는 불확실성으로 특징지어지는 현대의 글로벌 사회에서 요구되는 창업가정신은 역동성, 다양성, 유연성과 변화가 동력이 된다.

'기업가경제'의 등장…역동성 · 유연성이 동력, 실패는 실험적 활동의 결과

튜릭(Thurik)은 기존의 경제성장 방식인 관리경제(Managed Economy)와 구분지어 기업가경제(Entrepreneurial Economy)를 제시한다(〈표 12.2〉 참조). 관리경제에서 성장은 안정성과 전문화, 동

〈표 12.2〉 기업가경제와 관리경제의 비교

	기업가경제 (Entrepreneurial Economy)	관리경제 (Managed Economy)
원동력	• 지역화 • 변화 • 높은 임금을 주는 일자리	• 세계화 • 지속 • 일자리 또는 높은 임금
외부 환경	• 역동성 • 다양성 • 이질성	• 안정성 • 전문성 • 동질성
기업 운영 방식	• 동기 • 시장 교환 • 협력하는 경쟁 • 유연성	• 관리 • 기업 거래 • 경쟁이나 협력 • 규모
정부 정책	• 자율 • 투입 중시 • 지역 단위 • 혁신가	• 규제 • 결과 중시 • 국가 단위 • 기존 인력

출처: Thurik, A., Entreprenomics: Entrepreneurship, Economic Growth and Policy, *Entrepreneurship, Growth and Public Policy*, 2009: 219-249.

질성, 규모, 지속성에서 비롯되지만, 기업가경제에서 성장은 역동성, 다양성, 유연성과 변화가 그 동력이다. 즉 기업가경제에서는 규모보다 유연성이 중요하기 때문에 대기업보다는 중소기업에서 혁신이 촉발되고, 산업진보를 자극하며, 일자리를 창출하는 역할을 수행한다.

다섯째, 혁신성장을 추구하는 기업가경제에서 정부는 시장의 기회를 창출하는 촉진자 혹은 개척자로서 산업체, 기업, 연구소, 대학교, 지방 단체를 연계시키는 역할을 해야 한다.

관리경제에서 기업의 실패는 부정적으로 여겨지며, 사회자본을 낭비하는 것으로 인식되기 때문에 위험회피가 합리적인 활동으로 간주된다. 따라서 모험자본에 대한 투자활동이 위축되는 구조를 지니고 있다. 반면에 기업가경제에서 실패는 실험적인 활동의 결과로 인식된다. 즉 위험이 높은 외부 환경으로 인해 발생하는 결과이기 때문에 전체 사회적인 학습의 일부이며, 새로운 아이디어를 찾고 실행하는 데 수반되는 요인 중 하나다. 관리경제에서 기업가정신은 경제성장에 부정적인 영향을 주지만, 기업가경제에서의 기업가정신은 성장의 원동력이다.

기업가정신이 혁신성장에 영향을 주는 방식은 크게 세 가지로 요약된다. 첫째, 기업가정신은 지식의 파급효과(spill over)를 창출한다. 지식의 파급은 경제성장의 투입요인으로서 대학과 같이 지식이 축적된 기관에서 기업가정신을 갖춘 인력과 기술이 확산되는 것이 주요한 성장의 메커니즘이다. 둘째, 중소기업의 수가 증가함에 따라

경쟁이 촉발되고, 이는 경제성장의 역동성으로 작동한다. 실제 지역 내에 기업의 수와 경쟁의 강도가 증가할수록 지역의 성장률은 증가한다. 셋째, 기업의 다양성 증가는 외부효과(externality)로 이어진다. 즉 한정된 지역 내에서 다양한 생산방식과 이질적인 기술을 보유한 기업들이 증가하면 다양성의 외부효과가 증가해 구성원들 간의 지식 전달, 새로운 지식의 창출 가능성이 높아져 경제성장으로 이어진다.

정부, 시장기회 창출하는 개척자 역할 해야

영국의 네스타(Nesta)는 2008년 금융위기가 그동안 진행된 혁신성장을 기존의 경제주체들이 따라 잡지 못한 결과라고 지적하면서 정부의 대응을 제시하고 있다. 정부의 개입 방향은 단기적인 경기부양책이나 긴축재정과 같은 재정적인 역할만이 아니라 혁신시스템 자체를 강화하기 위한 수단들의 통합적 연계, 즉 경쟁정책, 세금정책, 교육시스템, 금융시스템, 연구개발 정책 간의 연계로 진행돼야 함을 지적한다.

위에서 살펴 본 것처럼, 혁신성장은 정부와 지방 단체, 산업체, 기업과 협력업체, 연구소, 대학교, 지역사회의 시민단체들이 모두 협력하여 이루어내야 한다.

제2절 | 혁신기업과 혁신경영의 개념

1. 혁신기업의 개념

혁신기업(innovative enterprise)은 인간의 창조적 잠재력(human creative potential)을 중요시하는 경영학의 새로운 패러다임의 입장에서 사회변화를 유도하는 사회 혁신(social innovation)을 유발시키는 특징이 있다. 사회 혁신은 시민사회의 구성원들이 사회적 기업가정신을 실천함(practice)을 통해서 사회를 변화시키거나, 정부가 개입하여 지역사회를 변화시키거나 발전시키는 것을 의미한다(Nicholls, Simon and Gabrieal, 2015). 혁신기업은 혁신적인 사회적 비즈니스를 통해서 사회변화를 유도하는 기업의 사회혁신(corporate social innovation)을 실천한다. 또한 혁신기업은 사회변화와 발전에 결정적인 영향을 미치며, 경제발전과 성장에도 지대한 영향을 미친다(제프 멀건, 2011). 혁신기업의 전략적 경영이란 환경 변화 및 상황적 맥락에 적합한 장기적인 목표의 결정과 이러한 목표를 시행하기 위해 필요한 행동 방침과 자원의 확보라고 볼 수 있다(박대석, 2013: 63-64). 혁신기업의 전략적 경영은 공동체의 가치와 사회적 변화와 발전을 우선하는 전략적 비전과 미션을 가지고 있다. 이러한 비전과 미션을 위해서 혁신기업은 지역사회에서 요구하는 제품과 서비스의 제공, 새로운 가치의 제품 생산을 통해서 기업의 사회적 책임을 수행한다.

혁신조직이란 조직 내 생산, 프로세스, 서비스를 변화시키는 조직을 의미한다. 혁신조직은 변화에 적응할 수 있는 능력을 배양하여 변화의 목적을 효과적으로 달성할 수 있는 변화관리(change management)를 실천하는 조직이다(O'Sullivan and Dooley, 2009: 35).

2. 혁신경영의 개념

혁신경영이란 조직 내 자료, 정보, 지식을 결합하고 활용하는 과정으로 개별적인 학습능력과 집단적인 학습능력을 바탕으로 개인과 집단의 혁신적 능력과 창조적 능력을 개발하고 처리하는 일련의 학습과정이다. 혁신경영에서 요구되는 지식의 유형은 형식지(explicit knowledge)와 암묵지(tacit knowledge)로 구분되고, 일반적으로 지식경영은 조직 내 암묵지를 형식지화하고 형식지를 암묵지화하는 과정으로 이해된다(Nonaka and Takeuchi, 1995).

일반적으로 말해서, 혁신조직은 다음과 같은 경영 테크닉과 혁신적 경영기법을 활용하여 조직을 변화시키고 혁신시킨다(O'Sullivan and Dooley, 2009: 35~36).

(1) 전략적 계획(Strategic Planning)

전략적 계획이란 조직 내 혁신을 실행하기 위한 계획을 의미한다. 즉, 조직 내 혁신의 목적과 전략을 성취하기 위해서 조직 내 아이디어의 발굴과 실행 및 아이디어의 실행을 위한 구체적인 프로젝트의 설계와 실행을 위해서 조직구성원들을 조직화하고 이끄는 활동을 말한다.

(2) 성과측정(Performance Measurement)

성과측정이란 조직의 성과 향상과 직접적으로 연관된 중요한 변수를 설정하고 이러한 변수를 통해서 조직의 성과를 측정하는 것이다. 일반적으로 조직의 성과측정의 중요한 변수는 조직변화를 촉진하는 요인이 되어야 한다, 이러한 변수들을 통해서 혁신조직의 성과를 객관적으로 평가할 수 있는 측정기준이 마련되고 이러한 측정기준은 지표화되어서 객관적인 측정이 가능해야 한다.

(3) 창조경영(Creativity Management)

창조경영이란 환경변화에 대응하기 위한 조직의 목표 설정과 연관된 아이디어의 창출과 실행과 연관되어 있다. 또한 조직 내 복잡한 문제 발생시 이를 창의적으로 해결하는 문제해결과 연관된 과학적인 사고방식과 시스템 어프로치와 연관되어 있다.

(4) 프로젝트 경영(Project Management)

프로젝트 경영이란 조직 내 사용가능한 자원들을 배분하여 조직이 생존하는 데 필요한 주요한 과업들을 수행하기 위한 프로젝트와 연관된 경영을 말한다. 혁신을 위해서 수행되는 프로젝트 경영이 성립하기 위한 첫 번째 요인은 조직 생존에 필수적인 과업이 무엇인지 찾아내고, 조직 내 사용가능한 자원을 사용하여 이를 프로젝트화시키는 것이다.

(5) 지식경영(Knowledge Management)

지식경영이란 혁신과 조직변화와 관련된 정보와 지식의 창출과 공유를 체계적으로 할 수 있는 절차와 시스템의 설계 및 실행하기 위한 프로세스를 의미한다.

제3절 | 학습과 혁신의 연계성

혁신조직의 창의적 경영이 전부 성공하는 것은 아니다. 대부분의 혁신조직의 경우에 한번도 실패하지 않고 단번에 성공한 경우는 드물다. 조직은 실패로 인해서 좌절할 수도 있다. 하지만 실패로 인해서 그 동안의 상황을 되돌아보고 반성하는 계기가 되어야 한다. 이러한 실패의 경험으로부터의 학습은 또 다른 성공과 혁신의 길로 인도하게 된다. 즉 실패를 하지 않으면 혁신의 중요성과 개념을 이해하지 못하게 된다. 이러한 의미에서 "실패는 성공의 어머니이자 혁신경영 혹은 혁신을 위한 지름길을 제시한다."

물론 조직이 실패의 경험으로부터 학습하지 않고, 단지 실패로 끝나게 되면 아무런 의미가 없고 오히려 좌절감을 통해서 회복하기 어려운 상태에 빠질 수도 있다. 따라서 본 장에서는 이러한 의미에서 실패의 경험을 통한 학습이 어떻게 발생하고 학습을 통한 혁신의 개념에 대해서 살펴보고자 한다.

혁신경영(innovation management)이란 조직 내 혁신을 위한 효과적인 루틴(routine)을 발견하기 위한 과정이며, 이러한 과정을 위해 효과적인 학습 프로세스를 설계하고 운영하는 일련의 탐구과정으로 볼 수 있다.[16] 이러한 혁신경영의 정의는 혁신경영이 조직 내에서 수없이 반복되는 실패의 과정을 통해서 조직 내에 루틴하게 정착되는 절차와 프로세스를 찾아가는 학습의 과정으로 이해할 수 있다.

---

16) 혁신경영에 대한 영어 원문은 다음과 같음. "Innovation management is the search for effective routines - in other words, it is about managing the learning process towards more effective routines to deal with the challenges of the innovation process" (Tidd and Bessant, 2013: 624).

1. 경험적 학습의 모델

데이빗 콜브(David Kolb)에 의하면 혁신을 위한 경험적 학습(experiential learning)의 사이클은 다음과 같은 4단계로 구성된다(Kolb, 1984).

(1) 경험(experience) 단계

경험적 학습은 새로운 환경에 대한 경험(experience)을 통해서 이루어진다. 혁신을 하기 위해서는 가장 먼저 요구되는 것은 경험이다. 즉, 경험이 없으면 혁신은 일어나지 않는다. 환경변화를 경험해 보지 않는 경우 환경에 대한 정보가 전혀 없기 때문에 실패할 가능성이 매우 높다. 조직이 혁신을 하기 위해서는 혁신 프로젝트를 만들고 이러한 혁신 프로젝트를 통해서 경험을 해야 한다.

(2) 성찰(reflection) 단계

조직이 혁신 프로젝트를 수행하게 되면 혁신 프로젝트의 결과에 의해서 성찰(reflection)을 하게 된다. 특히 혁신 프로젝트가 성공했을 때보다 실패했을 경우에 성찰의 과정은 진지하고 의미 있는 과정이 된다. 이러한 성찰의 과정에서 조직은 혁신 프로젝트가 무엇이 잘못되었는지를 알게 되고 다음 기회에서는 잘못된 점을 반성하여 수정하게 된다.

(3) 개념화(comceptualizing) 단계

조직은 성찰 단계에서 얻어진 교훈을 통해서 혁신에 대한 계획과 과정을 개념화하게 된다. 이러한 개념화 단계에서는 그 조직이 처한 상황과 보유하고 있는 자원의 이용가능성을 파악하여 혁신 모델에 대한 개념화가 이루어진다.

(4) 실험화(experimentation) 단계

경험적 학습의 개념화 단계에서 이루어진 혁신 모델을 실제로 실험하는 단계이다. 실험화 단계는 개념 모델이 새로운 환경에 어떻게 적용되는지를 실험을 통해서 인식하여 이러한 실험화 단계를 거쳐서 조직은 혁신에 대한 학습을 하게 된다.

2. 학습역량의 개발

복잡계 환경에서 생존하기 위해서는 혁신조직은 학습역량을 개발해야 한다. 복잡계 환경은 예측 불가능성, 모순과 패러독스로 특징지어진다. 예를 들어, 새로이 형성된 시장의 규모와 지속가능성, 고객의 수요, 제품의 수명주기, 기술변화의 속도, 경쟁기업의 전략적 변화와 경영의 성격 등은 마치 복잡계의 예측 불가능성처럼 쉽게 파악할 수 없다. 이러한 복잡계 환경에서 혁신조직은 학습할 수 있는 역량이 개발되어야 한다. 그러면 혁신조직의 학습역량은 무엇이고 이러한 학습역량을 어떻게 개발할 수 있는가? 일반적으로 조직의 학습역량은 다음과 같다.

(1) 체계적인 문제해결능력(problem solving)

혁신조직은 문제를 해결하기 위한 과학적인 분석, 자료의 체계화, 사실 또는 자료에 기초한 의사결정, 문제를 알기 쉽게 이해할 수 있는 개념화 혹은 모델화시킬 수 있는 체계적인 문제해결능력이 있어야 한다. 이러한 체계적인 문제해결능력은 조직의 중요한 학습역량이 된다.

(2) 탐구과정(inquiring process)에 의한 시스템적 사고의 배양

혁신조직은 탐구과정을 통해서 시스템적 사고를 배양할 수 있는 능력이 있어야 한다. 시스템적 사고란 어떤 현상을 전체적이고 통합적인 관점에서 파악할 수 있는 역량을 의미한다.

(3) 실험을 통한 학습(learning from experiment)

조직은 지식을 축적하기 위한 연속적인 소규모의 실험을 통해서 학습할 수 있는 역량이 있어야 한다. 혁신조직은 새로운 역량과 능력을 배양하기 위해서 시범적으로 혁신 프로젝트를 만들고 이러한 혁신 프로젝트의 실험을 통해서 학습을 할 수 있는 역량이 있어야 한다.

(4) 경험의 활용(exploitation from experience)

조직은 과거의 활동에 대한 체계적인 평가와 기록을 통해서 향후에 경험을 활용할 수 있어야 한다. 이러한 경험의 활용은 조직의 학습역량이 된다.

위에서 언급한 조직의 학습역량은 혁신조직이 필수적으로 갖추어야 할 역량이다. 이러한 필수적인 학습역량 이외에도 조직은 외부 아이디어를 이용하거나 지식의 창출과 확산을 통해서 학습활동을 할 수 있다.

제4절 | 미국 혁신기업의 사례: 와비파커[17]

"혁신은 얼마나 연구개발에 돈을 투자하는 것과는 무관하다. 혁신은 돈과 연관된 것이 아니다. 혁신은 사람을 얼마나 잘 이끌고 그들로부터 얼마나 많은 것을 얻어 내느냐에 달려 있다"[18] -스티브 잡스

21세기의 혁신기업은 과연 어떻게 정의할 수 있고, 어떤 모습으로 변화되고 있는가? 혁신 이론의 관점에서 보면 혁신기업(innovative enterprise) 혹은 혁신조직(innovative organization)은 '사람의 중요성'을 최우선으로 하고, 공유된 비전, 혁신적 리더십, 창의적인 조직 설계, 혁신을 주도하는 핵심 인재, 팀에 의한 효과적인 업무 수행, 혁신을 위한 전체 조직구성원들의 참여, 아이디어의 개발과 창의적인 분위기, 고객 지향적인 경영으로 특징지어진다(Tidd and Bessant, 2013: 108).

21세기의 경영환경은 3D, 사물인터넷, 빅데이터, 인공지능, 클라우딩 컴퓨팅과 같은 온라인 신기술이 제조업 공장에 적용되면서 스마트 공장이 출현하고 누구나 손쉽게 제품을 설계하고 만들 수 있게 되었다. 현재 대기업 주도형 산업은 소자본으로 창업이 가능한 벤처기업의 등장으로 산업계가 재편되고 있다. 예를 들면, 안경 산업도 대기업이 독점하여 안경의 가격이 비싸서 일반 서민은 비싼 안경을 사서 써야 한다. 미국의 경우 매년 '가장 혁신적인 기업' 50곳을 발표하는 미

17) 출처는 참고문헌의 '관련 웹사이트'를 참조.

18) 영어 원문은 다음과 같음. "Innovation has nothing to do with how many R & D dollars you have … it's not about money. It's about the people you have, how you're led, and how much you get it." -Steve Jobs, interview with *Fortune Magazine*, 1981.

국 월간지 패스트 컴퍼니(Fast Company)는 최근호에서 다소 뜻밖의 순위를 내놨다. 세계적 글로벌 기업인 구글과 애플을 제치고, '핀테크(금융+기술)'로 돌풍을 일으킨 알리바바를 누르고 2010년 미국 뉴욕에서 창업한 '와비파커(Warby Parker eyewear)'를 1위로 선정하였다. 패스트 컴퍼니 편집장인 로버트 새피언에 의하면, 매출 1억달러(약 1,100억원) 남짓의 안경 판매회사인 와비파커를 1위로 선정한 이유에 대해 "어느 곳에서도 찾아볼 수 없던 방식으로 수백년간 변화가 없던 안경 판매시장을 혁신적으로 바꿔놨기 때문"이라고 설명했다. 와비파커의 대표적 '혁신'은 사용자 얼굴을 3D 모델로 인식하고 얼굴모양에 따라서 어울릴 것 같은 안경을 추천하는 다음과 같은 3단계로 이뤄진 판매방식이다. 우선 안경을 사고 싶은 고객이 와비파커 홈페이지(www.warbyparker.com)에 가입해 착용하고 싶은 안경을 최대 5종류까지 골라서 온라인상으로 주문하면 고객의 집으로 배송된다. 고객은 주문한 여러 종류의 안경을 대략 3~5일간 사용해 본 후 와비파커로 반송한다. 고객이 가장 마음에 들었던 안경을 선정하여 자신의 시력과 눈 사이 거리를 홈페이지에 입력하면 2주 후에 고객이 선정한 안경테에 맞춤 제작된 안경을 집으로 배송한다. 고객은 일반 안경점에서 구매하면 500달러 상당의 안경을 온라인상으로 와비파커에서 구매하면, 온라인 구매 특성상 안경을 5분의 1 가격도 안 되는 95달러에 살 수 있다. 이러한 온라인 구매를 통한 혁신적인 판매방식은 폭발적으로 인기가 상승하여, 와비파커의 창립 첫해인 2010년 2만개, 2011년 10만개, 2013년 25만개에 이어 2014년에는 100만개 이상을 판매했다.

와비파커의 탄생신화는 다음과 같다.

가난한 젊은 대학원생이 있었다. 어느 날 친구들과 유럽으로 배낭여행을 떠났다가 안경을 잃어버렸다. 안경을 새로 맞추려니 3백 달러가 넘는 돈이 필요한데 그 돈을 구할 수는 없고, 어쩔 수 없이 당분간 안경 없이 버텨야 했다. 그러면서 '왜 안경이 이렇게 비싸야 할까?' 하는 궁금증을 가졌고, 알고 보니 안경산업은 사실상의 독점산업이었고, 연구를 하면서 '인터넷을 이용하고, 중간상인들을 건너 뛰면 1/3 가격에 고품질의 멋있는 안경을 팔 수 있다'는 확신을 가졌다.

데이브 길보아는 이러한 확신을 갖고 동창생 네 명과 온라인 안경점인 와비파커를 시작했다. 오늘날 와비파커가 혁신기업이 될 수 있었던 것은 미국 펜실베이니아 대학의 와튼 스쿨에서 경영학석사(MBA) 과정을 이수했던 "가난한" 학생이었던 데이브 길보아(Dave Gilboa)가 해외 배낭여행 중 700달러짜리 안경을 잃어 버렸던 사건 때문이었다. 데이브 길보아는 학생시절에 돈이 없었고, 잃어버린 안경을 사기에는 안경이 너무 비쌌다. 안경이 비싼 이유는 글로벌 거대기업의 독점 때문이었다. 룩소티가(Luxottica)라는 이탈리아 회사는 세계적인 유명 브랜드린 오클리, 레이밴의 고급 브랜드 안경테를 가지고 있으며, 아르마니, 샤넬, 프라다, 랄프로렌에도 안경테를 공급하며, 미국의 주요 안경매장인 렌즈크래프터와 펄비전, 선글래스헛을 가지고 있는 사실상의 독점기업이기 때문이다.

와비파커의 창업자가 생각한 혁신기업이 가져야 할 내러티브는 다음과 같은 요소를 가지고 있어야 했다.

1. 개인적인 스토리(personal story): 가난한 대학생이 해외 배낭여행 중 비싼 안경을 잃어버림
2. 기존 제품/서비스의 불편한 점(pain point): 안경점에서 파는 좋은 안

경은 비싸고 안경 가게가 있는 곳까지 가야 함

3. 해결책(solution): 인터넷과 3D 기술을 이용하여 내가 원하는 안경을 주문함
4. 악당(bad guy): 대기업인 룩소티가(Luxottica) 이탈리아 회사는 안경산업을 독점함
5. 어마어마한 목표(big hairy audacious goal): '인터넷을 이용하고, 중간상인들을 건너뛰면 절반도 되지 않는 가격에 고품질의 멋있는 안경을 팔 수 있다'는 자신감과 이러한 목표를 향한 구체적인 비전과 행동.

와비파커의 창업자가 생각한 위와 같은 요소와 내용들은 와비파커의 탄생신화에 잘 드러난다(네이버 레터(Naver letter)〉〉 와비 파커: 성공의 공식, 2016). 위와 같은 네러티브를 가진 와비파커가 혁신기업으로서 성공할 수 있는 비결은 다음과 같다.

- 온라인 직접 판매로 유통단계의 획기적 축소
- 소비자 조사로 브랜드와 가격의 결정
- 고객을 활용한 SNS 마케팅 활동
- 안경을 하나 팔 때마다 저개발국에 안경을 기부함

와비파커의 첫 번째 성공비결은 온라인 직접 판매로 유통단계를 대폭 축소하여 같은 품질의 안경 가격을 5분의 1 수준인 95달러로 낮추었다. 온라인 판매시 안경을 써 보고자 하는 고객을 위해 시험착용(home try-on)을 하는 서비스도 제공하였다. 두 번째 성공비결은 안경을 착용하는 소비자를 조사하여 그들이 선호하는 브랜드 네임과 가격을 정했다. 그렇게 해서 와비파커라는 회사가 탄생하였다. 세 번째

성공비결은 온라인 플랫폼인 소셜 네트워킹 서비스(SNS: social networking service)를 통해서 소비자 간의 자유로운 의사소통을 통한 정보 공유와 인맥형성과 확대를 통해서 사회적 관계를 형성한 것이다. 네 번째 성공비결은 와비파커가 안경을 한 개 팔 때마다 추가로 한 개의 금액을 저개발 국가에 기부하는 정책(buy a pair, give a pair)을 실시하고 있다. 이러한 정책은 전 세계에서 안경을 구매하지 못하는 저소득층이 약 7억 명에 달하고, 이들에게 안경을 기부하면 생산성이 35% 가량 향상된다고 예측했다. 이러한 자선활동을 위해 비영리단체인 비전 스프링(Vision Spring) 조직과 협력하여 와비파커에서 안경을 한 개 판매하면, 비전 스프링은 와비파커의 안경 한 개를 개발도상국으로 보내준다. 와비파커는 이러한 활동을 통해서 기업의 사회적 책임활동(CSR)을 개발도상국으로 확대한다. 특이한 점은 개발도상국으로 안경을 기부할 때, 단순한 제품만을 기부하는 것이 아니라 시력검사의 기술과 안경 판매방법을 개발도상국으로 전수해서 개발도상국에서 안경 판매는 직접 하도록 한다는 것이다. 이런 방식으로 와비파커는 지금까지 200만개가 넘는 안경을 개발도상국으로 배포하였다.

미국의 대표적인 혁신기업인 와비파커는 소비자를 위한 소비자에 의한 업무 프로세스의 혁신뿐만 아니라, 지식경영을 바탕으로 조직을 운영하되, 조직 내에서 조직구성원들에게 벽이 없는 개방적 조직문화를 만들었다. 이러한 개방적인 문화의 사례는 아이디어를 조직 내에서 자유롭게 건의하는 것이다. 개발자는 누구든지 자유롭게 홈페이지에 온라인상으로 아이디어를 올리고, 좋은 아이디어가 취합되면, 경영진들의 의견까지 더해져서 제품이 생산되는 구조적 혁신을 단행하였다. 이러한 구조상의 혁신은 개발자들의 동기부여를 강화하고 구성원들의 만족도를 향상시킬 뿐만 아니라, 의사결정시 구성원들과 경영진 모두의 의사가 반영된다는 특징을 가지게 되었다. 와비파커는 브랜드 네이밍부터 가격까지 고객이 원하는 것을 조사해보고 이를 토대로 브랜드 명과 가격을 결정하는 등 모든 것을 고객 중심의 혁신적인 정신을 내세우고 있다. 이외에도 초기 설립자인 최고경영자(CEO)의 서번트 리더십과 벽이 없는 조직구조의 체계는 구성원들의 만족도와 함께 참여정신과 권한위임(임파워먼트)과 동기부여를 강화하여 긍정적 문화를 형성하여 조직원으로서의 유대감을 형성하는 특성을 불러오기도 하였다.

액션 러닝-혁신기업 와비파커의 두 편의 동영상을 보고 토론해 주세요

http://youtu.be//jK2UAOY2vml (가장 혁신적인 기업 1위 와비파커의 비결)

https://youtu.be/BDeLw4JPWWk (와비파커가 개발자들을 춤추게 한 비결)

제5절 | 중국의 혁신기업의 사례: 경동상성(京東商城)[19)]

제2장에서 설명하였듯이 제4차 산업혁명은 최근 미국, 영국, 독일, 중국, 일본에서 시작되었다. 제4차 산업혁명이란 정보화를 뛰어 넘어 생산 및 서비스가 스마트화되는 프로세스와 구조의 혁신을 의미한다. 제4차 산업혁명이 시작되면서 중국 기업인 경동상성은 스마트화와 관련된 기술들, 예를 들면, ICT(Information and Communication Technology), 인공지능, 빅데이터 등을 생산 및 물류 서비스(이를 '지혜 물류'라고 함)에 접목하여 생산 및 프로세스를 혁신하였다. 4차 산업의 특성은 기존의 산업구조와는 전혀 다른 모습으로 변모하고 있다. 경동상성은 4차 산업혁명의 특징인 초연결성과 초지능화를 통해서 혁신기업이 되었다. 초연결성은 서로 다른 기술과 산업을 접목하고 연결하여 새로운 사업과 산업을 창출해 내며, 인공지능의 활용으로 초지능화된 기업이 되었다.

이러한 초연결성과 초지능화로 특징지어지는 경동상성은 전자상거래 플랫폼 형태를 이용하여 가전제품을 판매하는 중국의 대표적인 기업이 되었다. 경동상성(京東商城)은 빅데이터, 인공지능, 클라우드 컴퓨팅, 원스톱 서비스를 사용하여 중국 전역의 소비자를 대상으로 고객이 원하는 제품의 판매, 드론 기술을 이용해 중국의 전국 각지에 신속하게 제품을 배달하는 등 혁신적인 기술을 활용하는 중국 내 1위의 가전제품을 만드는 회사이다. 경동상성이 독자적으로 개발한 인공지능시스템인 JIMI 로봇은 전전후, 무한한 고객 서비스를 수행할 수 있으며, 판매 전 상담, 애프터 서비스 등의 전자상거래를 할 수 있는 플

19) 출처는 참고문헌의 '관련 웹사이트'를 참조.

랫폼 형태의 기업이다. 클라우드 컴퓨팅 및 빅데이터의 분석을 통해서 이용자들의 쇼핑 습관을 정확하게 파악하여 소비자들에게 보다 저렴한 서비스를 제공한다.

제6절 | 일본의 혁신기업의 사례: 히노마루 양조[20]

본 절에서는 일본의 혁신기업으로 선정한 히노마루 양조회사에 대한 사례를 설명한다. 전통적으로 일본에서 일본 술에 대한 소비는 보수적인 경향을 띠고 있다. 쌀을 원료로 하는 일본 술은 일본인의 생활에 깊이 뿌리박고, 사회적으로 일본 독자의 발전을 형성했지만 맥주나 위스키와 같은 외국의 술을 선호하는 젊은 층이 증가하고 주류에 대한 일본의 소비층이 다양해지면서 일본 술에 대한 소비는 감소하고 있다. 일본의 술의 역사를 보면, 기원전 4세기에 일본 술의 원형이 만들어졌다. 나라(奈良) 시대(710~794년) 후반 국가조직이 술의 제조를 관장했고 헤이안(平安) 시대(794-1185년)에서는 종교적 사원, 불교의 사찰, 민간에서도 술을 제조하기 시작하였다. 근래의 일본 술은 일본 국내 주류소비의 추이가 감소함에 따라서 국경을 넘어서 해외로 수출하여 소비되어 지고 있다.

1. 히노마루 양조회사의 역사적 성장 배경

최근 주류업을 둘러싼 일본의 국내 시장은 인구 감소와 고령화 진전으로 큰 영향을 받고 있다. 일본 국내 주류 전반의 소비량은 1996년 년도의 약 966만 킬로리터를 정점으로 감소하고 있다. 히노마루 양조회사는 국내의 주류 소비량이 감소하는 사회적 추세를 돌파하기 위해서 일본의 전통 술인 쌀을 원료로 하는 청주(사케)를 해외로 수출하여

20) 본 사례는 2018년 글로벌경영학회에서 발표한 일본학자인 이노우에(井上)의 논문과 저자와의 개인적 면담의 결과에 기초하여 작성하였음(Inoue, 2018).

수익사업을 하고 있는 혁신적인 중소기업이다. 일본 국내의 경우에 슈퍼마켓 편의점에서 주류 소매업이 가능해지고 신제품 개발의 증가와 와인, 맥주, 위스키 등 해외 술의 보급도 국내 주류시장의 경쟁을 격화시키고 있다. 이러한 소비자 취향의 변화와 유통시스템의 변화, 그리고 새로운 경쟁기업의 출현으로 인해서, 일본의 많은 주류 제조업자는 새로운 판로의 개척을 위해서, 해외 시장으로 눈을 돌리고 있다. 2016년도 일본의 주류 수출액은 약 430억엔(한화 약 43조원)으로 7년 연속 사상 최고의 실적을 기록했다. 기존에는 국가와 지역에 밀착한 음식문화는 매우 보수적인 성격을 갖고 있어, 국경을 넘어서 전개하기는 어렵다고 여겨졌다. 더욱이 음식문화와 더불어 생긴 전통적인 술 또한 마찬가지이다. 국가의 지역별로 발전한 전통요리는 그 지역에서 주로 수확한 재료를 주식으로 한다. 예를 들어, 프랑스 요리는 프랑스 와인과 함께 같이 하고, 독일 요리는 맥주와 함께 하고, 영국의 요리에는 위스키나 맥주, 일본 요리는 청주(사케)하고 같이 식사하면 음식 맛이 더욱 좋게 느껴졌다. 그동안 해외에서의 일본의 전통술의 소비는 해외 지역에 거주하는 일본 기업인과 일본인 사회를 중심으로 한 것이었다. 히노마루 양조는 이러한 관습을 깨고, 최근 해외에서 일본식 영화와 문화의 붐을 타는 추세를 이용하여, 해외 지역의 현지 사람들을 대상으로 수출하고 있다.

2. 히노마루 양조의 수익창출 모델

일본의 히노마루 양조회사의 수익창출 모델은 크게 사회적 자본의 형성과 활용, 국제 유통 네트워크 조직의 활용과 산업체, 정부기관, 대학연구소와의 협력체제의 구축을 통해서 해외 시장을 개척하고 활용한다는 것이다.

(1) 사회적 자본의 형성과 활용

일본의 혁신기업인 히노마루 양조회사는 일본의 부강한 경제력과 높은 교육수준으로 인해 잠재적인 사회적 자본은 상대적으로 풍부하기 때문에 사회적인 네트워크의 활용을 통해서도 충분히 성과를 가져왔다. 일본의 경우에 고학력의 교육수준과 사회적 경험을 소유한 사람들을 바탕으로 타인을 경제적으로 돕겠다는 선의지를 가진 사람들은 풍부하고 이러한 잠재적인 사회적 자본을 잘 활용할 수 있는 사회적 네트워크가 잘 발달되어 있다. 따라서 이와 같은 사회적 네트워크를 활용하여 수익창출하는 비즈니스와 연계하고 있다.

(2) 국제 유통 네트워크 조직의 활용

2016년 현재, 히노마루 양조는 세계 13개국에 수출했고, 2016년 현재 총매출액 4억엔(4,000억원)에 달한다. 매출액 중에서 해외 수출은 약 1,500만엔(150억원)에 이른다. 주요 수출 대상국은 미국, 싱가포르, 태국, 마카오, 대만, 호주, 멕시코이다. 2018년에는 한국에도 수출하고 있다. 2018년에는 수출국을 확대하여 해외 수출액이 2,000만엔(200억원)을 목표로 하고 있다. 히노마루 양조는 어떻게 이러한 해외 시장개척이 가능한가? 히노마루 양조는 해외 유통 네트워크 조직을 활용하여 해외 수출물량의 대부분을 해외 전담 조직이 담당하게 하는 방식을 취하고 있다. 이외에도, 히노마루 양조의 국제부와 마케팅부에서 자체적으로 개발한 해외 시장에도 수출을 하고 있다.

(3) 정부기관, 금융기관, 산업체, 대학연구소 등 관련 기관과의 협력체제의 구축

히노마루 양조는 일본의 정부기관인 무역지원기관, 일본의 금융기관(예를 들어, 秋田은행, 北都은행), 상공단체, 대학연구소와 협조하여 협력체제를 구축하여 이를 잘 활용하고 있다. 히노마루 양조의 사토 사장은 전략적 차원에서 "앞으로는 좀 더 표적 시장(타겟 마켓)을 선정하여 공략해야 한다"고 밝혔다. 이러한 협력체제를 통해서 제품을 생산하여 판매하고 있다. 향후 과제는 히로마루 양조의 낮은 인지도를 높이고, 높은 유통 비용을 낮추는 제품의 유통, 관리 및 보존 등이다.

제13장

사회변화와 사회적 기업가정신

제1절 | 사회변화와 사회적 기업가정신의 연관성

1. 사회변화의 필요성

21세기에 들어와서 사회적 기업가정신(social entrepreneurship)은 사회문제를 해결하기 위해서 유행처럼 번져 나갔다. 사회적 기업가정신은 사회문제 해결과 사회변화를 위해 새로운 해법을 제시하는 세계적인 현상이 되었다(Spinelli and Adams, 2012: 223). 이러한 시대적 배경에서 사회적 기업가정신은 사회적 가치를 창출하는 사회적 혁신(social innovation)을 일으키는 주요한 요소가 되고 있다. 또한, 사회적 기업가정신은 글로벌 경제 측면에서는 선진국과 개발도상국의 빈부 차이를 줄이고 국내 경제 측면에서는 사회의 이슈와 문제를 해결하고 공동체 정신에 기반한 새로운 자본주의(new capitalism)의 원동력이 되고 있다(Hart, 2010; 유재언, 2014: 34). 새로운 자본주의의 출현과 더불어, 전 세계적으로 글로벌 기업의 사회적 책임(Corporate Social Responsibility: CSR)에 대한 관심도 급증하면서 현지국에서의 글로벌 기업의 CSR 활동이 증가하고 있다(Hart, 2010). 다국적기업의 해외진출, 특히 개도국 진출이 활발해짐에 따라 기업이 개도국의 각종 자원을 활용하면서 기업의 경제적 이익을 추구함과 동시에 해당 국가에게도 얼마나 공헌하는지에 전 세계의 관심이 집중된다. 즉 기업들이 진출국가에서 '착한 기업시민(good corporate citizen)'의 역할을 하면서 사회적 문제를 해결하고 지역경제의 발전에 얼마나 기여하는지에 대한 여부가 현지에서 지속적인 성공을 거둘 수 있는가를 판단하는 기준이 되고 있다.

제2절 | 사회적 기업가정신의 의미와 사회 혁신 프로세스 모델

사회적 기업가정신과 사회적 기업의 개념에 대한 정의는 학자들마다 다르기 때문에 통합되고 일반화된 정의는 존재하지 않는다. 예를 들어, 사회적 기업은 사회적 목적을 우선으로 하는 사업체로서 비영리 기업을 우선으로 한다고 보는 시각이 있는가 하면, 사회적 기업가정신은 경제적 가치를 위해서 존재한다고 보는 시각도 있다(Spinelli and Adams, 2012: 223). 우리나라의 경우에 사회적 기업이란 사회적 목적을 우선으로 하는 사업체로서 기업의 수익은 주주와 소유자의 이윤을 극대화하기 위해 운용되기보다는 그 사업체, 또는 지역사회를 위해 재투자되는 기업 혹은 기업적 방식으로 조직되는 활동을 하는 광의적 의미의 사회적 기업의 개념이 통용되고 있다(유재언, 2014). 한국의 사회적 기업과 일반 기업과의 차이점은 일반기업은 이윤추구와 주주이익의 극대화를 목적으로 설립되어 운영되는 반면에, 사회적 기업의 목적은 사회 서비스를 제공하고 취약계층에게 일자리를 창출하는 것이다. 일반기업의 주체는 주주 및 소유자이고 조직형태는 개인 사업자 혹은 주식회사인 반면에 사회적 기업의 주체는 사업 내용과 이해를 같이 하는 다양한 집단으로 구성되며 조직형태는 모든 기업형태, 협동조합, 비영리 단체를 포함한다. 또한 일반기업의 운영원리는 자본이 노동보다 우선시되지만 사회적 기업은 자본보다 노동을 우선시한다. 따라서 일반기업에서는 이윤배분이 제약이 없지만 사회적 기업에서는 이윤배분이 제약적인 특징이 있다.

지금까지 국제 학계에서 수용되는 사회적 기업가정신 혹은 사회적 기업에 대한 정의는 다음 표 〈13.1〉과 같다.

표 13.1 사회적 기업가정신(또는 사회적 기업가)의 정의

연구자[년도]	사회적 기업가(정신)의 개념
Greg Dees[1998]	• 사회적 기업가는 사회적 가치를 창조하고 지속하기 위한 사회적 미션을 성취하기 위한 변화 촉진자(change agents)의 역할을 한다. 사회적 기업가는 한정된 자원을 사용하여 지속가능한 혁신과 학습을 과정에 참여하여 사회변화 및 혁신을 위해서 헌신하고 봉사하는 사업가이다.
Johanna Mair and Ignasit Marti[2006]	• 사회적 기업가정신은 사회변화 혹은 사회적 필요를 발견하고 충족시키기 위해 새로운 기회를 발견하고 획득하기 위한 자원의 혁신적인 사용을 하는 과정으로 이해된다.
Jeffrey Robinson [2006]	• 사회적 기업가정신은 사회적 문제를 해결하기 위해 벤처 창업 및 비즈니스 모델을 사용하여 수익창출을 하여 이윤을 추구하거나 사회적 미션을 성취하기 위해서 비영리사업을 전개하는 과정이다.
The Schwab Foundation for Social eentrepreneurship	• 사회적 기업가정신은 단기적으로는 사회적 약자를 위해서, 장기적으로는 사회의 전체 이익을 위해서, 실천적이고 혁신적이며 지속가능한 방법을 적용하는 새로운 접근방식이다.

사회적 기업가정신과 연관된 사회적 혁신 이론도 학자들마다 다양하게 정의하기 때문에 한마디로 명쾌하게 정의하기 어렵다. 예를 들어, 혁신은 진화 이론(evolutionary theory)의 관점에서 보면, 사회는 궁극적으로 진보와 변화를 위해서 혁신을 하게 되어 사회는 변화한다. 반면에, 사횡의 갈등 이론(conflict theory)의 관점에 의하면 사회는 거대한 체계로서 권력, 가치 및 신념체계에 기반하여 형성되며, 이질적인 집단들 간의 갈등을 통해서 제도 및 문화의 변화를 통해서 사회는 혁신된다(Appelbaum, 1970). 최근의 사회적 혁신 이론의 관점에서

보면 혁신은 신기술을 통한 사회변화를 유도할 수 있는 사회적 잠재력을 갖고 있는 새로운 기술들, 예를 들어, 인공지능, 차세대 디지털 신경망 서비스를 제공하는 그리드 컴퓨팅(grid computing), 위성 위치 확인 서비스를 제공하는 GPS 등을 통한 사회적 혁신을 의미하거나, 사회적 창업가정신을 활용한 마이크로 파이낸스 및 미소금융기관의 설립과 운영(예를 들어, 방글라데시의 그라민 은행(Grameen Bank)) 및 공동체 기업의 설립과 운영을 통한 국가, 도시, 지역 및 조직혁신에 대한 새로운 접근을 통한 사회변화를 의미한다(McMichael, 2012). 즉, 지식경제와 학습경제 구조의 측면에서 보면, 사회적 혁신은 혁신과 경쟁력을 확보하는 데 필요한 '사회문화적 구조와 네트워크'가 필수적인 조건으로 인식되고 있다. 특히 지역사회의 신뢰와 사회적 네트워크에 기반한 사회적 자본(social capital)은 혁신을 위한 근본적인 요소로 이해되고 있다(Akcomak and Weel, 2009). 사회적 자본이란 사회적 구조와 네트워크 내에 존재하는 구성원들의 신뢰와 협동, 규범, 우호관계, 역사적이고 문화적인 동질감 등으로 형성되는 무형의 자산으로 경제적으로 유용한 가치가 있는 지식이나 아이디어를 창출하는 근본적인 요소이다. 제4차 산업혁명 시대에서 요구되는 혁신과 창의성은 이러한 사회적 자본은 활용하여 가능하기 때문에 매우 중요한 무형자산으로 인식되고 있다.

사회적 혁신(social innovation)은 패러다임의 변화로 인해서 개인, 조직, 사회 차원의 변화와 혁신이 발생되어 개인, 조직, 사회 차원의 변화와 혁신을 가능하게 되는 과정 혹은 프로세스로 이해된다(그림 13.1).

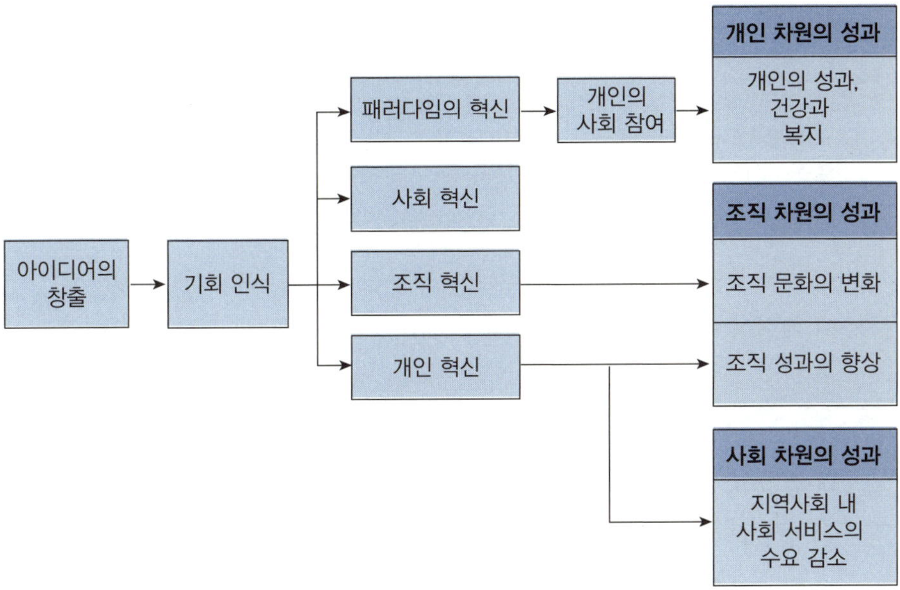

출처: Tidd and Bessant, 2014

그림 13.1 사회적 혁신 프로세스 모델

제3절 | 사회적 기업의 사례

글로벌화된 환경에서 전 세계가 통합되는 과정에서 자본주의는 새로운 모습으로 진화되게 되었다. 즉 자본주의가 개인주의적인 철학에서 탈피하여 공동체의 가치와 시민사회의 사회 정의와 같은 사회적 가치를 포용하는 방향으로 발전되어 새로운 자본주의(new capitalism)의 개념이 등장하게 되었다(Hart, 2010) 이러한 새로운 자본주의의 출현으로 사회적 혁신은 혁신의 중요한 흐름으로 인식되게 되었다(Becchetti and Borzaga, 2010). 사회적 혁신은 공동체 또는 지역사회 내에 존재하는 공동체의 가치와 문화적 특성을 이해하고 기업의 사회적 책임과 같은 공동체적 의식이 전제된다. 이러한 기업의 사회적 책임에 기반을 둔 공동체 의식을 바탕으로 하여 다국적기업은 사회적 기업과 제휴하여 새로운 사회적 혁신을 가능하게 한다. 예를 들어, 프랑스 다국적기업인 다농(Danone)은 저개발 국가인 방글라데시의 저소득 빈민층의 어린이의 영양 보급을 위해서 방글라데시의 빈민층에 판매할 수 있는 유제품을 개발하여 저렴한 가격으로 판매하기 시작하였다. 다농 제품을 빈민층에 판매하기 위해서 방글라데시의 지역 사회 내에 존재하는 주민들의 신뢰에 기초한 '사회적 자본'을 발굴하고 활용하였다. 결과적으로 방글라데시의 빈민층의 어린이들에게 필요한 유제품을 제공하여 지역사회의 빈민층 어린이의 건강문제도 해결하고 기업의 성과도 향상시켰다. 즉 프랑스 다농 기업은 이윤을 추구하는 기업의 목표뿐만 아니라 기업의 사회적 책임의 차원에서 종업원 개인의 동기부여와 역량강화를 통한 개인의 목표 달성과 복지 증진을 가져오는 개인 차원의 성과도 이룰 수 있었다. 이러한 사례는 기업이 혁신경영을 통해서 기업 내 혁신뿐만 아니라 사회적 혁신을 통해서 지역사회에서 요구하는 서비스를 효율적으로 제공할 수 있게 되었다(Farmer and Bradley, 2012).

사회적 혁신을 통한 기업의 변화와 경제발전은 밀접한 연관성을 갖고 있다. 또한, 혁신경영을 통해서 기업은 사회에서 필요한 가치를 발굴하게 되고 기업은 새로운 형태로 발전하게 되어 지속가능하게 된다. 따라서 혁신은 창업가정신과 밀접한 연관성을 갖고 있다. 위의 예에서 보듯이, 프랑스 다국적기업인 다농(Danone)은 혁신적인 창업가정신을 바탕으로 한 사회적 혁신(social innovation)과 기업의 혁신경영을 동시에 이루게 하였다. 즉 새로운 기업인 그라민 다농 식품회사(Grammen Danone Foods Ltd.)는 기존의 상품과 서비스를 저개발국의 새로운 고객인 방글라데시의 빈민층의 요구를 만족시키기 위해서 '새로운 고객'이 요구하는 제품과 서비스를 제공하였다. 경영의 새로운 패러다임의 입장에서 보면, 혁신경영은 기업의 일차적인 목표인 이윤추구를 넘어서서 사회적 혁신과 경제발전을 가능하게 하는 새로운 고객을 발굴하고 새로운 제품과 서비스를 제공함으로 기존의 기업과 차별화되는 혁신적인 성과를 이루어낸다(Nicholls, 2008; Peattie and Morley, 2008).

| 참고문헌 |

국내문헌(국문)

강철규, 『소셜 테크노믹스: 사회적 기술이 역사를 바꾼다』, 엘도라도, 2011.

경제 교육 연구회, 2009, 『동아시아의 경제 20세기에서 21세기로』, 시스마프레스.

고용노동부·한국사회적기업진흥원, 2012, 『2012년 사회적 기업 자율경영공시 사례집』.

관계부처 합동, 2017, 혁신성장을 위한 사람중심의 『4차 산업혁명 대응계획』, drive.google.com.

권석균·장승권·유재언·이명호, 2004,『지식기반산업연구: 한국과 영국 소프트웨어 산업의 특성 및 지식창출과정 비교』, 서울: 홍문사.

권일찬, 2010.『동양과학개론: 동양학의 학문적 체계와 과학성』, 충북대학교 출판부.

권태명, 2015, 『쉽게 풀어쓴 간추린 일본역사』, 시대정신.

김석진·박덕제 공저, 1999, 『경영의 이해』, 삼영사.

김선우, 2016, "제4차 산업혁명에 대응하는 조직문화와 인적자원개발 사례," 『직업과 인력개발』, 19권, 4호, 한국능력개발원.

김영인, 2005, "포스트모더니즘 관점에서 본 조직의 본질," 『한국 기업의 조직관리』, 서인덕 외 19인 공저, pp.319-339, 박영사.

김우현, 2011, 『주자학, 조선, 한국』, 한울아카데미.

김인수, 2002, 『거시조직이론: 조직설계를 중심으로』, 무역경영사, 서울.

김주엽·송계충·정범구·박상언 공저, 2014,『조직행위론』, 제3판, 경문사.

김태길, 1998, 『공자사상과 현대사회』, 철학과 현실사.

김화종, 2014, 『데이터 사이언스 개론』, 홍릉과학출판사.
네이버 레터(Naver letter)〉〉 와비 파커: 성공의 공식, 2016. 3. 6.
nter.naver.com/naverletter/117427
네이버 지식백과, 2009, 엔트로피 법칙: 자발적 과정과 우주의 종말(과학 기술 발전의 발자취, 2009, 12. 31, 자유 아카데미.
네이버 지식백과, 2010, 브라만 교와 리그베다—인도 카스트 제도의 기원(기원전 20세기) (세계사 다이제스트 100, 2010. 8. 13. 가람기획).
노르베르트 엘리아스 지음, 박미애 옮김, 1996, 『문명화 과정 I & II』, 한길사.
노버트 엘리아스 지음, 유희수 옮김, 1999, 『문명화 과정: 매너의 역사』, 신서원
도날드 큐레토(Donald F. Kurato) 지음, 이종건·임왕규·최경일 옮김, 2017. Introduction to Entrepreneurship 『창업가정신』, Cengage Learning, 한경사.
론다 에이브람스 지음, 신형덕 옮김, 2015, 『창업 이론과 실제』, 시그마프레스.
미타니 히로시, 나미키 요리하사, 쓰키아시 다쓰히코 공저, 강진아 옮김, 2011, 『다시보는 동아시아 근대사』 까치글방,
박기영, 2017, 『제4차 산업혁명과 과학기술 경쟁력: 한국의 위기 극복과 포용적 혁신성장을 위하여』, 한울아카데미.
박노자, 2003, 「우생학 연구자여, 반성하는가」 『한겨레 21』, 2003. 10. 23.
박대석 옮김, 2013, 『사회적 기업경영론』(Management for Social Enterprise, Doherty, B, Foster, G, Mason, C, Meehan, J, Meehan, K, Rotheroe, N. and Royce, M. 지음), 시그마프레스.
박대석·박상하·고두갑 옮김, 2009, 『사회적 기업 I』, (The Emergency of Social Enterprise, Carlo Borzaga, Jacques Defourny 엮음), 시그마 프레스.
박동준, 1994, 기업의 사회적 책임수행을 위한 기업윤리에 관한 연구, 서울대 사범대학 교육학 박사학위논문, 국민윤리교육학과.
박신영, 2017, 『기획의 정석』, 세종서적.
박오수, 2015, 『조직행동』, 경문사.
박찬국, 2014, 『존재와 시간 강독』, 그린비, 서울.
변상우, 2016, 글로벌 시대의 리더가 갖추어야 할 역량 『리더십』, 도서출판 청람.
변종임, 2005, "사회적 자본과 참여 문화 구축을 위한 평생교육의 과제," 한국교육, 31(2), 321-344.
삼성경제연구소, 2016, 삼성경제연구소 리포트, 4차 산업혁명 시대, 글로벌 인재 유치 현황 및 필요성.
성백효, 2013, 논어집주(論語集註), 한국인문고전연구소.

시미즈 히로시 지음, 박철은·김강테 옮김, 『생명과 장소: 창조하는 생명의 원리』, 그린비.
신경환, 2018, 동북아 정세 변화와 북한 개혁개방 대응, '글로벌 경영학회 하계국제학술대회 발표 논문집' 2018년 5월 26일, pp.515-520.
안영진, 2014, 『변화와 혁신』 제3판, 박영사.
워더 & 챈들러(William B. Werther, Jr. and David Chandler) 지음, 양춘승 옮김, 2011, Strategic Corporate Social Responsibility, 『기업의 사회적 책임과 전략』, 동서미디어.
요시카와 료조, 2016, 『제4차 산업혁명』, KMAC.
웨인 다이어 지음, 최홍명 옮김, 2009, 성공으로 가는 길 『긍정의 힘』, 새벽이슬.
유재언, 2013, 경영학 교육에서의 액션 러닝의 유용성: 자생 체계모형(VSM)에 의한 이중 순환학습방법을 중심으로, 경영교육연구, 제27권 6호: 395~418.
유재언, 2014, 『지속가능한 사회적 기업의 체계론적 이해: 함께 일하고 사는 세상 만들기』, 한경사.
유재언, 2018, 『4차 산업혁명 시대를 위한 혁신적 조직행동』, 신아사.
윤성환, 2015, 대학 특성화 사업(CK-1) 중국진출기업의 인적자원관리 특강(2015년 6월 30일) 자료.
윤성환, 2016, 『중국경제론』, 도서출판 서울기획.
윤영수, 2011, 『복잡계 개론』, 삼성경제연구소.
이광우, 2008, 지속가능한 사회적 기업의 성공요인에 관한 연구, 숭실대학교 박사 논문, 숭실대학교, 벤처중소기업학과, 2008. 12.
이동원·정갑영 외, 2009, 『제3의 자본: 사회적 자본은 어떻게 증진되는가?』, 삼성경제연구소.
이부키 에이코, 2006, 『경영전략—사회적 책임으로 경쟁력을 강화하기』, 매일경제 신문사.
이세철, 2017, 『4차 산업혁명, 미래를 바꿀 인공지능 로봇』, 정보문화사.
이장우, 2000, 『벤처창업』, 법문사.
이정우, 2016, 『소은 박홍규와 서구 존재론사: 동일성과 차이생성』, 도서출판 길.
이정우, 2017, 『세계철학사 2: 아시아 세계의 철학』, 도서출판 길.
이정훈. "한국전통사상에 비추어 본 생산성 운동의 동인과 목적", 2018 한국인사조직학회춘계학술대회 발표논문집, 2018년 4월 21일 서울대학교 경영대학.
신유근, 1992, 『한국의 경영: 그 허상과 전망』, 박영사, p.438.
장세진, 2003, 『외환위기와 한국 기업집단의 변화: 재벌의 흥망』, 6판, 박영사.

장승권·박윤규·이상훈·최우석·남원호, 2008, 사회적 기업의 이해관계자 인식에 대한 탐색적 연구: 중증 장애인 다수 교용 사업체 '함께 사는 세상' 사례, 사회적 기업연구, 창간호, pp.119-142.

장영철, 2001, 『지식경영을 위한 인적자원개발 및 관리체계』, 집문당.

장자 지음, 김학주 옮김, 2010, 『장자(莊子)』, 연암서가.

정명기, 2010, 『중국경제입문』(The Chinese Economy, Transition and Growth), 신론사: 서울.

정진성·여인만·선재원 공저, 2017, 『일본의 기업과 경영』, 한국방송통신대학교 출판문화원.

제프 멀건(Geoff Mulgan) 지음, 김영수 옮김. 2011, 『사회혁신이란 무엇이며, 왜 필요하며, 어떻게 추진하는가』, 시대의 창.

조성오, 2011, 『철학 에세이』, 개정4판, 동녘.

조위덕·이경전·이호근·권오병·김경규·이은종 공저, 2006, 「유비쿼터스 패러다임과 U-소사이어티」, Jinhan M& B.

최종태, 1989, 『현대조직론, 무역경영사』, 서울

칼레츠키, 아나톨 지음, 위선주역, 2011, 『자본주의 4.0』, 컬처앤스토리.

클라우드 슈밥 지음, 송경진 옮김, 2016, 『클라우드 슈밥의 제4차 산업혁명』, 새로운 현재.

프리초프 카프라 지음, 김용정·이성범 옮김, 1989. 『현대 물리학과 동양사상』, 범양사.

한겨레경제연구소, 2013, 『사회적 기업을 어떻게 혁신할 것인가: 경영사례집 2013』, 아르케.

한의영 저, 하재기 역, 1989, 『한국기업경영의 실태』, 삼성이데아.

한태영 저, 2013, 『인사평가와 성과관리』, 시그마프레스.

화이트, 마가렛·브루톤, 개리 지음, 이청호·정진철·황윤용·윤영수·구철모·박종철 옮김, 2011, 『기술경영』 White, M. A and Bruton, G. D. The Management Technology and Innovation: A Strategic Approach, 한경사/Cengage Learning

해외문헌(영어)

Ashby, W. R. (1966) An introduction to cybernetics, Wiley, New York.

Akcomak, S. and Weel, S. (2009) Social capital, innovation and growth: Evidence from Europe, *European Economic Review*, Vol. 53, pp.544-567.

Appelbaum, R. P. (1970) *Theories of Social Change*, Rand McNally College Publishing Company, Chicago.

Axelrod, R and Cohen, M. D. (1999) *Harnessing complexity*, New York: Free Press.

Becchetti, L. and Borzaga, C. (eds.) (2010) *The Economics of Social Responsibility: The world of social enterprises,* Routledge, London.

Beer, S. (1979) *The Heart of Enterprise,* Chichester: Wiley.

Beer, S. (1981) *Brain of the firm,* 2nd ed., Chichester: Wiley.

Beer, S. (1985) *Diagnosing the System for Organization*, Chichester: Wiley.

Begum, H. (2003) *Social capital in action: adding up local connections and networks: A Pilot Study in London*, Centre for civil society, U.K.

Bennett, M. (eds.) (1998). *Basic Concepts of Intercultural Communication: Selected Readings*, Intercultural Press INC, A Nicholas Brealey Company.

Berle, JR. A. A. and Means, G. C. (1982[1932]) *The Modern Corporation and Private Property*, New York: The MacMillan Company.

Bertalanffy, L. von 1968. General systems theory. London: Penguin.

Biskup, J. (2005), "Privacy Respecting Permissions and Rights," Hildesheimer Informatik-Berichte, Hochschule, Hildesheim, pp.173-185.

Bohla, H. S. (1992) A model of evaluation planning, implementation and management: Toward a "culture of information"within organizations, *International Review of Education*, 39(2), 103-115.

Bohlander, G. W and Snell, S. A. (2013) *Principles of Human Resources Management*, South Western/ Cengage Learning: Australia.

Boltanski, L. and Chiapello, E. (2005) The New Spirit of Capitalism, *International Journal of Politics, Culture and Society*, 18: 161-188.

Bonanni, C., Lépineux, F. and Roloff, J. (eds.) (2012) *Social responsibility, Entrepreneurship and the Common Good: International and Interdisciplinary Perspectives*, New York: Palgrave/ Macmillan.

Bornstein, D. (2004) *How to Change the World: Social entrepreneurs and the power of new ideas*, Oxford: Oxford University Press.

Borzaga, C. and Defourney, J. (eds.) (2001) *The Emergence of Social*

Enterprise, London: Routledge.

Borzaga, C. and Tortia, E. (2010) The economics of social enterprises: An interpretative framework, in Becchetti, L. and Borzaga, C. (eds.) (2010) *The Economics of Social Responsibility: The world of social enterprises,* London: Routledge.

Boschee, J. (2006) *Migrating from Innovation to Entrepreneurship*, Encore! Press, Minneapolis.

Boud, D. and Garrick, J. (1999) *Understanding Learning at Work*, Routledge: London.

Bourdieu, P. and Passeron, J-C. (1977) *Reproduction in Education, Society, Culture*, Beverley Hills, CA: Sage.

Bourdieu, P. (1980) "Le Capital Social: Notes Provisoires." *Actes de la Recherche en Sciences Sociales* 3: 2-3.

Bourdieu, P. (1990), *The Logic of Practice*, Cambridge: Polity.

Buchholz, R. A. (2009) *Rethinking Capitalism: Community and Responsibility in Business*, New York: Routledge.

Capra, F. *The Tao of Physics: An Exploration of the Parallels between Modern Physics and Eastern Mysticism*, Fifth Edition, Boston: Shambhala.

Cardon, P. (2018) *Business Communication: Developing Leaders for a Networked World,* 3rd edition, New York: McGraw-Hill Education.

Carlisle, Y. (2002) Strategic Thinking and Knowledge Management, In: Little, S. Quintas, P. and Ray, T. (eds.) *Managing Knowledge: An Essential Reader*, London: Sage.

Chalmers, A. F. (1982) *What is this thing called science?: An assessment of the nature and status of science and its method*, 2nd edition. Milton Keynes: The Open University Press.

Checkland, P. (1981) *Systems Thinking, Systems Practice*, Wiley, chichester

Checkland, P. and Scholes, J. (1990) *Soft Systems Methodology in Action*, Chichester: Wiley.

Checkland, P. B. and Poulter, J. (2006) *Learning for Action: A Short Definitive Account of Soft Systems Methodology its use for Pratitioners, Teachers and Students,* Chichester: Wiley.

Checkland, P. (2010) Researching Real-Life: Reflections on 30 Years of Action

Research. *Systems Research and Behavioral Science,* 27(2): 129-132.

Churchman, C. W. (1971). *The Design of Inquiring Systems: Basic Concepts of Systems and Organizatio*n. New York: Basic Books Publishers.

Clare, M. and Detore, A. W. (2000) *Knowledge Assets: Professional's Guide to Valuation and Financial Management*, Harcourt Professional Publishing: San Diego, New York.

Clarke, A. D. (2007). New Capitalism, *Corporate Governance eJournal*, Faculty of Law, Bond University, http://epublications.bond,au/cgej/7

Connolly, W. 2002. Neuropolitics: Thinking, Culture, Speed, Minneapolis/ London: University of Minnesota Press. Crimmins, J. C. and Keil, M. (1983) Enterprise in the nonprofit sector, New York: Rockefeller Brothers Fund.

Crowther, D. and Green, M. (2004) *Organizational Theory*, CIPD (Chartered Institute of Personnel and Development), London.

Cummings, T. G. and Worley, C. G. (2001). *Organization Development and Change*, 7th ed. South-Western College Publishing/ Thompson Learning, Ohio, USA.

Daft, R. L. and Weick, K. E. (1984) Toward a model of organizations as interpretation systems, *Academy of Management Review*, 9, 284-295.

D'Andrade, R. G. (1995) The Development of Cognitive Anthropology, Cambridge, New York: Cambridge University Press.

De Man, A. P. (eds.) (2008) *Knowledge Management and Innovation in Networks*, Cheltenham, UK/ Northamption, MA, USA: Edward Elgar.

Deal, T. E. and Kennedy, A. A. (1982). *Corporate Culture: The Rite and Richards of Corporate Life*, Reading Mass: Addison Wesley Publishing Co., pp.13-15.

Dees, J. G. (1998) Enterprising nonprofits, *Harvard Business Review*, 76(1), pp.55-67.

Defourney, J. and Nyssens, M. (2006) *Defining Social Enterprise: Social enterprise at the crossroads of market, public policies and civil society*, London and New York: Routledge, Taylor and Francis.

DeLanda, M. (2006) *A New Philosophy of Society: Assemblage Theory and Social Complexity*, London: Continuum.

DeThomas, A .a nd Derammelaere, S. (2008) *Writing a Convincing Business Plan*, 3rd edition, New York: Barron's Educational Series, Inc.

Donaldson, L. (2001) *The Contingency Theory of Organizations (Foundations for Organizational Science),* London: SAGE Publications, Inc.

Donaldson, T. and Preston, L. E. (1995) The Stakeholder Theory of the Corporation: Concepts, Evidence and Implications, *Academy of Management Review*, 20(1): 65-91.

Drucker, P. F. (1993) *Post-capitalist society*, Oxford:Butterworth-Heinemann.

Drucker, P. F. (1999) "Beyond the Information Revolution," *Atlantic Monthly*, October, 1999: 47-57.

DTI (UK Department of Trade and Industry) (2002) *Social Enterprise: A strategy for success,* London: DTI.

Elias, N. 2000 [1939] T*he Civilizing Process, Sociogentic and Psychogenetic Investigations,* Translated by Edmund Jephcott, Eric Dunning, Johan Goudsblom and Stephen Mennell, Oxford: Blackwell.

Espejo, R. (1996) Requirements for effective participation in self-constructed organizations, *European Management Journal*, 14(4), pp.414-421.

Espejo, R. (1998). Social systems and the embodiment of organizational learning, University of Lincolnshire and Humberside.

Espejo, R. (1999). Aspects of identity, cohesion, citizenship and performance in recursive organizations, *Kybernetes*, 28(6/7), pp.640-658.

Espejo, R. and Reyes, A. (2011). *Organizational Systems: Managing Complexity with the Viable System Model.* Heidelberg: Springer.

Espejo, R. Schuhmann, W., Schwaninnger, M. and Bilello, U. (1996) Organizational Transformation and Learning: A Cybernetic Approach to Management, Chichester: Wiley.

Espinosa, A. and Harden R. (2007) Complexity Management, Democracy and Social Consciousness: Challenges for an Evolutionary Learning Society, *Systemic Practice and Action Research*, 20 (5): 401-412.

Farace, R. V., Monge, P. R. and Russell, H. M. (1977) *Communicating and Organizing,* Reading: Addison-Wesley Publishing Company.

Farmer, J. and Bradley, S. (2012) Measuring the value of social organisations as rural service providers, in Farmer, J., Hill, C. and Munoz, S-A.

(eds.) *Community Co-Production: Social Enterprise in Remote and Rural Communities,* 133–158, Cheltenham, UK/ Northampton, MA, USA: Edward Elgar.

Foucault, M. (1994) Polemics, politics and problematizations. In *Michel Foucault: ethics, essential works of Foucault* 1954–1984, Vol. 1. (the interview conducted by Paul Rabinow in May 1984). edited by P. Rabinow, 111–119, London: Penguin Books.

Friedman, M. (1970) The social responsibility of business is to increase its profits. *New York Times*, September 13.

Garbriel, N. and Mennell, S. (eds.) (2011) *Nobert Elias and Figurational Research: Processual Thinking in Sociology*, pp.5–23, Malden: Wiley-Blackwell/ The Sociological Review.

Gibbons, M., Limoges, C., Nowotny, H., Schwartzman, S., Scott, P. and Trow, M. (1994) *The New Production of Knowledge: the dynamics of science and research in contemporary societies*, Health: London.

Gilchrist. A. (2009) *The well-connected community: A networking approach to community development*, the Policy Press: Bristol.

Gittell, R. and Vidal, A. (1998) *Community Organizing: Building Social Capital as a Developmental Strategy,* Sage: London.

Granovetter, M. (1992) Economic institutions as social constructions: A framework for Analysis, *Acta Sociologica*, 35(1): 3–11.

Granovetter, M. (2005) 'The Impact of Social Structure on Economic Outcomes', *Journal of Economic Perspectives*, 19(1): 33–50.

Greiner, P. (2003) Reclaiming enterprise for the social good: The political climate for social entrepreneurship in U.K., Presnentation at the 32nd Annual ARONOVA Conference, Denver, Co.

Handy, C. (1985) *Understanding organizations,* Harmondsworth, UK: Penguin.

Hart, M. (2010) *Capitalism at the Crossroads: Next generation business strategies for a post-crisis world,* 3rd edition, Pearson Education, Inc., Wharton Business Publishing, New Jersey.

Hatch, M. J. (1997) *Organization Theory: Modern, Symbolic and Postmodern Perspective*, Oxford University Press: Oxford.

Held, D., McGrew, A.G., Goldblatt, D. and Perraton, J. (1999) *Global*

Transformation: Politics, Economics and Culture, Cambridge: Polity Press.

Hull, Z. (2008) Sustainable Development: Premises, Understanding and Prospects, *Sustainable Development*, 16: 73-80.

Inoue, Y. and Inoue, M. (2018). "The Vitalizations the Model of International Sake Distribution," Paper presented at the annual meeting for Korean academic Society of Global Business Administration, Baek Suk Univeristy, South Korea, May 26.

Isaksen, S. and Tidd, J. 92006) *Meeting the Innovation Challenge: Leadership for Transformation and Growth*, Chichester: Wiley.

Kaplan, R. S. and Norton, D. P. (1992) The balanced scorecard: measures that drive performance, *Harvard Business Review*, January-February: 71-80.

Kaplan, R. S. and Norton, D. P. (1996) *Balanced scorecard: translating strategy into action*, Harvard Business School Press, Boston.

Kaplan, R. S. and Norton, D. P. (2004) *Strategy maps: converting intangible assets into tangible outcomes*, Harvard Business School Press, Boston.

Kerlin, J. A. (ed.) *Social Enterprise: A Global Compariso*n, Medford, Massachusetts: Tufts University Press.

Kilminster, R. (2011) Norbert Elias's post-philosophical sociology: from 'critique' to relative detachment, In: Gabriel, N. and Mennell, S. (eds.) *Norbert Elias and Figurational research: Processual Thinking in Sociology*, Wiley-Blackwell/ The Sociological Review, Oxford, UK.

Kinicki, A. and Kreitner, R. (2009) *Organizational Behavior: key concepts, skills and best practice*, 4th Ed. McGraw-Hill/ Irwin, Boston.

Kinsley, M. (2008) *Creative Capitalism: A conversation with Bill Gates, Warren Buffett, and other Economic leaders*, Simon & Schuster Paperbacks: New York.

Kolb, D. (1984). *Experiential Learning*, Prentice -Hall, NJ: Englewood Cliffs.

Kuhn, T. (1970). *The Structure of Scientific Revolutions*, 2nd edition. Chicago: The University of Chicago Press.

Laratta, R. (2009a) Ethical Climate in Nonprofit Organizations: A comparative Study, *International Journal of Sociology and Social Policy*, 29(7).

Laratta, R. (2009b) Autonomy and Accountability in the nonprofit sector, Japan and the UK, *Social Enterprise Journal*, 5(3).

Lawrence, A. T. and Weber, J. (2011) *Business and Society: Stakeholders, Ethics, Public Policy*, 13th Edition, McGraw-Hill, Boston.

Lazer, W. and Kelley, E. (1973) *Social Marketing: Perspectives and viewpoints,* Irwin, Homewoord, IL.

Leadbeater, C. (1997). *The rise of the social entrepreneur*, Demos, London.

Lee, S. and Sircar, S. (2018). "South Korea: A Comparison with China and India," Paper presented at the annual meeting for World Conference on Business and Management (WCBM), Jeju Island, South Korea, June 27~June 30.

Lemert, C., Elliott, A., Chaffee, D. and Hsu, E. (2010) *Globalization: A Reader,* Routledge, New York.

Lin, N. (2001) *Social Capital: A Theory of Social Structure and Action*, Cambridge University Press, Cambridge.

MacGill, V. R. D. 2012. *Gonna Lay Down My Sword and Shield: A Complexity Perspective on Human Evolution from a Violent Past to a Compassionate Future*, Houston: Strategic Book Publishing and Rights Co.

MacLean, P. (1990). The Triune Brain in Evolution: Role in Paleocerebral Functions, New York: Plenum.

Mainzer, K. (1994). *Thinking in Complexity: The Complex Dynamics od Matter, Mind, and Mankind,* Berlin: Springer.

Maturana, H.,and Varela, F. (1980). *Autopoiesis and Cognition: The Realization of the Living*, Dordrecht: Reidel.

McArthur, A. A. (1984) *The community business movement in Scotland: Contributions, public responses and possibility (CURR discussion paper)*, Centre for Urban and Regional Research, University of Glasgow, U.K.

McMichael, P. (2012) *Development and Social Change: A Global Perspective*, Sage, Los Angeles

Meadows, M. and Pike, M. (2010) Performance Management dor Social Enterprises, *Systemic Practice and Action Research*, 23(2): 127-141.

Nicholls, A. (eds.) (2004) Social Entrepreneurship: The Emerging Landscape, in S. Crainer and D. Dearlove (eds.), *Financial Times Handbook of Management,* 3rd edn. Harlow, UK: FT Prentice-Hall, pp.636-643.

Nicholls, A. (eds.) (2008) *Social Entrepreneurship: New Models of Sustainable*

Social Change, Oxford University Press, Oxford.

Nicholls, A. Simon, J. and Gabriel, M. (eds.) (2015) *New frontiers in social innovation research,* Palgrave/ macmillan, Hampshire, England.

Nonaka, I., and Takeuchi, H. (1995) *The Knowledge Creating Company: How Japanese Companies Create the Dynamics of Innovation*, Oxford: Oxford University Press.

North, D. C. (1991) Institutions, *The Journal of Economic Perspectives*, 5(1): 97-112.

O'Sullivan, D. and Dooley, L. (2009) *Applying Innovation*, Los Angeles: Sage.

Ouchi, W. (1981) *Theory Z : How American business can meet the Japanese challenge*, Avon Books, New York.

Pascale, R. T. and Athos, A. G. (1981) *The Art of Japanese management, Applications for American Executives*, Warner Books, New York.

Pearce, J. (2003) *Social Enterprise in Anytown*, Calouste Gulbenkian Foundation, London.

Peredo, A. M. and Chrisman, J. J. (2006) Toward a Theory of Community-Based Enterprise, *Academy of Management Review*, 31(2): 309-328.

Piercy, N. (2002) *Market-led Strategic Change: A guide to transforming the process of going to market*, Butterworth-Heinemann, Oxford.

Posner, R. A. (2010). *The Crisis of Capitalist Democracy*, Cambridge, Massachusetts, and London, England: Harvard University Press.

Prigogine, E. and Stengers, I. (1984). *Out of Chaos: Man's new dialogue with nature*. London: Flamingo.

Putnam, R. D. (1973) *Making Democracy Work, Civic T*

Putnam, R. D. (1993) *The belief of politicians: Ideology, conflict, and democracy in Britain and Italy,* New Haven, CT: Yale University Press.

Quarter, J. Mook, L. and Amstrong, A. (2009) *Understanding the Social Economy: A Canadian Perspective*. University of Toronto Press.

Reid, K. and Griffith, J. (2006). 'Social enterprise mythology: critiquing some assumptions, *Social Enterprise Journal*, 2(1): 1-10.

Richmond, B (1993) Systems Thinking: Critical Thinking Skills for the 1990s and Beyond, *System Dynamics Review*, 9(2): 113-133.

Rindova, V. Barry, D. Ketchen D. J, Jr (2009) Entrepreneurship as emancipation, *Academy of Management Review*, 34(3): 477-491.

Rotheroe, N. and Richards, A. (2007) Social return on investment and social enterprise: transparent accountability for sustainable development, *Social Enterprise Journal*, 3(1): 31-48.

Rothwell, R. (1992) Successful industrial innovation: Critical success factors for the 1990s, *R & D Management*, 22(3), 221-239.

Samuelson, P. A. and Nordhaus, W. D. (1989) *Economics*, 13th edition, McGraw-Hill, Boston.

Sato, T. (2013) Ethics and Social Responsibility in International Business, in D. Tsang, H. H. Kazeroony and G. Ellis (eds.), *The Routledge Companion to International Management Education*, London and New York: Routledge, Taylor & Francis Group, 86-103.

Sawyer, K. (2005). *Social emergence: societies as complex systems*, Cambridge: Cambridge University press.

Schein, E. H. (1983). The Role of the Founder in Creating Organizational Culture, *Organizational Dynamics*, Sumer, p.14.

Schermerhorn, J. R. Jr., Hunt, J. G., Osborn, R. N. and Uhl-Bien, M. (2011). *Organizational Behavior*, 11th ed., Pennsylvania, USA: John Wiely a Sons.

Schwaninger, M. (1994). *Management-Systeme*, Frankfurt, New York: Campus Verlag.

Schwaninger, M. (2004). What Can Cybernetics Contribute to the Conscious Evolution of Organizations and Society? *Systems Research and Behavioral Science*, 21(5), pp.515-527.

Seager, T. P. (2008) The Sustainability Spectrum and the Sciences of Sustainability, *Business Strategy and the Environment*, 17: 444-453.

Seiffert, M, E. B. and Loch, C. (2005). Systemic thinking in environmental management: support for sustainable development, J*ournal of Cleaner Production* 13: 1197-1202.

Senge, P. M. and Sternman, J. D. (1992) System Thinking and Organizational Learning: Acting Locally and Thinking Globally in the Organization of the Future, *European Journal of Operation*, 59(1): 137-150.

Shani, A. and Bushe, G. (1987) "Visionary Action Research: A Comsultation Process Perspective," Consultation 6 (Spring 1987): 3-19.

Somers, A. B. (2005) Shaping the Balanced Scorecard for use in UK social enterprise, *Social Enterprise Journal*, 1(1): 43-56.

Spar, D. (1993) China (A): The Great Awakening, Harvard Business School.

Spinelli, Jr. S. and Adams, R. (2012). *New Venture Creation: Entrepreneurship for the 21st Century*, 9th edition, New York: McGraw-Hill/ Irwin.

SSEC (2009) *Policy and Resources*, Retrieved from http://www.scottishsocialenterprise.org.uk/policy/

Stacey, R. D. (1993a). *Strategic management and Organisational Dynamics,* London: Pitman

Stacey, R. D. (1993b). *Managing Chaos*, London: Kogan Page.

Stacey, R. D. (2000). *Complexity and Management: Fad or Radical Challenges to Systems Thinking?* London: Routledge.

Stacey, R. D. (2003). *Strategic management and Organisational Dynamics* (4th edn). Harlow: Prentice Hall.- Summer, R. C. (1984) "An Overview of Computer Security." *IBM Systems Journal*, 23:4, 309-325.

Stacey, R. D. (2006) *Complexity and Creativity in Organizations*, San Francisco: Berret-Kohler.

Stacey, R. D., Griffin, D. and Shaw, P. (2000). *Complexity and Management: Fad or Radical Challenge to Systems Thinking*? Routledge, London.

Stead, W. E. and Stead, J. G. (2004) *Sustainable Strategic Management*, M. E. Sharpe, Armonk, New Yook.

Stern, N, (2006), The Stern Review on The Economics of Climate Change, Cambridge University Press

Svendsen, G. L. H and Svendsen, G. T. (2004) *The Creation and Destruction of Social Capital: Entrepreneurship, Co-operative Movements and Institutions,* Edward Elgar, Cheltenham, U.K.

Tidd, J. and Bessant, J. (2013) *Managing Innovation: Integrating Technological, Market and Organizational Change*, 5th edi., Chichester: Wiley.

Ulrich, W. (1983) *Critical Heristics of Social Planning*, Wiley, Chichester.

Ulrich, W. (1988) Systems Thinking, Systems Practice, and Practical Philosophy: A Program of Research in Flood, R. L and Jackson M. C. (eds.) *Critical Systems Thinking*, Chichester: Wiley.

Wells, R. A. (1989) *History Through The Eyes of Faith: Western Civilization and the Kingdom of God*, New York: Harper San Francisco.

Werther, Jr. W. B. and Chandler, D. (2011). *Strategic Corporate Social Responsibility: Stakeholders in a Global Environment*, 2nd edition,

Westall, A. (2001) *Value-led Maket-driven: Social enterprise solutions to public policy goals*, London: Institute for Public Policy Research.

Whitelaw, S. (2012) Sustaining social organisations in rural areas, in Farmer, J., Hill, C. and Munoz, S-A. (eds.) *Community Co-Production: Social Enterprise in Remote and Rural Communities,* 110-132, Edward Elgar, Cheltenham, UK/ Northampton, MA, USA.

Whyte, W. F. (1991). *Participatory Action Research*, Beverley Hills, CA: Sage.

Williamson, O. (1973) Markets and Hierarchies: Some Elementary Considerations, *The American Economic Review*, 63(2): 316-325.

Yu, J. E. (2005). Incorporating knowledge management as HRD strategy: the case of a Korean electronics company, *Journal of Organisational Transformation and Social Change*, Vol. 2, No. 3: 187-212.

Yu, J. E. (2017) Proposing a Process-Oriented Systems Research for Systems Thinking Development, *Systems*, 5(2): 34; doi:10.3390/systems5020034. http://www.mdpi.com/

Yu, J. E. and Jung, C. M. (2014) "The Emergence of community-based capitalism: The case of Korean village enterprises," In Kazeroony, H. and Stachowicz-Stanusch, A. (eds.) *Capitalism and Social relationship: An Organizational Perspective*, forthcoming.

Yu, J. E. and Lee, J. W. (2008) Creating rhizomatic networks and ethics for the marginalized group, *Systemic Practice and Action Research* , Vol 21 (4), 253-266.

Yunus, M. (2008) 'Social Business Entrepreneurs are the solution', in Nicholls, A. (ed.) *Social Entrepreneurship: New Models of Sustainable Social Change*, Oxford University Press, Oxford, 39-44.

해외문헌(중국어)

王世强(왕세강) (2013) '政府推動社會企業發展的 政策措施: 國際經驗與中

國路徑' 天津行政學院學報, 第15卷 第2期 (사회적 기업의 발전을 위한 중국 정부의 정책과 실행방안: 국제적 경험과 중국의 현재 상황), *Journal of Tianjin Administration Institute* 15(2): 101-107.
莊子(장자) 著, 郭慶藩輯, 1978『莊子集釋』中華書局.

관련 웹 사이트(Web Sites)

네이버 백과사전 http://100.naver.com/100.nhn?docid=84643

제12장 와비파커의 사례:
〔가장 혁신적인 기업 1위 와비파커의 비결〕 http://youtu.be//jK2UAOY2vml
〔와비파커가 개발자들을 춤추게 한 비결〕 https://youtu.be/BDeLw4JPWWk

제12장 경동상성(京東商城)의 사례:
中国在第四次工业革命浪潮中的表现 http://news.xinhuanet.com/tech/2017-07/18/c_1121336228.htm
《中国企业电商化采购发展报告(2017)》 http://it.people.com.cn/n1/2017/1206/c1009-29690421.html
京东简介 https://baike.baidu.com/item/%E4%BA%AC%E4%B8%9C/210931
京东无人机技术 https://baike.baidu.com/item/%E4%BA%AC%E4%B8%9C%E6%97%A0%E4%BA%BA%E6%9C%BA/19683841?fr=aladdin
http://uav.huanqiu.com/grf/2017-09/11288508.html
京东JIMI机器人 https://baike.baidu.com/item/jimi
京东大数据技术 http://www.36dsj.com/archives/26367
京东智慧物流 https://www.leiphone.com/news/201708/GHkBuWWaCPZxLByi.html
京东云 https://baike.baidu.com/item/%E4%BA%AC%E4%B8%9C%E4%BA%91/5628202
第四次工业革命的影响与对策 http://new.qq.com/cmsn/20160120032093

동아시아 비즈니스 문화와 혁신적 기업경영

지은이 유재언
펴낸이 윤동구
펴낸곳 창민사

출판등록 1999. 10. 28/제10-1846호
주소 서울시 마포구 토정로 194 창성빌딩 203호
전화 (02) 3272-1243~4
팩스 (02) 3272-1245
e-mail cmbooks@hanmail.net

2018년 8월 27일 초판 인쇄
2018년 8월 30일 초판 발행

ISBN 978-89-90359-07-0 93320